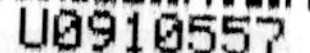

RESEARCH AND APPLICATION OF INTELLIGENT CHEMISTRY SERVICE IN UNIVERSITY LIBRARY

高校图书馆智慧化学科服务研究与应用

刘旭晖◎著

中国原子能出版社
China Atomic Energy Press

图书在版编目(CIP)数据

高校图书馆智慧化学科服务研究与应用 / 刘旭晖著
. -- 北京 : 中国原子能出版社, 2020.5 (2021.10重印)
ISBN 978-7-5221-0526-0

Ⅰ. ①高… Ⅱ. ①刘… Ⅲ. ①院校图书馆—图书馆服务—研究 Ⅳ. ①G258.6

中国版本图书馆CIP数据核字(2020)第068470号

高校图书馆智慧化学科服务研究与应用

出　　版	中国原子能出版社(北京市海淀区阜成路43号 100048)
责任编辑	蒋焱兰(邮箱:ylj44@126.com　QQ:419148731)
特约编辑	瞿明康　蒋　睿
印　　刷	三河市明华印务有限公司
经　　销	全国新华书店
开　　本	880mm × 1230mm　1/32
印　　张	10.5
字　　数	200千字
版　　次	2020年5月第1版　　2021年10月第1次印刷
书　　号	ISBN 978-7-5221-0526-0
定　　价	58.00元

出版社网址:http://www.aep.com.cn　　E-mail:atomep123@126.com
发行电话:010-68452845

前言
-PREFACE-

学科服务作为一种主动性、专业性、个性化的创新服务模式，实现了图书馆从以自我为中心到以用户为中心的深刻变革，给用户带来了全新的服务体验和切实的服务效果，在很大程度上拓宽了图书馆的服务领域，提高了图书馆的核心竞争力。

学科服务现已成为高校图书馆的工作重点与发展方向。在学科建设高速发展、用户需求日益提高的今天，如何更好地开展学科化服务，为用户提供全方位的信息资源与服务保障，是广大图书情报工作者必须面对并解决的重大课题。我国学科服务已有几十年的发展历程，现已进入深度整合前的关键发展时期。进行学科服务机制研究，更好地服务用户、服务学科建设，已成为关乎高校图书馆生存与发展和高校图书馆核心竞争力提高的重大问题。

随着移动互联网时代的到来，物联网、云计算、社会计算等信息技术蓬勃发展，用户的信息需求也发生了根本性的变化，他们已不满足于图书馆的常规服务，而是要求提供某一特定信息或某一主题的知识信息。图书馆作为信息服务的重要机构,其学科知识服务水平能否为用户提供个性化服务,成为图书馆服务体系的灵魂,这是个重大问题。个性化服务,是一种以人为本的服务理念,它以尊重读者、关怀读者为宗旨,要求在图书馆与读者之间建立一种平等、和谐的关系,达到管理与服务的最佳状态。面对新的需求,图书馆服务需要从劳动密集向智慧化逐渐转变。

“互联网+”时代的到来,使用户信息环境发生变化,给图书馆智慧化学科服务带来了机遇与挑战。大数据下的学科服务应围绕数据展开,学科馆员应转变思路,以个性化服务、创新学科馆员机制、加强团队馆际协作几方面为抓手,实现学科服务的转型与升级。高校对大数据理念的认识应提高到战略高度,努力构建图书馆智慧化学科服务体系并完善优化,积极为推动学术型、研究型图书馆及其相关情报信息机构学科化服务的深入开展提供可资借鉴的依据。

目录
-CONTENTS-

第一章　学科服务基础理论

第一节　学科服务的概念

随着信息技术的迅猛发展，信息数字化、网络化不断演进，高校图书馆用户信息环境发生了前所未有的变化。用户可以不受地域限制方便快捷地通过搜索引擎、网页、网站以及数字文献信息系统等轻松获取大量信息，到图书馆获取信息不再是唯一选择。但是，由于网络信息良莠不齐、高精度检索技巧复杂，信息筛选利用的难度加大了，对于用户而言，大量有用的知识或知识解决方案淹没在信息深潭里，这无疑给用户造成了“信息富有”与“知识贫穷”之间的矛盾。

因此，用户的基于知识渴求与知识解决方案服务的需求日益增加，他们迫切希望能有一种技术帮助他们将知识内容从众多信息对象中挖掘出来，根据其内在特征和价值进行鉴别、关联、重组，帮助他们识别和创造新知识的专业服务。

高校图书馆作为信息文献知识服务机构，不得不重新审视自身服务的发展与变革。高校图书馆为了应对各种网络信息资源的挑战，开始寻求新的增长点，利用自身的人才优势和多年从事服务管理的经验，转变工作重心，配合高校学科建设，以高校狠抓学科建设为契机，不断拓展延伸服务内涵、改变服务方式、更新服务手段、引进国外先进服务理念、借鉴与学习国外先进服务经验，试行创建与开展具有中国本土化的学科服务。为此，我们必须先了解学科服务的概念。

一、学科服务词义学的含义

学科服务从词义学的角度分析，“学科服务”一词是由“学科”和“服务”两个词组成，“服务”对于图书馆员不难理解，这里所说的“服务”包含着行业的责任、工作任务等意思。因此，仅从其词语的中文词义上进行分析，顾名思义就是围绕学科而进行的各种服务。对于高校图书馆来说，就是图书馆员们围绕高校学科建设需要而提供全方位的文献知识信息资源服务和信息技术服务。而实际上，学科服务是图书馆界一种全新的服务理念和服务模式，是图书馆为适应新的服务需要、深化服务变革、提高服务水平而采取的一项新举措，它是海量信息时代产生的一种高层次的信息服务形式。学科服务作为图书馆的服务实践活动和作为一个比较规范的、正式的学术术语，其源于“学科馆员制度”，以及后来的“学科信息导航”“学科信息门户”“跟踪服务”和“导读服务”等[①]。

---

①王文兵. 高校图书馆学科服务研究[M]. 武汉:湖北科学技术出版社，2012.

二、学科服务的发展

我国学科服务的广泛应用大约始于2007年。早期的学科服务主要是指利用学科馆员开展的服务,即利用学科馆员开展一些诸如用户联络、介绍图书馆资源、编写参考资料等简单的面向用户的学科服务工作。随着学科馆员制度在国内广泛运用和深入发展,以及对学科馆员认识的逐渐深化,2003年张晓林教授撰文把学科馆员的服务上升为"学科化知识服务"或"学科化知识信息服务",2006年李春旺在《学科化服务模式研究》一文中将张晓林教授的"学科化知识化服务"衍变为"学科化服务",到2007年才风行为"学科服务"。在这一时间段内的名称上的所有变化,并没能使学科服务概念的内涵发生很大的改变。

那么,现在的"学科服务"又该是怎样的呢?到目前为止,关于"学科服务"概念的内涵仍然没有一个统一的界定,甚至都没有在张晓林教授给定的学科服务的定义上有什么超越,基本上都是沿用张林晓教授的关于"学科化知识化服务"的定义。

张晓林教授关于"学科知识化服务"的定义是:"要求按照科学研究(例如学科、专业、进而项目)而不再是按照文献工作流程来组织科技信息工作,使信息服务'学科化'(而不是阵地化),使服务内容知识化(而不是简单的文献检索与传递)。"

从以上关于学科服务称谓的变化可以看出,1998—2003年的"学科馆员"或"学科馆员制度",强调的是学科馆员岗位的设置，着重于对学科馆员的选拔和职责的界定；2003年至2007年的“学科化服务”，强调的是学科信息资源的组织方式及学科馆员服务内容的升级。

由于用户信息环境的变化、用户信息需求的变化和用户信息行为的变化，初景利教授在CALIS学科馆员培训班的《学科服务概论》和《学科馆员服务模式与机制创新》专题中根据学科馆员制度在国内引入的实际提出，直接面向用户提供学科化服务的模式和机制也必然发生变化。因此，我们要重新审视学科馆员这一制度，在进行重新审视时必须要用一种全新的视角来诠释学科馆员所提供的学科服务。初景利教授给学科服务的定义是：学科服务是以用户为核心，通过学科馆员这一主体，依托图书馆和公共信息资源，面向特定机构和用户，建立基于科研与教学、多方协同、面向一线用户的一种新服务模式和服务机制，向用户提供个性化、专业化、知识化的服务，提升用户信息能力，为教学科研提供有力的信息保障与支撑。

学科服务是推动图书馆全方位、面向学科服务的业务重组，而建立的真正面向用户的一种全馆服务机制，是图书馆发展与创新的需要与具体体现，它就是未来图书馆服务的发展轨迹。

新形势下，图书馆的学科服务不再仅仅是单纯地由学科馆员来开展或完成的服务，而是围绕学科用户教学、科研的个性化需求，整合一切可能的与学科知识服务相关的资源和服务，建立涉及图书馆及相关部门的资源重组、机构重组、服务设计、系统架构等的全新运行机制，它是全方位面向用户服务的一个巨大体系，一个庞大的系统工程。

学科服务是未来高校图书馆适应新的信息技术环境的服务机制和主要的服务模式，它不仅包括人的服务，还包括物的服务，应该是人与物的服务总和，它需要尽可能地调用社会系统中的三大资源（即人力、物力和财力资源），建立起学科服务的物理平台与虚拟平台。

学科服务的根本目标是使信息资源服务从侧重图书馆工作过渡到侧重用户的需求上，从作为第三方的文献信息和知识信息资源供给方成为具体学科教学与科研活动的有机组成部分，将教学与科学研究作为文献知识信息资源服务的出发点和完成目标，通过建立学科服务人员与教学、科研人员之间的紧密合作伙伴关系，将图书馆的文献信息和知识信息服务融入学科教学和科学研究过程之中，从而达到扩大图书馆在科研活动中的影响力和提升图书馆的服务质量和水平的目标。

综合以上论述，学科服务的概念可以总结为：以学科馆员为主体、以学科知识服务为核心、以学科用户的信息需求为中心、以用户信息获取与利用最大化满足为目标，突破"馆"的概念与范式，融合用户物理空间与虚拟空间的环境，全方位地、积极主动地、有针对性地为学科用户的教学、科研提供个性化、专业化和知识化的信息资源保障和现代信息技术支持服务。

第二节　学科服务的意义与作用

学科服务是一种融入一线的泛在服务，是普遍服务与个性化服务相结合以知识服务为目标的服务，它是高校图书馆摆脱危机、重塑形象的突破口，是新信息技术环境下图书馆创新发展的出路。高校图书馆必须充分认识学科服务的意义和作用。

一、学科服务的意义

信息社会的到来，海量增长的信息，不断更新的知识，使学科用户对信息的针对性、及时性、有效性提出了更高、更新的要求，信息需求的多元化、个性化和知识化特征日益突显。学科服务以学科用户为中心的主动化、专业化、知识化服务模式成为了时代和社会的需要，对科学发展、高校学科建设、图书馆自身发展、学科用户个性知识服务具有现实的重要意义。

(一)学科服务是科学发展的客观需要

科学发展从其研究人员发展上分析，它可分为三个历史时期：个人研究时期、集体协作时期、科学家集团研究时期。而图书馆的发展也经历了古代（主要形态为藏书楼式，是少数人的事业，是统治者汲取知识、学问的工具）、近代（受社会发展推动，图书馆职能与任务转向社会教育，图书馆资源需求数量大增）和现代图书馆三个时期。科学发展的三个时期与图书馆发展的三个时期基本重合。

科学技术的发展一开始就与图书馆有密不可分的联系,一方面科学的发展有赖于图书馆提供文献信息资源,一流的科学研究,一定要有一流的科学文献情报作支撑;另一方面,科学的发展决定了图书馆社会形态的进步和发展。

科学研究处于个人活动阶段时,文献资源极为有限,私人藏书基本满足了个人研究需要;当科学发展到集体协时期时,对科学研究所需资料大增,同时文献数量和载体的变化,改变了原有藏书性质和功能,藏书楼的大门为大众打开了,图书馆成为大众社会教育的工具;当科学发展到科学家集团研究阶段时,由于国际同行的广泛合作交流,文献资源急剧增加,先进的技术广泛运用到图书馆领域,文献资源共享、开放获取成为了现实,极大改变了图书馆馆资源的存储方式、服务手段和服务方式,使图书馆快速进入信息社会,数字图书馆、虚拟图书馆、复合图书馆相继成功运行。

这些变革,改变了图书馆用户的文献、信息需求,特别是在科学家集团研究时期。这一时期与图书馆信息社会时期一致,科研活动的信息需求发生了根本性转变,图书馆文献信息服务要满足他们研究的需要,必须变革其服务理念、服务机制,创新服务模式,而这种创新就是学科服务,因此,学科服务是科学发展的客观现实需要。

（二）学科服务是高等教育变革和高校学科建设的需要

高等教育变革使高校的教育教学模式和手段发生了根本性的改变，教学方式的变化需要高校图书馆深层次的服务。随着高等教育不断改革，高校学科建设不断加强，高校学科建设成为了高校建设和发展的核心，是高校综合办学力、学术地位和核心竞争力的体现，是高校办学质量和水平的反映。建设重点大学的关键指标是要有体现自身实力和学术水平的重点学科，而学科建设的根本任务是汇聚学科队伍，凝练学科方向，构建学科基地。在高校学科建设中，明确的学科建设方向、高水准的学科队伍、优质的学科基地是学科建设的基础，但图书馆的学科文献信息资源是一个必不可少的重要关键指标。

高校图书馆学科门类齐全，在馆员专业背景、文献信息资源、技术设施、信息技能上占有很大的优势，可以详尽地了解某一学科当前的形式和发展的趋向。尤其高校图书馆学科服务是根据学科教学、科研的个性化需要，不仅能为学科教学、科学研究提供高质量、深层次的信息服务，为科研和学科发展创造良好的学术环境，更重要的是学科服务能根据学科建设需要全方位地收集和组织相关信息资源，使学科文献信息和知识信息资源能更好地满足学科及学科用户的需要。高校图书馆能够围绕学科建设提供切实有效的文献资源和技术保障，为学科健康发展提供良好的物质保障，为学科建设提供有力的服务支持。

(三)学科服务是图书馆自身持续发展的需要

创新是时代发展的主题,也是高校图书馆适应大环境发展的必然选择。高校图书馆被称为“大学的核心”“高校三大支撑之一”“学校总体水平的重要标志”等,但大多数的图书馆在高校中的地位并没有这么高。图书馆的建设和发展并没有跟上学校的建设和发展的步伐,甚至是落后于信息技术的发展。究其原因,与高校图书馆的自身作用和功能发挥有着极大的关系。

目前,高校图书馆存在着诸多显而易见的不足,而这些不足往往表现在图书馆人员的整体素质和业务能力水平上,图书馆员的整体素质和学术水平、知识水平较学校内部管理人员、教师队伍相对较低,受过专门教育、训练的馆员人数不多,以致专业素质、专业技能和服务水平不高,服务意识淡薄,跟不上学校学科建设和发展的需要,很难满足现代学科用户的个性化信息需求。

图书馆为了跟上时代的步伐、适应环境变化,就必须要解放思想,开拓性地工作,要充分挖掘馆员的内在价值,就必须实行学科服务,这也正是顺应时代发展和用户需求的必然选择。实施学科服务,高校图书馆的学科馆员融入用户的科研教学之中,将图书馆与用户联系成为一个整体,图书馆不仅仅是服务施益者,同时也是服务的受益者,用户再不是被动接受,而是对图书馆具有主导作用,其结果是双向互惠、互相提高的。

图书馆和学科用户在这种良性互动和沟通循环中,满足各自发展的需求，学科化服务不仅满足了用户的学科化信息需求，使用户获得了专门化的一站式服务，同时也带动了图书馆馆藏资源建设和人力资源建设，这必然会带来图书馆新一轮的服务改革，迎来图书馆事业发展的一个新的阶段。

在现代图书馆管理中，图书馆的各项服务都是围绕用户的需求开展的，而学科服务就是面向特定用户的服务，能提供给用户专指性强、深层化的信息服务。高校图书馆在文献资源、人力资源和信息技术利用等方面占有得天独厚的优势，又拥有自己的金牌服务方式，能为学科建设提供坚实的文献资源保障，为学科建设的健康发展提供了良好的物质基础，通过学科服务这一全新的服务手段和方式，可以改变人们的认识，提升图书馆的地位和声誉，促进图书馆的生存和发展，同时也推动和促进学校各学科的蓬勃发展。

（四）学科服务是学科用户个性化知识服务需求的需要

学科用户个性化知识服务是基于用户的学科方向和专业特点、使用习性等开展的信息服务方式。其内容主要是基于网络环境的用户定制功能、主动推荐和推送功能、提供满足用户需要的知识信息服务功能。它改变了图书馆被动信息服务方式，提供了研究用户信息需求特点和专业发展趋势的个性化主动服务模式，大大提高了用户获取和使用信息的能力。

信息资源呈现爆炸性增长，改变了学科用户的信息行为和信息需求，信息过载成为了用户获取信息的最大障碍，传统服务模式很难满足学科用户的需求了，现代学科用户的信息需求更趋于个性化、深层次化，高校学科用户迫切需要图书馆从单纯的文献提供机构向具备信息服务和科学研究双重性质的机构转变，提高服务的科学性和有效性，把握住对口用户信息需求的变化，从科研用户信息需求的特点、内容、方式等不同角度入手，形成全面的认识。因此，以学科用户为中心的个性化知识服务成为了学科用户的强烈渴望。

二、学科服务的作用

随着国内高校图书馆学科服务的不断完善和发展，学科服务越来越受到关注和重视，与图书馆的其他传统服务一样贯穿于高校图书馆的资源与服务的各个环节，成为高校图书馆用户服务的一项重要内容，是高校图书馆适应新信息环境的服务需求、深化服务变革、提高服务水平的一项新举措，也是高校图书馆开展知识服务的一个重要标志[①]。

（一）整序信息资源，丰富图书馆学科资源，为社会带来财富

随着科学技术的发展和人类知识的不断增加，信息源源不断地涌现，形成强大的、无序化的信息流，人们想要获取真正具有价值的知识信息十分艰难。图书馆学科服务中

①冯坤．高校图书馆学科型服务体系构建的研究[D]．天津：天津大学，2011.

信息资源整序职能的终极目标就是从宏观上对图书馆馆藏的文献信息、网络的其他信息及其他与对应学科相关的信息资源进行统筹规划、合理布局、科学调控，从微观上对各种网络无序信息进行鉴别、筛选、收集、加工、组织、管理，从而建立起一个多层次的学科信息资源体系，使这些信息成为对应学科可用的有价值的资源，极大地丰富图书馆的信息资源。同时，这些信息一旦成为了具有价值的可利用的资源，在学科馆员的推送下将被学科用户如其他资源一样投入学科建设中，成为学科专业教学和科学研究的新的物质资源，它便与其他物质资源和人力资源相结合而产生出新效益，成为一笔新社会财富。

（二）促进信息资源的深层次开发和远距离获取，方便学科用户的信息利用

在现代信息技术的支持下，图书馆信息技术系统得到空前的发展和应用，学科服务充分利用现代信息技术手段对信息加工与处理，从对信息形式特征描述深化到信息内容的揭示，以文字、数值、声音、图像、动画，以及多媒体等形式出现，建立各种数据库。在信息内容上以书目、指南、词典和全文等类型存储于数据库中。在信息传送上依托先进的计算机信息技术和网络信息技术建立学科服务平台，整合多种类型的学科信息资源，设置多入口、多途径的检索，使大量无序的信息以有序可检式存在。

图书馆还对各类网络资源、数字资源和隐性学科知识进行挖掘、组织、评价，进行二次、三次加工与开发，并利用学科服务平台进行跨时间、空间的传送，使学科用户可以足不出户地获取信息，随时随地浏览和查阅图书馆的最新学科信息，查阅世界各国的文献资源和数据，缩短了学科用户与学科馆员、图书馆之间的距离，为学科用户利用学科信息等提供了极大的方便。

（三）促进学科馆员综合素质的提高

学科馆员能发挥学有所长的专业优势和信息服务的业务技能优势，充分实现自身发展目标和体现自我价值。他们在图书馆往往代表某领域知识技能的领先水平，具有一定的优越感，然而由于学科服务对象（学科用户）和服务模式的高标准、高要求对学科馆员的工作提出了新挑战，因此对学科馆员的职责有更高的要求，对工作职责的高要求决定了对学科馆员素质的高要求。

高校图书馆的师生读者在教学、科研的过程中，需要得到图书馆的学科馆员为其提供的学科化服务，特别是高校科研人员在科研课题立项、研究的过程中，需要及时地得到学科馆员为其提供的专业性较强和专业程度较深学科化服务。服务对象的高素质、高学识性要求学科馆员提高自己的知识素质和专业技能。

现代的高校图书馆已成为国际互联网的重要组成部分，也就要求其学科馆员不仅要有图书情报信息学的专长，而且还要掌握好本馆对口学科的专业理论知识。因此，高校图书馆培养学科馆员对图书情报、信息资源的文献查询、检索及鉴别、筛选和加工与处理等方面的知识和技能。学科用户的个性化需求促进了学科馆员的计算机技术、网络技术能力提高,网络及计算机学科是学科馆员获取各种文献资源信息的重要手段,其利用它们收集国内外文化、经济、教育、科学、技术、图书资料等方面的资源信息。

随着高校图书馆网络技术和计算机的运用及普及,图书馆管理的每个环节均离不开计算机的运用,因馆藏文献的收集整理、数据库的建立、文献资源信息服务等方面工作所需,培养学科馆员网络、计算机专业技能,是图书馆在网络环境下所要完成的重要工作。

(四)促进了图书馆学术地位和学术水平的提高

图书馆工作本身就是一项学术性活动,学科服务是高校图书馆工作之一,图书馆学术水平的高低取决于学科馆员的工作效率。首先,学科馆员本身具有较高的专业知识水平和知识背景,在学科服务中,学科馆员嵌入学科教学、科研一线,融入学科用户环境,感受学科用户的学术氛围、学术精神和学术水平,必然受其影响,会激发起学科馆员的热情;其次,学科馆员一般都具有一定的学术能力,本身都在进行不同程度的学术研究,通过学科服务可以发现相关学科新的热点问题和感兴趣的问题,这也无疑促进了学科馆员的学术研究;最后,学科馆员通过自身的学术研究可以带动和影响周边的其他馆员的学术行为,这种以点带面、帮传帮带的方式,可以使更多的馆员都加入相关研究方向和研究领域中,营造一个良好的学术氛围。有了良好的学术氛围,就自然会出学术成果,成果代表的是学术水平,这样促进了图书馆学术氛围的形成,从而提升其学术水平和学术地位。

(五)提升了图书馆的整体管理水平与服务质量

学科服务必须通过建立完善的服务模式来实现,这对图书馆来说是一场全新的变革。一方面,图书馆要建设有保障的“物”的基础,包括图书馆硬件设施的不断更新,新技术如通信技术、计算机技术、网络技术的引进和更新,制定相关制度等;另一方面,学科服务特别强调团队协作,这里面既要求学科馆员在学科知识和服务技能上的自我提高,也要求具有很高的责任感和协作精神。可以预见,加强这样的规划和队伍建设,必然会大大地提升图书馆服务的整体水平和服务质量。

第三节 学科服务系统

一、学科服务系统的含义

(一)系统及其特征

系统是指由相互作用、相互依赖、相互联系的不同要素结合而成的具有特定功能的有机整体。它具有以下特征:①整体性。它是系统最基本的特点,也有的称之为集合性。单一元素不是系统,系统总是由相互独立并具有可识别界限的若干要素而组成。各要素既独立存在,有自身的特征和功能,又集合于系统中。系统要素与系统不可分割,整体功能大于部分功能之和。整体功能建立在各要素功能上,没有要素功能就没有整体功能,如果要素不协调,整体功能优势就无法发挥。②目的性。目的是系统运行后人们期待的结果,是系统在某一阶段的运行终点。任何系统都有其特定的目的,不同的系统具有不同的目的,同一系统在不同的阶段其目的也不一样。③相关性。系统要素之间存在着多种相互促进、相互制约的关系,要素的相关性是系统赖以生存的基础,系统是由若干要素和若干从属的子系统构成的整体,各子系统和要素的作用都将影响系统的作用和功能。④层次性。系统具有有序的结构,层次是复杂系统中要素和系统、部分与整体间联系的中介,系统规模越大,层次越复杂,结构越精密,对管理的要求就越高。⑤动态性。系统的状态与功能不是一成不变的。系统不仅作为一个功能实体的存在,而且还作为一种运动而存在,内部联系与外部环境的作用都是运动,它要求以发展的思维认识来反映现实系统,并根据系统现状和发展趋势进行调整和改进。⑥适应性。系统不是孤立存在的,总是与周围事物发生着各种关系,这些周围事物的集合就是环境,具有开放的特性。系统的结构和功能与环境有着密切关系,适应现实环境要求的系统才能生存和发展[①]。

①冉娜."双一流"背景下高校图书馆学科服务系统建设[J].农业图书情报,2019,31(07):36-43.

(二)学科服务系统的含义

学科服务是一种适应信息环境的新的服务机制和服务模式。它以用户为中心,以学科馆员面向用户服务为基本模式,以个性化、学科化、知识化服务为手段,以提升用户获取和利用信息的能力为基本目标,是高校图书馆延伸服务广度、增加服务深度而采取的一种人性化的信息服务方式。按照系统论的观点,结合人类对系统的认识规律,从笼统认识到深入研究再发展到全面综合分析,高校图书馆学科服务正是一个相互间紧密联系的多个功能模块组成的系统,它涉及人力、物力、财力众多要素,这些要素组织在一起的目的就是为了实现学科服务功能。

学科服务系统是高校图书馆以学科用户为中心,学科服务队伍围绕学科提供高效优质学科知识信息服务这一中心目标任务而建立起来的包含有人员、设备、制度及信息交流机制等组成的多个相互联系的要素组成的有机的统一体,在正常运转过程中,人是关键和核心要素。

学科服务管理者、学科服务队伍、学科用户是系统中的人员,虽十分重要,但它要发挥出在学科服务工作中作用仍然离不开学科服务系统中其他要素的参与、支持和配合,更离不开一定的工具、场所及其他馆员的配合。因此,学科服务是各个要素之间相互联系、相互作用、相互制约、相互影响的一个知识服务系统。

二、学科服务系统构成

高校图书馆学科服务系统由学科服务组织机构、学科服务管理者、学科服务队伍、学科用户、学科信息资源、学科服务平台六大要素构成。六大要素相辅相成，互为依托，缺一不可，协力构成完善的学科知识信息服务系统。

（一）学科服务组织机构

学科服务组织机构是学科服务工作的组织管理要素，是在学科服务工作的基础上，合理配置学科服务的人力资源、物力资源，保障学科服务的工作顺利开展。在构建上，它必须遵循相关的原则，其设置的合理与否，将对学科服务工作的质量有直接的影响。

（二）学科服务管理者

学科服务管理者是学科服务系统中人的要素，是实现管理职能的群体，主要有学校层面的、图书馆层面的和学科服务系统内部层面的。他们负责学科服务活动的全面规划、组织、控制与协调，他们的能力、水平直接影响学科服务活动能否有效运行。

（三）学科服务实施者

学科服务实施者实质上就是学科服务队伍，它是高校图书馆学科服务系统六大要素的关键要素之一，是学科服务的实施者和执行者，没有执行和实施者，无论系统设计多么完美、功能多强大，都无法实现其目标。学科服务不是由某个或某几个学科馆员、学科团队、学科职能部门完成的，它需要的是一个包含多种职能、多重身份的一个群体，仅凭个人或几个人是无法完成和实现的，。学科服务质量在很大程度上取决于学科服务队伍的整体质量。因此,学科服务队伍的组建是学科服务队伍发挥作用的重要影响因素。目前,我国各高校学科服务队伍组建的模式主要有两种,即个体模式和团体模式。

(四)学科服务用户

学科服务用户是学科服务的知识信息受众方,是一个学科服务群体中心。不同高校由于其学科分布不同,因此,这一群体的成员的构成要素各不相同。按不同的分类标准可分为一般高校群体成员,主要是管理人员、教师、服务人员和学生四大类。学科服务在服务过程中的主要服务对象是学科建设中的教学、科研群体成员。

针对学科建设的教学、科研群体来讲,一般有以下几种分类:一是按职业身份可分为教师用户和学生用户;二是根据在学科建设中承担的工作任务可分为教学用户、科研用户和学生用户;三是需求信息内容可分为知识信息用户和技术信息用户;四是根据需求的信息的层次可分为一般学科信息用户和深层信息用户等。这些分类都是以学科服务工作过程的具体要求而定。但不管进行怎样的分类,对高校图书馆而言,其学科用户的主要群体是学科专家和具有较高学术水平的研究者及相关学科专业的学生。

(五)学科信息资源

馆藏资源建设是图书馆开展服务工作的基础与前提,是图书馆赖以生存的必要条件,没有高质量的馆藏,优质的服务只能是无源之水,必将难以为继。学科资源是馆藏的特色和优势,图书馆具有相应学科丰富的、多元化的文献信息资源,是学科服务的基础。学科信息资源是学科服务的主要信息源,是图书馆提供一流服务的关键要素之一。它是高校图书馆根据学科或专业的应用、研究和参考需要所收集和组织的文献资源和学科知识信息资源,是满足和完全支持学科教师教学辅导,满足科研人员了解本学科前沿的科技发展动向及进行一定深度的科学研究的重要保证。

(六)学科服务平台

学科服务平台是联系学科用户和学科馆员的媒介,既是学科用户和学科服务馆员得以联系的一个虚拟环境,也是学科服务系统的外在表现形式的反映。学科用户通过学科服务平台享受服务,学科馆员通过这个平台向学科用户提供服务。通过构建学科服务基础工作平台,以便能更好地完善学科信息及知识服务。它是一个以全面的数字环境为支撑,形成人、数据、信息、设备和工具交互的,功能完备的“虚拟社区”,并具备空前的计算、存储和数据传输能力。根据高校图书馆学科服务的实际,学科服务平台既有物理空间平台,同时也有虚拟的网络技术平台。

三、学科服务系统的特征

学科服务系统与其他系统一样,除具备系统的整体性、动态性、目的性、相关性、层次性和环境适应性等一般特征外,由于自身功能和运行的特殊要求,还应具备时代性、专业性、知识性、增值性等特征。

(一)时代性

学科服务不是历来就有的,它是知识社会和信息时代的产物,是高校图书馆为适应信息技术、网络技术和知识经济需要而发展的一种新的服务,它随时代的变化而不断变化和发展。学科服务系统是学科服务发展的需要而建立的适用于学科用户个性化、针对性学科文献信息需要的服务系统,学科服务系统时代性体现在它与学科服务一样是时代的产物,不是与生俱来的,它随着学科服务的发展而发展,随时间的变化而变化。

(二)专业性

学科服务系统是以学科用户为中心,围绕学科进行文献信息、知识信息和技术保障服务的系统。首先,学科用户所需的服务具有极强的专业要求,这就决定了学科服务系统的专业性;其次,在系统中实施服务的执行者主要是学科馆员,其素质和职责具备极强的专业性,也是学科服务系统具有专业性的特殊要求;最后,学科服务的技术要求也使其需要专业的知识和技能。

(三)知识性

学科服务系统无论从系统本身设计、运行过程还是最终的目的,都离不开相关知识的支撑。从系统设计上看,由于学科服务是高校图书馆适应现代环境而发展创新的知识服务,主要是围绕学科知识信息而进行的;从运行过程来看,学科服务的中心任务是学科馆员运用服务平台提供知识信息服务,这一过程可以说是知识的服务运行过程;

从系统目的来看，是要实现知识的增值服务。因此，学科服务系统具有极强的知识性。

（四）增值性

学科服务是高知识含量的服务，学科服务系统是为这种高知识服务而设计的，其增值性主要反映在学科服务过程中学科服务主体——学科馆员所提供的服务为学科用户解决问题上具有特殊的价值，学科馆员的增值服务价值就是学科服务的增值，而学科服务的增值是学科服务系统增值性的具体体现，且随着学科馆员的增值服务价值的增加而不断升高。

总之，深刻认识和理解学科服务系统的含义、特征，全面把握学科服务系统的构成，可以更好地开展学科服务工作。

第二章 高校图书馆学科服务的产生与发展

第一节 高校图书馆学科服务的特征

较之传统的文献信息服务,高校图书馆学科服务强调的是提供知识及根据用户需求的变化不间断地提供知识服务,强调的是动态的知识提供过程,其服务是通过“学科馆员”制度体现出来的,具有以下特征。

一、学术性

学科化服务主要解决学科教学和科研过程中遇到的研究性问题,其服务对象主要是科研人员或准科研人员(如大学教师、研究机构的研究人员、研究生等)。学科馆员提供的服务是一种研究性服务,他们不能仅仅像一般的参考咨询那样直接为读者提供其需要的最终信息,如一篇论文、一个数据、一件事实等,而是十分看重为用户提供具有预见性的参考和帮助。这些工作必须经过学科馆员对信息进行组织、选择、分析、综合等加工后才能完成。在这个过程中,学科馆员要充分运用自己的专业知识,对所掌握的信息进行研究,进而提出自己的见解,其结果是一种明显的知识创新。因此,学科馆员的工作内容与教学、科研人员的工作相互交叉和渗透,带有明显的学术研究的性质。学科馆员不一定只是针对某一项研究课题或教学过程中的某一个需要进行研究,其研究内容要对所属的学科专业具有普遍的指导意义。

二、知识性

服务是图书馆永恒不变的宗旨,而知识性服务则是图书馆高水平学科化服务的升华,尤其是基于学科的知识化服务,它是围绕大学的学科设置,特别是重点、特色学科的建设而开展的学科知识深化服务。它通过使用图书馆构建的各类专业数据库及其网站,主动推送知识,同时,依据图书馆学科馆员对所负责院系学科的教研人员的跟踪、定题及个性化需求服务的扩展,提供对比、评价、分析、综合得出的有参考价值的知识扩展信息,帮助教学科研人员实现学科知识的发现、学科知识的创新和学科知识的获取[①]。

三、个性化

学科化服务需要紧贴用户需求,提供针对性的信息服务,即深入各院系,与各学科专家、学者、教师紧密联系,及时掌握其个性化需求,并通过电子邮件、电子表单、电话、QQ、微信等在线服务方式,建立咨询对象的个人信息库,对所咨询对象的科研个性和需求进行分析,把握对象用户的科研定位,随时调整服务的角度、内容与方式,利用现代化

①赵俊娜. 高校图书馆面向科研的学科服务研究[D]. 合肥:安徽大学,2014.

的网络、通信设施，充分收集对象用户感兴趣的最新信息，制作成便捷的服务产品，并主动快速地推送到用户手中。

四、主动性

学科化服务是一种外向型的服务工作。学科馆员应走出图书馆，与教师、科研人员结成合作伙伴，亲自参与到他们的教学科研活动之中，在参与中准确把握教学科研活动信息需求的方向和特点，主动为科研和教学活动提供相关的专业信息。学科馆员与服务对象之间的关系，不再是明确的主客体关系，而是相互协作、相互促进的关系。他们的工作相互融合、渗透，成为一个连续的有机整体。在某个具体的研究中，学科馆员和其他科研人员一样都是研究人员，他们不存在服务与被服务的关系，而只是在工作中分工不同，各自有不同的侧重点。

第二节 高校图书馆学科服务的发展历程

我国学科服务引入与发展的历史虽然不长，但却随着信息基础环境和用户利用信息行为方式等的改变而不断演化、变革和发展，理论研究和实践经验均卓有成效，当前学科服务已被视为推动图书馆转型的重要手段。考察我国图书馆学科服务的发展历程及特征，有助于更理性地审视学科服务自身变革的实质和逻辑，为未来学科服务的可持续发展提供借鉴。

一、国外图书馆的学科服务发展历程

国外图书馆的学科服务也始于学科馆员的职能创新。20世纪中叶，美国内布拉斯加大学图书馆创设学科馆员制度。伴随着现代技术的快速发展，学科馆员的职责也一路丰富和变化。它由最早的学科联络、专业参考咨询，渐次演化为馆藏建设、资源导航，又渐次转向服务于重点学科和科研团队。根据初景利教授等学者的研究判断，国外学科服务历经快速发展期、变革发展期、成熟创新期，随着嵌入式服务实践的逐渐深入发展，当下学科服务处于转型发展期[①]。

二、我国高校图书馆学科服务发展历程

（一）萌芽（1987—1997年）

1987年和1989年，陈京、毋益两人先后撰文，对学科馆员的定义、工作职责和管理学科的内容与框架进行讨论，这是国内最早出现的专门关于学科馆员的理论论文。20世纪80年代，改革开放助推了中国图书馆事业的快速发展，图书馆专业人才队伍建设也随之开始。

加之20世纪前后，德、英、美等国家的图书馆都相继引入了学科馆员制度，特别是1950年美国内布拉斯加大学首次在图书馆配备学科馆员，这些都对国内学科馆员制度的

①赵敏，于静．学科服务设计与实践的微创新研究——北京师范大学图书馆学科服务发展历程[J]．情报杂志，2015，34(01)：200-202+199.

产生起到了举足轻重的作用。如果说陈、母两人的论文是国内学界对学科馆员的最初认识,那《论高校图书馆的最新变革——实行学科馆员与专业集成化服务》一文中提出的“学科馆员是在特定学科领域里负责图书馆服务工作的图书馆员,他们在咨询服务、数据库服务、第二、第三次文献开发服务、共同研究,以及图书馆市场的营销等许多方面能发挥比一般馆员更好的作用”等观点则是国内对学科馆员理解的进一步深化。其实,20世纪90年代中后期,我国许多图书馆设立的参考咨询部及其开展的读者咨询解答、用户培训、定题服务等就是学科服务的前身,只是学科服务内容更专业、服务更具体。

(二)初创(1998—2005年)

20世纪末以来,网络技术、数字信息技术的发展给图书馆带来了翻天覆地的变化:一方面,用户信息环境的变化动摇了长期以来图书馆作为信息获取机构不可替代的地位;另一方面,快捷简单地获取信息成为用户最基本的信息需求。

面对挑战,1998年清华大学图书馆在国内率先建立了学科馆员制度,开展学科服务的尝试。这时的学科馆员都是兼职,分散于采访编目、参考咨询、信息技术等图书馆各部门。为方便与院系对接,清华大学图书馆当时也在院系聘请了第一批图情教授,与学科馆员一起开展学科服务。清华大学图书馆在学科服务上的做法和探索,开创了具有中国特色的学科馆员工作模式。

2000年北京大学、2003年上海交通大学、首都师范大学,以及后来的西安交通大学、武汉大学、南开大学、厦门大学等原“985”重点高校(现为“双一流”高校)图书馆纷纷效仿确立了学科馆员制度。服务内容主要以馆藏资源建设和院系联络为主,也有少数图书馆还开展用户指导培训以及参与院系相关活动。尽管服务的内容和深度有限,但架起了图书馆与学界的桥梁,改善了图书馆与院系的关系。

21世纪初,当数字化网络化成为现代科学研究最基础的环境时,学科服务又面临着服务形式、服务内容和运行机制的挑战。2003年,曾任中国科学院文献情报中心(中国科学院国家科学图书馆)主任的张晓林提出了“学科化知识化服务”概念,指出“学科服务要按照科学研究而不是按照文献工作流程组织工作,要学科化而不是阵地化,要内容知识化而不是简单的文献传递”,引起了学界的高度关注。为顺应工作需求,充分发挥学科馆员团队作用,同时实现对学科馆员和学科服务的统一规划、管理和运作,2002年清华大学图书馆将学科馆员由兼职转为专职,并集中起来成立了学科馆员组,再次聘任教师顾问和学生顾问,从资源建设和学科建设的角度对学科服务提供支持和指导,第一代学科馆员及学科服务的基本模式和机制由此确立。

(三)发展(2006—2010年)

信息技术环境下,资源载体形态、用户行为、服务方式、用户需求的不断变更使图书馆替代服务发展迅速,图书馆面临着去中介化危险。作为一种实践性强且不断发展和完善的图书馆服务模式,学科服务面临着更新升级的挑战。

2006年,中国科学院国家科学图书馆专门独立设置了学科咨询服务部,并公开招聘专业人才,开启了学科服务的崭新模式。同年,中国科学院李春旺首次提出了“学科化服务”的概念。

2008年,上海交通大学图书馆推出了面向用户、以IC2创新服务模式为核心、旨在将资源和服务推送到用户科学研究活动第一线、直接融合进用户科学研究过程之中的泛学科化服务,它为高校图书馆学科服务打开了发展之门。随后,北京大学图书馆正式提出了“融入教学,嵌入科研”的学科服务战略,武汉大学图书馆建立了基于“SERVICE”嵌入式营销模式的学科服务。

2009年以后,对于图书馆学科服务的研究力度不断增强,越来越多的学者开始关注该领域研究,学科服务逐渐成为国内学术领域的热点问题之一。特别是2010年11月,CALIS在上海交通大学图书馆成功举办了第一届“学科馆员培训班”,正式吹响了新一轮高校学科馆员制度建设的号角。之后,CALIS又连续举办了3期学科馆员培训班,高校图书馆纷纷建立起各具特色的学科服务发展模式,图书馆这种面向用户的适时转型催生了第二代学科馆员的诞生。与第一代学科馆员相比,第二代学科馆员完成了角色多元化的转移,其最突出的特点和本质就是开启了“融入教学,嵌入科研”嵌入式学科服务的尝试,即学科服务突破了传统图书馆用户到馆的服务模式，主动与用户建立合作关系，全面覆盖师生教学、科研全过程。

嵌入式学科服务是图书馆为应对信息环境变化而采用的新策略和新方向，它赋予了学科服务全新生机和活力，迅速成为图书馆转型发展新的着力点和生长空间。第二代学科馆员除了延续第一代学科馆员的工作之外，更多地是建立学科馆藏资源、开展课题跟踪服务（课题策划、内容分析、创新性论证、研究过程、论文发表、成果评价、知识产权等）和信息素养教育等服务，树立了图书馆和学科馆员的新品牌和新形象。当然，由于学科馆员制度处于发展期，其在实施过程中也存在一些诸如队伍建设与管理混乱、学科馆员制度缺乏科学的规划与设计（如高校中都有近一半的图书馆未开展学科馆员制度）、学科馆员角色与职责定位不清、服务缺乏系统性和整体性、系统性和协调性较差等问题。

（四）转型（2011年至今）

以大数据和物联网为核心的智能技术不断驱动着图书馆从物理图书馆、数字图书馆走向智慧图书馆。

特别是高校启动“十三五”规划和“双一流”建设以来，学科服务面临着从传统服务向创新服务转型的迫切需求，为“双一流”建设提供科研绩效评价、人才评估、学科趋势分析、学科规划、创新支持的数据情报服务迅速成为图书馆学科服务的核心竞争力。

2012年上海交通大学图书馆正式提出并形成泛学科化

服务体系,特别是其搭建的学科服务平台与机构知识库迅速成为学校考核全校学院、学者个人学术产出的重要工具。同时,北京大学、武汉大学、浙江大学等高校图书馆纷纷开展了基于InCites和ESI的学科评估及专业认证和基于机构知识库建设的学科服务、智库服务及创新支持等,助力学校教学科研。

如今,类似的服务已成为高校图书馆学科服务的首要工作,而且呈现出显著特点:首先是更加注重与科研管理决策等职能部门、数据库开发商等的协作联动,并尝试与其他学科、专业、行业和领域之间的跨界合作;其次是更加注重新媒体新技术的应用,除了E-mail、QQ等,各种微服务也陆续应用于学科服务,为学科馆员与用户之间的知识服务架起最及时的桥梁,激发了用户更多更高的需求,使学科馆员在更大意义上成为了学科知识服务员,也促进了图书馆业务布局与服务模式的转型。

第三节 高校图书馆学科服务现状

2016年5月,中国图书馆学会副理事长陈力在中国图书馆年会新闻发布会上指出:“图书馆要立足实践,凸显学术研究成果的推广应用,发挥图书馆科学数据分析和学科服务在创新中的作用”。多年来,学科服务作为图书馆学界研究的热点议题之一，成为国内各高校图书馆不断开展和完善的重点服务项目。

下面对国内外具有代表性的高校图书馆学科服务的现状进行调查，在对比分析相关内容的基础上，针对目前存在的一些共性问题提出几点建议，为相关研究和实践提供参考。其中，国外选取哈佛大学、麻省理工学院、加州大学伯克利分校、斯坦福大学、牛津大学、耶鲁大学、普林斯顿大学、宾夕法尼亚大学和哥伦比亚大学等9所高校，国内高校选取清华大学、北京大学、浙江大学、四川大学、同济大学、武汉大学、复旦大学、东南大学、上海交通大学、中国人民大学和西安交通大学等11所高校。在数据采集上，通过网站调研获得国内外高校图书馆学科服务的第一手资料，同时参考国内外相关研究成果①。

一、学科服务平台建设现状

关于学科服务平台的定义，目前学术界尚没有统一的界定。结合国内外各大高校图书馆学科服务平台建设现状和该领域内的相关研究成果，笔者认为，学科服务平台是指依托于计算机软硬件系统来展现学科服务内容、服务资源、和服务团队等信息的平台或者网页，是资源和服务的集合体。平台中不仅包含资源、服务和工具等模块，还包括知识共享和数据管理等扩展模块。

①段美珍，赵媛. 中外高校图书馆学科服务现状对比研究[J]. 国家图书馆学刊，2017，26(01)：14-22.

(一)学科服务平台首页建设

调查发现,除牛津大学图书馆在学科服务平台首页只呈现了"学科图书馆""学科指南"和"各学科图书馆社交媒体列表"等内容及相关链接外,国外其他8所高校图书馆都将"学科资源""科研工具""用户培训"和"学科咨询"这几个模块及其链接分类整合在了首页,其中斯坦福大学图书馆学科服务平台首页还将"科研项目"和"数据管理平台"等扩展模块纳入其中。

国内多数高校图书馆学科服务平台则以介绍学科馆员名单、职责及其联系方式的静态网页为主,其他与学科服务相关的科研工具和培训等栏目则分散布局于图书馆网页的其他部分。只有武汉大学集"学科资源""学科馆员及联系方式""学科知识服务""信息素养教育""资源荐购"和"科研数据管理"等栏目及其链接于首页。

(二)学科资源模块

从资源模块的构成来看,国内外高校图书馆一般都有两种及以上多元化的学科资源来源,且大部分国内外高校都拥有基于LibGuides等系统构建的学科主题资源。国外高校图书馆主要有学科图书馆和基于LibGuides等系统软件的学科指南这两种资源来源,国内被访高校图书馆主要有基于LibGuides系统软件的学科指南和CALIS重点学科导航,其中东南大学和西安交通大学等高校还有部分学科分馆,北京大学的学科资源导航则分为CALIS重点学科导航和本馆学科博客两种。

(三)学科参考咨询服务模块

在实现馆员与用户交流的参考咨询服务模块上,所调查的国外大学图书馆将学科咨询与一般参考咨询都整合在了"Ask a Librarian(AskUs)"这一平台,用户不仅可以在学科服务平台页面上定位到该服务,还可以在图书馆首页直接快速寻求咨询。此外,对于不明确自身所咨询问题性质和类别的用户来讲,这种设置更能提高咨询服务的效率。

国内清华大学通过自建的咨询台实现了学科咨询与一般咨询的集成,其他高校图书馆的学科咨询与一般咨询是分离的,用户只有进入学科服务平台才能获取学科咨询服务,且操作过程较为复杂。

(四)知识共享与数据管理扩展模块

国外高校图书馆的数据管理和分享平台一般有付费和免费两种,其中免费的数据管理和分享平台面向全校师生,而非本机构的其他用户也可以付费查看这些数据。关于数据的上传存储,一些高校主要通过用户来实现自存储,如哈佛大学和宾夕法尼亚大学等。在数据存储内容和格式方面,大部分高校图书馆并不限制在论文、学术报告等文本信息范围内,如麻省理工学院和普林斯顿大学明确指出允许存储图片和视频格式的演讲报告等数据。此外,在提供数据存储功能的同时,国外高校数据管理和分享平台还为用户提供"创建个人页面"等服务,如耶鲁大学的EliScholar平台便允许用户为自己建造个人主页等。对于付费存储平台,各高校大多是把它作为一个文件备份和存档服务器提供给用户,该类平台对数据存储内容基本无任何限制,但不面向公众公开,如宾夕法尼亚大学的TSM(Tivoli存储管理器)。

目前,国内武汉大学图书馆在学科服务平台设有专门的数据管理模块。清华大学、北京大学和中国人民大学在平台之外建设了面向公众部分开放的存储教师和学生科研数据的机构知识库。同时,清华大学还建设有特色明显的学生优秀作品和原创视觉空间库。此外,虽然这些高校建立了机构文库,但收录的作品仅来自本机构具有影响力的教师和校友。从数据存储格式方面来看,国内各科研数据存储库基本以文本数据为主,一般不接收图片和视频类数据。

二、学科资源建设现状

(一)学科资源建设方式

国外高校图书馆的资源建设工作一般按学科来进行划分,其学科资源的建设由具有相关学科背景的学科馆员来决定。学科馆员在学科服务过程中扮演学科资源采访员和读者服务咨询员等多重角色,其工作贯穿于资源构建到利用的整个过程。从国内图书馆的实践来看,多数高校图书馆的学科馆员角色与学科资源采访员角色分离,学科资源的建设工作由无相关学科背景的采访员来完成。

(二)学科资源构成

就学科资源的类型而言,国内高校图书馆多侧重于对数据库及书目等信息的提供。具体来说，一般涉及数据库、图书、期刊、学位论文等，少数高校还包含了学科博客、网络公开课程和机构门户网站等信息资源。例如，上海交通大学物理学科资源导航便将学术机构和专题网站、馆藏数据库与期刊、图书和网络公开课相关信息作为其主要的学科资源或获取学科资源的入口。而国外高校学科资源以各种导航资源为主，以加州大学伯克利分校图书馆为例，除专门的“教学课程指南”和“科研管理系统”中的资源外，其“意大利研究指南”不仅提供了数据库、图书和期刊等一般性资料，还将档案资料、百科全书等参考工具书和研究项目资料等列入了学科资源导航系统。

（三）学科资源整合情况

学科资源整合不仅能够促进高校众多学科的全面均衡发展，还可以深化各个学科的教学和研究深度，从而提高高校的整体教学质量和科研实力。

国外高校图书馆多数对学科资源进行了整合。在具体的学科资源整合过程中，将相关资源按学科族类进行二次分类整合是国外大多数高校图书馆的一个重要特点，即首先将资源按学科大类进行划分，然后再按二级学科（主题）类别对大类下的资源进行二次分类。如哈佛大学的法学资源导航系统便从法律性质和国别等多种角度设置了多个研究指南；哥伦比亚大学图书馆将“历史和人类”学科指南进行细化，从美国历史、英国历史、电影和电视研究、法语和西方哲学等多个方面和角度设置了学科指南。

国内被调查高校图书馆中有10所按学科对资源进行了分类整合,在学科资源整合过程中,几乎所有高校都针对本机构的强势学科和重点学科资源进行了整合,学科资源导航数量平均在13至14个。

三、学科服务内容现状

学科服务是一个集信息和技术于一体的服务体系,其内容涉及图书馆建设和用户体验的各个方面。下文主要针对学科信息素养教育和学科信息空间服务展开探讨。

(一)学科信息素养教育现状

国外高校图书馆的学科信息素养教育一般由学科分馆来主办。图书馆不仅以学科馆员开展线下讲座、线下课程、网络视频课程以及电子文本指南的方式开展服务,还将学科信息素养培训与学科咨询有机地结合起来,嵌入到学科服务过程中,馆员在与用户关于相关研究课题和项目进行交流时对用户进行潜移默化的学科信息素养教育。在内容方面,学科信息素养教育不再仅仅是对学科信息资源及相关研究工具的介绍,而且还提供其他深层次的培训指导。以耶鲁大学和普林斯顿大学为例,耶鲁大学法学图书馆不仅为有需求的用户提供研究指导和学习课程,还经常为大一新生提供一些小型的科研项目;普林斯顿大学建筑学图书馆则在学科服务过程中以视频和文本等形式提供一些成功或者失败的重点工程案例及实证研究,让用户在学习中提升本学科的信息素养。

国内部分高校设置了学科分馆，国内高校的学科信息素养教育都由总馆来主办，一般需要用户或者院系提出申请并进行预约。关于学科信息素养教育方式，国内高校除浙江大学和武汉大学等少数高校额外开展了特定的学科信息素养教育课程，同济大学通过学科馆员与院系专业教师合作开设共享空间课程外，国内绝大部分高校主要是举办专场讲座（讲座完成之后上传共享课件和视频）。关于信息素养教育覆盖的学科范围，清华大学和武汉大学在图书馆网站标注“与院系师生合作，面向各院系开设专门为相关专业定制的专题培训讲座”类字样外，其中四川大学和复旦大学按人文社科、理工和医学大类来举办专场讲座。关于学科信息素养教育培训内容，大多数高校的专场讲座是对学科资源概况及检索技能的介绍，东南大学等高校涉及专业论文写作，浙江大学的“生物医学研究信息快速获取和评价”课程还涉及研究成果水平和影响力的查证方法、研究课题立项和成果“查新”工作等。

（二）学科信息共享空间服务

1.学科服务意识和理念

国外高校图书馆学科信息共享空间（Subject Information Commons，SIC）与信息共享空间（Information Commons，IC）职责分明，总馆的IC一般负责通过对学科分馆SIC进行全面的统筹来促进不同学科用户的合作交流，SIC则依托学科分馆特定学科领域的资源和技术等为相关学科的用户提供专业化、深层次的服务。而国内高校在IC的建设过程中,上海交通大学、同济大学和浙江大学尝试将IC与学科服务结合起来,SIC的发展还处于探索阶段。其中,上海交通大学图书馆首创的IC^2是目前国内高校中发展较为领先的,该服务模式将人员、资源、空间和环境等要素与学科融合,不仅可以为教学和研究提供全方位的支撑,还能更好地启发用户的创新思维。

2.空间布局

SIC强调资源共享,重视对用户个性化和人性化需求的满足。从物理空间的布局来看,国外高校图书馆的SIC多围绕咨询中心建设,且一个学科分馆可能设置多个SIC,更加注重为用户提供一站式、多样化的便捷服务;而国内高校图书馆的SIC多围绕专题来设计,同济大学图书馆设立了汽车专题阅览室。

3.服务内容

从设备提供的角度来讲,国外高校图书馆除普遍的计算机及配套办公软件外,还提供了缩微阅读器和数码相机以及专业研究软件等。从咨询服务的角度来讲,国外SIC设置在学科分馆,除一般的技术帮助外,还有学科专家为用户提供更加专业化的研究指导。从服务内容类型来讲,国外高校学科图书馆还联合本机构其他组织和其他机构开展课题讲座、信息素养培训和学术交流等活动。而国内的上海交通大学和浙江大学开展学术交流和讲座等,上海交通大学曾与中山大学化学学科合作开办学术沙龙、信息检索大赛和创意比赛。

四、学科服务互动情况

(一)学科服务互动方式

打破传统图书馆的阵地化服务模式,推动图书馆走向无边界,通过多种交流和互动方式将服务延伸到用户身边,是扩大学科服务范围、提高学科服务效率的重要手段。总的来看,国内外高校在此方面既有相同点也有不同点。

从相同点上看,国内外高校图书馆对学科咨询通道的建设都较为重视。从咨询方式的实时性上来看,考虑到馆员工作和用户请求服务的时间差等各种因素,国内外高校都建立了实时交流和异步咨询两类互动方式。从咨询工具的时代性来看,国内外高校图书馆在保留电话、短信和邮件等传统学科服务互动方式的基础上都紧跟时代需要,不断向新型的信息交流方式发展。这种传统与新式咨询方式的并存格局适应了社会发展潮流与不断变化的用户环境,不仅有利于保证高校图书馆在信息服务领域的发展,还更好地满足了不同年龄阶段的用户对咨询工具的不同需求。

从不同点上看,国内外高校图书馆在学科服务互动方式的建设方面存在差异。除与国内高校类似的传统交流方式以及Twitter和Facebook等主流媒介外,国外高校还提供了多种聊天工具和新兴社交媒体等多种信息交流和分享平台。

(二)学科服务效果反馈栏目建设情况

用户体验信息反馈对于改进产品和完善服务具有重要的作用,只有不断听取用户意见,才能更好地创新服务、满足用户需求，从而创造更大的效益。因此，学科服务效果反馈栏目的建设对于高校图书馆学科服务水平的提高至关重要。国内外高校图书馆在学科服务网站都建立了用户反馈栏目，在使用图书馆服务后用户可以匿名提交相关的建议和意见。

第三章　高校图书馆学科化服务模式

学科化服务是高校图书馆为教学和科研提供的创新型服务。学科化服务没有既定的模式,各个图书馆可根据具体情况采用相应的服务模式。但从目前国内外高校图书馆学科化服务的实践和发展来看,其服务模式可以大致概括为以下四种:基于服务形式的学科化服务、基于组织方式的学科化服务、基于服务内容的学科化服务和基于智能技术的学科化服务。

第一节　基于服务形式的学科化服务

从服务形式来看,高校图书馆学科化服务又包括以下几种。

一、学科馆员服务

学科馆员服务是高校图书馆对某一学科领域而提供的专门服务形式。在国内,学科馆员服务有学科馆员——图情教授式、挂靠集中式、专职分散式、兼职分散式和混合式五种[①]。

(一)学科馆员——图情教授式

学科馆员——图情教授服务是图书馆在馆内选择若干素质较高、具有相关学科背景的馆员作为各院系对口学科馆员,同时,从学科和文献资源的角度在各院系聘请图书馆教师顾问(被称为"图情教授")负责和学科馆员联系,提供本院系的学科发展动态及其文献信息需求,协助配合学科馆员开展工作。学科馆员和图情教授建立直接的联系,定期或不定期地交流信息,图书馆在购置文献资源,特别是重大文献资源时,需事先征求学科图情教授的意见。

清华大学图书馆拟定了图情教授的工作职责:①资源建设。图情教授要把握相关学科的文献资源建设及馆藏调整方向,提出参考意见,积极推动图书馆与院系合作购买文献信息资源;推荐优秀文献资源,对重要试用资源提出评价意见,或推荐其他专家进行评价。②建议与反馈。图情教授要为图书馆的发展献计献策,及时反馈教师对图书馆的意见与建议。③指导学科服务。图情教授要提供图书馆信息服务的重大课题情况和重点研究方向;与学科馆员密切联系,为开展学科化服务提供指导意见。④查新顾问。理工科图书馆顾问同时担任查新部学科顾问。

在该模式下,学科馆员与图情教授之间一般是协作关系。前者为主,后者为辅,两者互相合作、互相协调,共同

①覃丽金,吉家凡,唐朝胜,等. 主题式学科化服务模式研究——结合海南大学图书馆的案例分析[J]. 图书馆论坛,2014,34(04):23-29.

在图书馆与院系之间架起一座桥梁，为对口院系师生的教学科研工作的学习提供优质服务。该模式的优势在于有利于图书馆与院系的沟通，能够弥补学科馆员专业方面的缺失。不足之处是由于图情教授工作繁忙，往往不能很好地投入足够的精力和时间协助学科馆员的工作。

（二）挂靠集中式

该方式是针对不同院系，安排不同专业背景的学科馆员分工负责，按学科主动开展全方位的服务。

例如，为了适应信息时代的飞速发展，改变传统的服务方式，为教学科研提供主动、深层次信息服务，南开大学图书馆于2002年建立了学科馆员制度，由有相应工作能力和专业知识背景的资深馆员任学科馆员，服务主要针对教师及研究生层面。南开大学学科馆员制度实施之初，制订了初、中、高三级工作目标。初级工作目标是资源调查与上岗准备、制度的推出与资源宣传；中级工作目标是赴院系培训、资源导航；高级工作目标是定题服务、跟踪服务。2017年，根据“双一流”建设的形势和学科建设发展的变化，南开大学图书馆成立了学科服务部，设专职学科馆员，构成层次分明、分工明确的网络化服务模式。目前，学科馆员们已与对口院系主管教学和图书资料工作的院系负责人建立了固定联系关系，并聘任文献资源建设咨询专家一起开展工作。

（三）兼职分散式

兼职分散式服务是不成立专门的学科馆员机构，学科馆员则分散在图书馆现有的采访编目部、流通阅览部、信息服务部、信息技术部等部门中，并从中选择合适的人员作为学科馆员开展兼职服务。

例如，北京大学图书馆自2001年起实施学科馆员制度，服务对象以教师为主，兼顾研究生。北京大学图书馆采取一位学科馆员对应一个院系、一位学科馆员对应多个院系或多位学科馆员对应一个院系的方式安排不同专业背景的图书馆员分工负责，按学科主动开展全方位的服务。北京大学图书馆学科馆员的职责包括：负责与院系的教师和资料室联系，了解教师对图书、期刊和电子资源的需求以及研究课题的情况；熟悉本馆有关学科的馆藏情况，包括书、刊、工具书、数据库的情况及其使用方法；开展用户教育工作，为各系开办培训讲座；宣传新增加的文献信息资源和服务措施，协助编写各类宣传材料；开展相关咨询服务；定期了解情况，征求意见等。

该模式的优势在于可以在各业务部门中选拔既有学科专业背景，又有一定经验和业务基础的人员担任学科馆员，为用户提供全方位的服务。但该模式也有不足之处：学科馆员要承担自身繁忙的业务工作，难以将更多的精力投入学科馆员的工作之中；学科服务人员较为分散，不便于管理与培训，也不便于经验交流；与院系联系更为松散，学科馆员工作很难融入对口院系的教学科研中去，院系对其工作能力也不够信任。

（四）专职分散式

专职分散式是指设立专职的学科馆员，他们分散于图书馆不同的业务部门。这种方式更倾向于学科馆员分散于学科分馆的形式。事实上，学科分馆馆员除了开展常规业务工作外，也在积极地深化分馆服务，在某些方面从事着学科馆员的工作。建立分馆的学科馆员，使得学科馆员与院系更加靠近，便于针对院系、学科开展各项工作。

例如，北京师范大学图书馆于2003年开始实施学科馆员制度，并经过不断的探索和实践，建立了分馆馆员与专职学科职员相结合的方式。在该模式下，学科馆员的工作内容包括：全面负责本学科资料室的资源建设、服务及管理工作；保持与院系负责人、学科带头人的联系，及时掌握本学科发展动态、最新进展、资源出版动态，并与图书馆总馆及时沟通，逐步建立相对完善的学科信息资源体系；掌握图书馆资源及服务的最新动态，根据教师研究的专业领域定期向教师推介图书馆及服务，创新性地为师生提供周到、完善的服务；主动为院系所有师生做好免费资源推介工作；承担本学科教师培训的工作职责，针对不同的需求，开展多层次的、多样化的用户培训和用户教育；发挥网络的优势，建立分馆和学科资料室网站，搭建与本学科师生的互动平台。

（五）混合式

混合式即指专职、兼职相结合的模式，具体是指对某些重要学科设立专职学科馆员，使他们有充分的时间和精力从事学科馆员的各项工作，而对一些较小的学科，则设立兼职学科馆员。这种模式比较灵活，使馆员在不影响其本职工作的前提下，可以承担一个或几个学科或院系的学科馆员工作。

2000年，武汉大学开始实行学科馆员制度，为各学院设置学科馆员，对口负责本科教师、研究生的信息服务工作。其学科馆员的主要职责包括：收集所负责学科的师生对文献的需求信息；有针对性地为对口学科用户提供信息参考咨询服务；为对口院系教师、研究生提供利用图书馆的指导和培训；负责搜集、鉴别和整理相关学科的网络信息资源，建立学科网络导航；征求对口院系对图书馆资源建设和服务工作的意见与要求。较之其他服务形式，该模式具有较强的优势，能够与专业分馆、院系资料室紧密结合，以便于与院系交流、联系开展工作。

二、学科知识库服务

学科知识库主要以特定学科专题的有经验的领域专家、纸质文献、数据库数据和互联网上的资料等作为知识来源，以知识单元为基础存储对象，利用计算机来表达、存储和管理特定领域的知识，并利用知识来解决该领域的问题。它是以知识处理为基础的知识应用系统，它向用户直接提供他们所需的特定知识，以节省用户的大量时间，提高知识的针对性和利用率。学科专题知识库的建立可以使知识有序化，促进学科知识的共享与交流，有利于实现知识使用者之间的协作与沟通，可帮助图书馆实现对用户知识的有效管理,从而有助于传统的被动服务向网络化、个性化、自助式的服务方式过渡,实现向以用户为中心的、满足用户知识需求的服务模式转变。

学科知识库以FAQ(Frequently Asked Questions,常见问题)问答的形式为主,在建设时常考虑以下几点。

(一)合理分类,层次清晰

用不同的学科主题对FAQ问题进行科学合理的归类,有助于用户通过分类浏览快速找到所需资料,同时有助于从整体角度认识图书馆学科化服务工作。FAQ问题的归类从利于用户使用出发,如以学科大类分类,再细分成一般问题、学科资料查找、学术资源信息门户、常用学科名词术语等类别,而在这些类别下再细分若干小类,如学科资料查找这一类又可以细分为图书、期刊、学位论文、专利标准等,显得层次清晰,方便查找。

(二)提供浏览和检索相结合的查询方式

随着FAQ库中问题越来越多,只通过浏览查询问题会显得非常不方便,用户界面的友好性大为降低,若能够采取浏览和检索相结合的查询方式,以及包括分类、关键词等多种检索途径,这样就能确保学科咨询服务的效率,还可以节省图书馆相关的人力和财力。

(三)FAQ库的建设体现学科化服务的特色和优势

对于学科专业问题,图书馆在回答、归类与筛选的过程中,都由馆内或馆外的各专业的资深学科馆员或者专家来处理,为建立精确、翔实的学科知识库打好基础。

三、学科知识推送服务

学科知识推送是个性化信息服务的一种主要形式。它是根据用户的学科分类,按用户提供的检索条件、利用信息推送技术把信息自动送到用户面前,实现信息找读者,也可推荐用户感兴趣的信息,其实质是一种"信息找人"的服务模式。

符合高校信息用户需求变化的个性化服务,需要根据用户的知识结构、信息需求、行为方式和心理倾向等,为具体用户创造一个有的放矢地信息服务环境,为其提供定向化的预定信息与服务,并帮助用户建立个人信息系统。这是一种个性化、人本化、主动性的服务方式。

学科知识推送目的是在图书馆已购数字资源的基础上,根据用户的专业特征和研究兴趣向用户提供和推荐教学科研所需要的资料和信息,对用户提供实时咨询服务。

学科知识推送过程是从图书馆馆藏资源及经加工的网络知识库中,为用户搜索、整理有针对性的文献,利用电子邮件、电子表单、IM(Instant Messaging,即时通信软件)以及其他一些网络技术工具开展实时或非实时信息推送服务,把有利于相关学科发展、最新颖、最前沿、最有针对性的信息推送给每个学科带头人,并定期更新相关的信息内容。

四、学科信息导航服务

学科信息导航服务就是根据重点学科用户的信息需

求，以学科为主题由学科馆员将互联网上的相应资源加以搜集、分类、描述、组织和有序化。收集的范围主要包括国内外各种学术信息、科研动态信息和综述信息。信息主要来源于专业网站、报纸以及被SCI（Science Citation Index，科学引文索引）、EI（The Engineering Index，工程索引）收录的核心期刊。其过程是建立全方位、多层次、有序化的相关信息资源导航系统，链接到图书馆网站主页上，使重点学科用户能在网上迅速找到自己想要的文献信息。

目前，国内外有许多图书馆将网络信息资源进行选择、整理、组织，为用户提供网络学科导航服务。网络学科导航服务主要有三种形式。

第一，学科信息资源动态报道。学科信息资源动态报道是推荐性的导航服务，它不仅对报道的内容进行链接，还可以加上宣传介绍文字。

第二，学科常用资源导航。学科常用资源导航选择的资源类型通常有国内外重要网络搜索引擎、学术期刊导航、大型图书馆网站、学术机构站点，如高校、研究所、著名公司等，尤其是与本馆学科服务密切相关的专业性网站。

第三，专业学科资源导航数据库。专业学科资源导航数据库是较深层次的对学科化资源搜索并有序化组织的信息产品，它将收集到的专业数据库分类组织链接，组成多层次的目录型指示数据库，很多大型学科导航数据库配置检索引擎，可进行输入检索词或检索式并获取与之相匹配的检索结果的查询方式。

全方位的学科信息资源导航，既强调导航库的类型多样化和内容的实用性，例如重点学科导航、学科信息门户导航等实用信息导航，同时也强调学科导航的服务方式的集成化和个性化，例如自由定制分类、定制关键词、收藏记录、保存检索历史、保存检索策略、添加资源评论等。以重点学科导航库为例，在定位上以重点学科为信息搜集对象，以重点学科相关带头人、研究者需求为基本出发点，在提供的信息内容上可以包括国内外的学术动态、知识要闻、会议资料、成果、人物、学位论文、电子期刊、工具书、经典专著、研究机构、学术实体和站点、专业服务系统等。

五、学科信息共享空间服务

信息共享空间(IC)是20世纪90年代欧美大学图书馆兴起的一种新型服务模式。IC是经过特别设计的一站式服务中心和协同学习环境，通过提供方便的互联网、功能完美的电脑软硬件设施，以及内容丰富的知识资源库，把高校图书馆融入教学与研究的整个过程，为用户回归图书馆和拓展图书馆服务提供可能。

学科信息共享空间(SIC)则是“以用户需求为中心”的理念作指导，依托各个学科资料中心，按照学科、专业整合图书馆空间、资源、服务，提供全力支持用户学习、教育、研究的环境，并以学科馆员服务形式融入用户整个学习、研究过程，以解决用户实际具体问题为最终目标，提供专业化、个性化的增值服务模式。服务中，SIC除了提供专业性的数据库、专业信息导航之外，还提供学科介绍、学科动态、课堂服务、学科微博、联合咨询服务、学科定题服务、学科知识挖掘服务等特色服务。

在SIC中,学科馆员处于核心地位,他们具备专业的学科背景知识并精通图书馆业务,他们以SIC为平台,融入高校用户的整个学习、研究过程,并为其提供专业化、个性化的全面集成的学科信息服务。

学科馆员在SIC中的作用主要体现如下。

(一)沟通协调

在SIC中,学科馆员可以参与到各学科建设中,发挥与对口院系师生的沟通作用,使他们了解学科信息共享空间的各项服务内容,提出专业需求,更好地使用图书馆信息资源。

(二)学科资源管理

学科馆员通过"整合—优化"建设的方式,进一步优化SIC的整体资源,分析各学科的资源需求共性和差异,并对其他可以利用的资源途径与渠道进行分析考察,从方便实用、经济可靠等多个方面出发,在学科已经建立起来的资源供应体系上提出更加有效的和可持续的资源建设设计建议,进一步优化资源供应链,同时通过"个性化优化建设",以具体的课题组、科研团组、研究人员的研究方向为单位,定制属于他们自己独有的学科信息资源,帮助他们以最快的速度获得最全面、最相关的学科资源,从而节省资源查找时间、提高科研工作效率。学科馆员甚至要承担起知识资产管理者的角色,在学术出版、开放存取、知识产权管理和知识组织等方面发挥作用。

（三）学科战略顾问

学科馆员将学术出版、信息组织、知识发现、开放获取、知识产权、知识管理（如机构仓储）等纳入自己的服务范畴，将自己融入学科用户之中，为他们提供周到、及时的学科服务。学科馆员善于对知识的营销设计和推广，同时善于对学科资源与服务的综合利用策划、协调与创新管理。

（四）学科研究指导

学科馆员具有学科研究方向的指导能力和科研跟踪服务的能力，能够独立制作网页，按学科进行电子资源的整合与链接，定期到网上发布新文献信息；能够独立开展定题咨询服务和其他各类咨询服务；可以不定期地为教师、研究生开展培训和辅导讲座，帮助他们掌握网上数据库的检索方法与技巧。

（五）网络规划、引导

学科用户是学科馆员服务中的重要资源，利用网络服务，通过将学科用户和学科馆员嵌入一定的学科、专题、问题群组中，学科知识资源与学科用户资源并重，由学科用户作为平台的内容建设者，由学科馆员作为平台的规范者和引导者。

六、学科信息门户服务

学科信息门户是伴随着因特网的发展而出现的一种学科化服务模式。门户是通过统一检索、数据收割、推送服务等技术手段,将分布在不同信息源的内容整合在一起集中提供给用户的网络服务。学科信息门户则是致力于将特定学科领域的信息资源、工具与服务集成到一个整体中,按学科、专业分类,将学科的各类资源进行分类、归纳、序化与优化,提供全面的学科资源信息。

简单来说,学科信息门户是用户访问某学科资源与服务的通道,它是一种网络服务,它为用户提供了一个方便的信息检索和服务入口,使用户能够通过这样一个平台全面了解有关学科的信息全貌,掌握学科研究趋势与动态。同时,它也是联系学科馆员与用户的桥梁。用户通过此平台享受学科化信息服务,学科馆员使用该平台为用户提供服务。

作为信息服务平台,它利用各种先进信息技术手段和方法将海量的信息资源组织成一个相对集中的、方便用户利用的信息系统,有效解决用户对学术信息资源的需求问题,提高他们的资源查找和利用效率,满足用户科研和教育等方面的信息需求。它是网络指南、学科导航、信息资源指引库的进一步发展。

学科信息门户服务具有以下特点。

第一,跨系统一站式检索。用户在一个搜索界面,将搜索请求一次性输入,就可实现对多种资源和数据库信息的查询。它将各个系统的检索结果汇集起来,以统一的界面展示给用户,使用户的搜索方便而高效。用户不需要分别进入各个本地的或远程的检索系统来进行检索。

第二,信息和应用的集成整合。信息内容经过深层次组织加工,形成高质量的信息内容,这些信息与各种信息服务有机地集成在一个统一的界面中。

第三,收录的资源专业化。如专题数据库、专利信息、专题新闻、会议信息、讨论组和新闻组、教学资源、研究项目和基金课题,以及相关领域专家的微博、个人主页等资源,它整合了不同类型、不同形式、不同渠道的专业信息和各种资源。

第四,推行的服务个性化。学科信息门户模式注重服务功能的开发,提供各种个性化的增值信息服务,如RSS新闻推送、个性化定制、讨论组与社区服务、案例研究、新资源介绍、热点推荐等,根据用户需求与偏好的描述信息,或通过用户信息访问行为的动态分析来推测用户意图,进行信息过滤和信息推荐等。

第五,参与的人员学科化。学科信息门户的用户中许多就是本学科领域的专家学者,他们对于专业学科资源的了解更为深刻,通过他们参与资源的创建能够有效发现有价值的信息,促进信息资源的最大共享。

随着学科信息门户概念的普及推广,以及学科信息门户关键技术的深入研究和广泛应用,新一代学科信息门户将成为专业数字图书馆共建共享的首选模式。

第二节 基于组织形式的学科化服务

基于组织形式的学科化服务主要有学科分馆服务、协同式学科化服务和团队式服务三种。

一、学科分馆服务

目前,欧美许多大学图书馆都按学科建立分院,每个分院又组建学科图书馆,以支持特色资源建设和学科个性化需求。学科分馆是以学科为单元,在分馆主页上建立学科链接,把图书馆内外的学科资源进行组织、有序化,建立目录式资源体系,为用户提供学科资源导引和学科导航系统。

学科分馆的设置使各分馆拥有相对固定的读者群,具有以下优势:一是馆员对读者的资源需求和使用倾向有一个准确的把握,为购置优质文献,发挥资金的最大效益提供参考依据;二是各种类别的馆藏文献资源按学科专业集中,便于读者查找、阅览和利用;三是便于馆员、读者、馆藏之间的沟通和了解,从而有利于馆员了解本学科历史、现状和发展,有利于对该专业教学、科研的整体把握,也便于主动服务、跟踪服务,便于馆员与教师之间相互学习,便于馆员参加专业学术会议,获得会议文件等各种灰色文献资源;四是学科分馆向全体师生开放,方便读者,有利于提高信息资源的利用率[①]。

这种模式下学科馆员的工作职责如下。

第一,定期收集、整理、分析本学科不同层次读者需求信息,及时了解对口院系课程设置和学科建设情况,为科学、合理地购置书、刊、电子资源、数据库提供第一手参考信息;负责在网上对该学科资源进行搜集、整理、链接,以目录形式展示在该学科分馆的电脑终端主页上,并定期维护、更新。

第二,与对口院系保持联系,了解、掌握院系教学、科研的开展情况和进展;根据教师的备课需求和学生的学习需求,及时提供信息资源的介绍、辅导和帮助。在此基础上,追踪学科重点科研课题,通过不同渠道,查找各种有价值的信息源,并加以综合分析,帮助用户获取最新、最有价值的资源信息,并通过电子邮件等方式提供给科研人员。

第三,疏通双向交流通道。设立并公布学科馆员信箱以及电子邮箱,提供服务热线,通过与读者的沟通和交流,聆听读者的意见和建议,解答对口专业读者提出的各种问题。

第四,建设优质的学科文献数据库。获取各种公开出版的优质专业报刊、其他报刊中的专业文献、内部有学术价值的学科文献,或采用节取选录的方式,对潜在的原始信息进行深度加工和提取,把隐含在原始文献中的有价值

①陆颖,杨志萍,王春明等. 基于科学数据的嵌入课题组学科服务策略探索[J]. 图书情报工作,2015,59(22):56-63.

的观点、方法、数据、事实、结论摘录整理出来，或采用鉴定性的方式，对每种信息进行研究、鉴别、评价、筛选，或摘取语句段落，或通篇录用，或节取信息单元，制成有特色、优质的学科资源数据库。

二、协同式学科化服务

学科化服务属于知识创新的深层次服务，它具有高度的复杂性、多元性和不确定性。单独依靠学科馆员或某一图书馆做好学科服务十分困难，因此在学科化服务过程中引入协同机制势在必行。

协同式学科化服务是指为了提高学科服务的质量与水平，学科馆员与其他人员（包括其他馆员、用户代表、馆外协作员等）通过互动、合作、整合等方式，进行多层次、多形式、多渠道、多方位的协作，以图书馆学科用户细分为前提，以学科信息知识的搜集、整理、组织、分析和重组为基础，以学科馆员与其他人员的显性和隐性知识为保障，根据用户的具体问题和学科环境，直接融入为用户解决问题的过程中，提供能够支持知识应用和知识创新的深层次服务。

协同式学科化服务具有以下特征：①以服务创新为导向。从协同的目标来看，其实质是通过合作提供知识创新服务保障的过程，最终的目标是通过协作实现服务效能质变，支持知识创新与服务创新，最大限度地满足学科用户的信息需求。②以互动合作为途径。从协同的实现来看，它依托于学科馆员与其他馆员、用户代表、馆外协作员等，通过互动、合作、整合的方式来实现。③以多要素聚合为对象。从协同的要素来看，它是一种基于资源、技术、人力合作的更加复杂、多层次、全方位的合作。协同的内容不局限于信息资源本身，而是将各种人力资源、信息资源、信息服务、信息服务技术、信息基础设施聚合为一个有机运行的整体。④以双向协同为动力。从协同的方式来看，它是一种双向协同而非单向协同，参与协同的各方都是协同方，都是协同的策划者和受益者。

目前，协同式学科化服务总体可分为馆内协作型和馆外协作型，具体包括以下几种。

第一，学科馆员团队内部协作，是协同式学科化服务的主要方式。只有实施学科服务的主体学科馆员之间做好了协同，才有可能与其他相关成员做好协同。在知识管理环境下，如何挖掘和利用知识人才的隐性知识是管理的重点，而团队是提供隐性知识积累、共享、创新环境的有效形式，随着信息环境的复杂化及用户对专业化服务要求的不断提高，学科服务必须依靠集体的智慧，提高服务创新能力进而形成规模化整体效应。学科馆员团队应该是由一定数量的、专业互补的、富有创新精神的、愿意为共同目标而相互协作的高素质图书馆专业人员组成的。

第二，学科馆员与其他馆员协作。学科馆员制度需要由整个图书馆而不是由几个特定的学科馆员来执行，学科馆员的服务水平受制于全体的服务水平，因此，要成功实施学科服务必须建立纵向管理与横向合作密切结合的矩阵管理模式，使团队合作和经营性的跨部门协作能够无障碍地进行。

同时，图书馆要努力营造学科服务的整体氛围，组建一支以学科馆员为核心、其他部门馆员（包括科技查新、馆际互借、资源整合、宣传推广等各个部门）参与的支撑团队，由学科馆员与支撑团队相互协作，共同构成广义的学科服务群体，提供联合服务支持。在学科网页制作、学科平台构建与维护方面，学科馆员要与技术部馆员配合完成；在学科资源采选方面，学科馆员要与采编部馆员配合完成；在学科服务宣传推广方面，学科馆员要与办公室相关人员配合完成。

例如，上海交通大学图书馆构建了“学科馆员—咨询馆员—馆员”的服务梯队，同济大学图书馆构建了“学科馆员—咨询馆员—辅助人员”的服务梯队。

第三，学科馆员与用户代表协作。用户在整个学科服务中占据了非常重要的位置，具有巨大的挖掘潜力，学科馆员应与用户进行多层次的创新合作，通过整合用户群体中的各种资源提高学科服务水平。

然而，用户是一个庞大的群体，学科馆员不可能与所有用户进行沟通互动，为此必须加强与用户代表的协作互动，这里所指的用户代表主要是教师代表和学生代表。在与教师代表协作方面，主要是指学科馆员与教师在学科资源建设、信息素养教育、学术研究、学术资源系统开发、参考咨询服务等多方面展开协作，如上海交通大学图书馆推出的特色科研信息专员培训服务等。在学生代表协作方面，主要采用学科馆员—学生顾问制度的协作服务，即设置学生顾问，使之及时反映所在院系师生的信息需求，协助学科馆员在所在院系开展讲座培训、参考咨询、需求调研等学科服务，如清华大学图书馆、厦门大学图书馆等设置的学生顾问制度。

第四，学科服务馆际协作。学科服务馆际协作是高校图书馆根据馆情和学科服务需求，按所属系统或所在地区自愿组成图书馆联合体，统一协调、统筹规划，以联合服务平台为依托，实现资源（学科文献、学科馆员）共建共享，开展学科化联合服务。

目前，高校图书馆已经开展的馆际互借、文献传递、协作式数字参考咨询等都为学科服务馆际协作奠定了基础，在某种程度上可以认为是学科服务馆际协作的雏形。各高校图书馆之间还可在学科化服务的组织管理、活动策划、宣传手段、工作思路等多方面形成互动，并通过打造学科服务联盟形成多方互动。

这种联盟一般由一个或多个图书馆发起，通过联合本地高校图书馆或公共图书馆建立起学科化服务联合体，可以在学科信息资源的共建共享、学科馆员的共享、学科服务平台的共建共享等方面进行协同。

第五，学科馆员与书商、数据商协作。学科馆员与书商协作主要体现在举办书展方面，通常由图书馆提供场地，由书商提供图书，两者合作在校园内举办书展。这样既可以让书商销售出更多的图书，也可让图书馆购买更多符合读者需求的图书。例如，2011年同济大学图书馆开展了“外文原版图书到院系，助力学术研究”的外文书展活动。

学科馆员与数据商协作主要表现在：学科资源的整合；已购数字资源增值服务的开展，即借助已购商业数据库提供的基于学科服务的免费增值服务平台搭建学科服务平台；数字资源的培训交流，即数据商定期或不定期地对学科馆员和师生进行资源培训，使其动态了解相关数字资源的新功能、新特色。

三、团队式服务

随着信息环境的复杂化发展以及用户对专业化服务要求的不断提高，单个馆员独立式工作已很难满足用户系统的深层次需求，这就有必要组建由多种类型人员组成的工作团队，分别负责学科联络、知识组织、情报研究、个性化服务等任务，在协同工作的基础上，提供系统化、深层次的学科服务，这便是团队式工作模式。

团队式工作模式特别适合为协作式科研提供服务。在网络环境下，虚拟项目组、基于网络的开放研究群体等被人们广泛接受，它们具有学科领域广泛、研究群体动态变化等特点。因此，根据项目需求，从不同地区、不同学科领域动态抽取学科馆员组成服务团队将更具可行性。在这种需求驱动下，学科馆员团队将会从单一图书馆内部的协作走向与馆外的分布式网络协作。

目前，主要有以下几种团队式服务。

(一)固定型团队模式

固定型团队模式由几个学科服务人员组成固定的服务团队,每个学科团队服务于一个或多个学科院系,学科团队由学科馆员、咨询馆员、辅助馆员组成。固定型团队模式的特点在于采取学科馆员负责制,赋予学科馆员更多的职权,在工作中提高学科馆员的管理能力。同时,不要求学科馆员具备所有的能力,团队成员之间可以进行互补,如学科馆员更强调组织领导能力,咨询馆员可以更加强调专业知识能力,辅助馆员可能更善于沟通与宣传。

固定型团队模式典型的成功案例有上海交通大学图书馆。上海交通大学图书馆读者服务总部按大学科划分为理学部、工学部、文学部三大学部,每个学部再按一级学科细分为若干个固定学科团队,每个团队平均以1名学科馆员、2名咨询馆员和若干辅助馆员组成。

(二)互补型团队模式

固定型团队也可能出现人手不够或学科交叉的情况,因而互补型团队模式在固定学科服务团队的基础上,由2～3个固定型学科团队之间小范围协调,将学科化服务人员按特长进行分工、确定职责,以各人之长来开展服务,如团队中可以培养学科馆藏资源建设专家、信息素养培训专家等。

这种模式的特点是分工较为科学、合理,不追求全能型馆员,力求最大限度达到馆员能力的共享。也有图书馆在不同部门之间组建互补型团队,如来自读者服务部门和采访编目部门的馆员就可以采取合作协同的方式,发挥各自的特长,同时也弥补了人力的不足。

(三)可塑型团队模式

可塑型团队模式设首席学科馆员,以全局工作为重点,对以学科馆员为首的固定型团队灵活重组,以适应任务的需要,可以说是以任务为中心的协作模式。可塑型团队也是在固定型团队的基础上进行协调。但不同于互补型团队的是,可塑型团队是对所有学科服务人员进行灵活组配,不讲求谁属于哪个固定学科团队。其特点在于此种模式可全方位涉及学科服务的各种内容,从宣传沟通、素养教育,到资源保障、深层情报研究服务,采用这种模式组建的团队,其学科化服务能否成功实施,关键在于图书馆组织机构与运行机制的保障。

采取此模式的如武汉大学图书馆,它将学科团队划分为社会科学、人文科学、理学、工学、信息科学、医学六个学科工作组,下设小组长,每组5~6人,小组成员由各分馆学科馆员、信息服务中心人员及院系资料室人员等组成。

(四)拓展型团队模式

拓展型团队模式与个体模式中的院系协助型相似,团队模式组建也可获得院系的支持,特别是科研团队的支持,因此,此种模式也可称为“嵌入型团队模式”。例如,上海交通大学图书馆实行的信息专员制度,它由各院系不同科研团队委派人员参加图书馆的高级培训,考核通过后聘任其为学科服务团队的信息专员。信息专员的职责是做好所在科研团队的学科服务工作，并接受学科团队的考核和指导。

这种模式的特点是学科服务团队和院系科研团队联系紧密，非常有利于将学科服务嵌入科研，但对信息专员的培训、管理与考核制度还需完善。中国人民大学图书馆也采取类似的模式，每个学科团队设学科联系人，院系设院系联系人，院系联系人通常由教学秘书或科研秘书担任。

第三节　基于服务内容的学科化服务

国内外高校图书馆学科化服务的内容因具体情况有所侧重和不同，但从总体上来说，不外乎以下几个方面。

一、学科资源建设

高质量的学科文献信息资源是学科建设和教学科研的保障，是图书馆开展高效学科服务的基础。文献信息资源建设的核心是对学科信息资源内容的评价和选择，传统文献类型组织资源建设的模式难以达到学科资源建设知识化、专业化的要求，而按学科专业组织资源建设工作的学科化是大势所趋。

高校图书馆学科资源建设是其资源建设工作按学科专业来划分的模式。从学科馆员在资源建设中的角色表现与参与方式来看，目前国内外图书馆学科化资源建设可分为三种:①传递式。学科馆员负责学科联络和读者资源需求信息的收集,并将读者需求信息传递到采访部门。学科馆员在资源建设中主要起联络、传递的作用。目前,国内多数图书馆属于这一类型。②介入式。除传递院系读者需求外,学科馆员还参与部分类型文献资源的采选工作,有相应部分资源的采选决策权。例如,清华大学图书馆学科馆员负责外文纸本图书的采选。③主导式。即由学科馆员主导对口学科的资源建设工作,全面承担学科资源建设的统筹责任,多数还具体承担资源遴选工作。美国大学图书馆基本属于这种类型①。

学科馆员主导的学科资源建设是高校图书馆学科资源建设的发展趋势。为了保障学科资源建设的科学性和满足率、促进学科资源建设与学科服务的有机融合,高校图书馆在以学科馆员为主导的学科资源建设中,还需重点明确学科馆员、采访馆员和院系读者三方的协作关系、角色定位及各自发挥的作用,以形成主次有序、协同运作的建设格局。

(一)学科馆员的主导性

学科馆员的主导性主要表现在以下几个方面。

第一,学科馆员是学科资源建设的规划者和政策制定者,学科馆员负责对口学科的各种类型文献信息资源建设的整体规划和馆藏发展政策制定,以不断完善学科资源的

①沈洋.985高校图书馆学科服务的调查与分析[D].合肥:安徽大学,2016.

布局和发展。

第二,学科馆员是学科资源需求和学科资源出版的调研者。一方面,学科馆员与院系师生经常联系,可以及时了解对口院系学科建设动态、课程设置,把握师生对文献资源的需求;另一方面,学科馆员需要主动关注对口学科的发展趋势,与书商、数据库商联系,捕捉资源出版动态,提高资源需求(包括显性需求和潜在需求)与供应的契合度。

第三,学科馆员是各学科资源采选的主导者,学科馆员在学科资源采选中承担统筹责任和主要采选任务。对于学科期刊、数据库,以及外文图书的调研、评价和选订,宜由学科馆员完全负责,对于采选工作量较大的中文图书,视不同学科和学科馆员的岗位职责安排,分别承担主要采选、协助采选或订单审核责任。对于综合性数据库,由固定责任人或多个相关学科馆员共同调研评估。资源采购的事务性、技术性环节则由采访馆员负责。

第四,学科馆员是馆藏学科资源评价、复选、维护的主导者,学科馆员应对已有学科资源馆藏体系进行深入研究和客观评估,巩固特色馆藏,寻找薄弱环节,并进行针对性补缺、筛选和剔除,不断维护和优化馆藏结构。例如,针对新课程、新学位点,及时回溯购置相应经典教材、优秀参考书、代表性作品等,及时跟进学科建设的资源保障。

第五,学科馆员是学科资源的整合者和推广者。学科馆员负责馆藏学科资源的深入挖掘和整合,负责本学科领域开放获取资源的采集和评估，通过学科资源导航、学科门户等系统平台组织揭示，并通过各种方式宣传、推广，帮助读者高效利用。

（二）采访馆员的合作性

在以学科馆员为主导的资源建设模式中，采访馆员主要在采购业务技术环节发挥作用，负责征订书目接收和按学科分发或挂上图书馆的自动化系统、订单查重和集中发送、验收、查缺补漏、定期统计等事宜，一般不参与学科资源的采选。采访部门负责人（或由学科馆员兼任）负责采访业务的组织和协调，协调各类型、各学科资源的合理布局和经费分配方案，拓展采购渠道，分发征订目录，控制经费支出，协调工作进度，组织馆藏结构和使用统计分析等。

（三）院系读者的参与性

读者依然是资源建设中非常重要的一支力量。在学科资源政策和购书方案制订阶段，学科馆员要广泛征求院系师生意见，多次沟通达成一致，保证资源购置的原则规范性和一致性。在日常资源采选工作中，或者将电子书目发给院系师生，请其直接参与采选；或以网络荐购为辅，具体到每条读者意见需要视其是否具备普遍性来处理。广泛、充分、合理发挥读者的荐购作用，使得资源建设在广度和深度上更加科学合理，也有利于构建良好互动的图书馆与读者之间的关系。

二、学科信息素养教育

信息素养教育服务包括信息素养课程设计、参与课堂教学等。提供信息素养教育是学科馆员很重要的一项工作。学科馆员经常走到院系中去,主动与教师联系,探讨如何将信息素养教育结合到专业课程之中。有的学科馆员还与专业课教师共同设计课程,探讨如何将信息素养教育融入专业课程的教学过程中。参与学科教学逐渐成为高校图书馆学科馆员主要职责之一。

目前,许多高校不仅把信息素养教育纳入正式的教学,还积极与教师探索基于学科专业课程的信息素养教育模式,逐渐向学科信息素养整合教育的方向发展。学科信息素养整合教育是指以学生为中心,通过学科教师与图书馆员的合作,将信息素养贯穿于学科课程的全过程(包括内容、结构和结论),使学习者在教师与图书馆员创设的情境、协作与会话等学习环境中充分发挥自身的主动性和积极性,对当前所学的知识进行意义构建,并用其所学解决实际问题的教育模式。

在这种模式中,学生是知识的主动建构者和运用者,教师和图书馆员则是教学过程的指导者与组织者、意义建构的促进者和帮助者。信息所携带的知识不再是教师传授内容,而是学生主动构建意义的对象(客体)。

通过这种教育模式,学生既可以获得专业知识,又可以获取终身学习的能力和技巧。其方式有两种:一是由馆员培训教师信息素质技能,然后由教师将这些知识有机地融入课程中，让学生在学习专业课程的同时提高信息素质；二是由馆员和教师共同讲授相关的知识，但有所分工，馆员侧重介绍基本的信息检索、利用和评价技能，教师则主要介绍与学科研究紧密相关的研究方法和研究技能。这种合作式信息素养教育实际上就是嵌入式信息素养教育，学科馆员通过和专业教师的协同合作，将信息素养教育内容嵌入学生学习和研究的过程中。

学科信息素养教育整合历经几十年的发展，经历了由不正式到正式、由部分到全部、由间断到连续的几个过程，其中成功的范例具有某些共同的特征。Curzon 在 2004 年将这些特征整合为 9 种合作模式，Stephanie 于 2008 年吸取其观点并结合实例介绍了 6 种模式，包括导入模式、基础教育模式、学习效果模式、信息素养课程模式、院系中心模式和需求模式。

三、参考咨询服务

参考咨询服务是高校图书馆工作中一项十分重要的工作，是在数字化、网络化的信息大环境下，以丰富的馆藏资源和网络资源为依托，针对网络用户的需要，由具备一定专业知识的图书馆工作人员将馆藏资源和网络资源进行收集、整理与加工，并通过在线问答、电子邮件等形式反馈给用户的服务机制。

在网络技术与信息科学飞速发展和数字化信息资源与日俱增的今天，参考咨询工作的咨询环境、咨询模式和咨询工具等都发生了巨大的变化，图书馆接受咨询问题与解答咨询问题的方式从面对面的传统咨询方式扩展到网上咨询服务。有别于传统参考咨询的“一对一”服务,新的服务策略将为用户提供有价值、实效性、针对性强的图书馆参考咨询服务。实时咨询、在线咨询、可视咨询、互动咨询等方式纷纷涌现,为用户提供网络时代实时、高效、便捷的服务。其中,合作参考咨询的出现大大提高了咨询服务的质量,对传统参考咨询服务而言是一个质的飞跃。

合作参考咨询服务是由多个图书馆或情报咨询机构建立的协作关系,充分利用各自的信息资源特色和人才优势为用户提供全天候的数字参考咨询服务。其优势在于:它不仅能够改善图书馆专业咨询人员不足的情况,而且可以把学科馆员从烦琐的咨询服务中解脱出来;这种虚拟参考咨询服务不受时间、空间限制,具有实时性、开放性、广泛性和公益性,能够使读者及时得到自己想要的答案;它能以统一的标准为用户提供咨询服务,减少咨询答案不完整、不统一、出错的现象。

数字图书馆的虚拟参考咨询服务突破了传统参考咨询服务时间和空间的限制,人们可在任何时间、任何地点获取信息,是一个灵活的个性化的信息服务和信息获取方式。该服务实现了用户与学科、专家知识连接,具有交互式、问答式、灵活性等特点。

第四节 基于智能技术的学科化服务

基于智能技术的学科化服务是通过建立智能信息系统与信息共享应用平台，使虚拟信息资源可以进行智能处理，从而实现智能化信息检索、智能化信息处理的一种服务模式。它利用开放和互动的网络信息工具来深度挖掘各类专题信息，并与用户互动，直接回应用户需求。较之传统信息服务，它具有高度的智能性，即使在没有用户的干预下也能自主或交互地执行各种拟人任务；能根据用户使用习惯、爱好、背景和要求，主动分析、预测用户需求，为用户提供量体裁衣式的个性化服务；同时集成了专家系统、机器学习、人机交互接口等功能，能自我学习、自我调整，加快知识库更新，不断满足用户需求等优势[①]。

一、RSS学科信息推送服务

(一)具体功能

RSS(Really Simple Syndication，简易信息聚合)在图书馆行业中的应用已如火如荼，特别在学科化信息服务方面，它可以发挥信息过滤、信息搜集、信息推送和信息交流四个方面的作用。信息聚合和信息推送是其两大基本功能，这些功能在图书馆中具体表现在以下四个方面。

①常改. 图书馆3.0个性化服务模型研究[D]. 长春：吉林大学，2012.

1. 收集学科信息

在RSS应用中，当用户在提供RSS输出的界面提交自己感兴趣的主题后，提供RSS输出的各个网站中与需求有关的信息都被“抓”到用户面前，并依据一定的标准进行排列。这样，用户无需分别打开各网站进行搜索，也不用费心去记忆众多的网址，RSS可以自动地把有关信息“抓”到一起供用户参考使用。

2. 推送学科信息

主动信息服务的提供是在信息技术的应用下完成的。推送技术的核心是建立一个信息代理机制，由它把网上的信息用推送的方式推到用户面前。用户无需连接到资源所在的网站，RSS就可以把其所聚合的大量相关的学科最新信息主动提供给用户，以满足用户的需求。

3. 整合学科信息

在RSS对信息有效集成的基础上，用户只需要通过一次检索（即第一次使用时提出具体的请求），在今后的查询中不必再次发出请求就可检索相关网站所提供的全部信息，并经过过滤机制获得结果。一方面，这避免了用户在网上漫无目的地寻找，可以节省用户宝贵的时间和上网费用；另一方面，因无需查看整个网站，这减少了无用信息在网络中的传输。

4. 信息共享社区

在RSS应用中，对同一主题的问题，有关专家可以发表自己的评论和见解，同时还可以与其他专家进行讨论交流。在这种条件下,参与讨论的人与人之间的知识在某种程度上实现了共享。

(二)服务方向

基于RSS的即时性、个性化、集成性和易获性的特点,RSS服务可以为科研人员在科研过程中提供大量相关的学科信息,服务方向主要为学科信息聚合、新书通报、专业期刊目次、学科资源导航等方面。

1.学科信息聚合

学科信息聚合是依托RSS的聚合信息的特点,将专业学术网站、学术信息导航等信息资源整合,并推送给用户以供参考学习。一方面,这使用户能及时了解到学科的最新发展动态;另一方面,这个也减少用户盲目查找学科信息所花的时间和精力。

2.新书通报服务

新书通报是图书馆的传统工作,它让读者能够及时了解图书馆最新图书动态,以寻找自己所需要的图书,同时也为一些专业书籍寻找特定读者,它在读者的阅读活动中起着重要的宣传导读作用。新书通报工作直接影响着读者对图书和图书馆的利用程度和感受。

大多数图书馆通过自己的网站发布新书通报,使读者足不出户,只要登录图书馆的网站就能获得图书馆新书上架的信息。页面的发布方式是目前新书通报的主要方式。这种方式主要有两个方面的不足:一是服务缺乏主动性和互动性。读者若需要获取新书信息就必须登录图书馆的新书通报页面,查找相关学科的新书上架情况。二是难以满足读者的个性化需求。读者所关注的书籍一般集中于某一学科领域的某一部分,图书馆的学科分类并不一定能满足读者的需求,这样势必带来许多读者并不关心的信息。

随着RSS与OPAC(Online Public Access Catalog,联机公共目录检索系统)技术的发展,图书馆可以利用RSS与OPAC相结合。考虑到图书学科类别问题,将OPAC中的新书信息通过索书号分类,提供针对不同学科的RSS服务,这样用户就可以根据学科类别定制该学科的新书信息。

3.专业期刊目次服务

对于纸质期刊,如果没有期刊目次数据库的支持,一般只能做到对新刊到馆情况的提示。而对于电子期刊,则可以利用数据库平台自身提供的RSS定制功能,获得最新的期刊目次。

随着RSS阅读方式的逐渐普及,越来越多的商业数据库开始提供RSS订书功能,按照收录期刊的目次提供,当新一期的目次入库时,可自动通知用户最新的期刊目次信息,有代表性的如商业数据库IEEE、IOP、Nature、Science、中国期刊网等。这些学术期刊数据库由于期刊的更新频率快、时效性强,利用RSS订阅,可以让用户及时掌握新刊的到馆情况,取得当期期刊目次。电子期刊平台的RSS定制功能,一般有按刊名定制、按关键词定制和按检索式定制等三种方式。

通过这种方式跟踪刊目,可以同时获得多个期刊针对学科的有用信息，以长期保持与学术前沿的同步。例如，上海交通大学图书馆建立的期刊目次订阅平台。

4.学术资源导航

学科导航服务已经成为当前图书馆最重要的服务形式之一。目前，很多图书馆网站正在建设类似于“学科导航系统”的平台，收集和整理网络上的各种学术性资源，平台的展示方式有学科研究社区、学科资源门户等。这些平台都聚合了大量的学科资源，并按照学科或研究方向给出分类RSS定制服务。

二、Tag学科化信息资源服务

Tag在中国并没有统一的中文名称，有的称之为“分类”，也有的称之为“开放分类”或“大众分类”，还有的称之为“标签”。Tag(标签)是一种更为灵活、有趣的信息分类方式。Tag可以拓展学科化信息资源在服务中的个性化内容，将信息资源以大众的方式进行揭示，因此，Tag的分类方式更容易让读者理解。在学科化信息服务方面主要体现在信息资源的揭示与检索、个性化信息资源组织，以及信息热点与主动服务三个方面。

(一)信息资源的揭示与检索

信息资源的揭示与检索主要表现在OPAC中的应用，读者在检索馆藏的同时，可以对馆藏进行标引和标注，并可以了解其他人对该资源的认知情况。采用这种社群沟通方式可以从大众的角度来了解资源类别和内容。同时，通过标签检索也拓展了传统OPAC系统的检索途径，使得读者可以以更多方式获取信息资源。

（二）个性化信息资源组织

Tag的应用可以使得读者在组织信息资源的方式上变得更个性化，并具有以下几个特性：①读者可以对图书馆网站中的新闻、服务内容、数据库、帮助信息等加Tag；②读者可以通过自己的Tag快速跳转到相关的页面；③全站Tag为读者提供一种新的网站浏览方式；④Tag为读者提供全站内容的查询功能。

（三）信息热点与主动服务

Tag库对用户进行使用挖掘分析，将信息的热点进行用户群体的相关度分析，可以实现以下功能：①知晓近期读者最关注的图书。通过某段时间内用户标注最多的图书，形成图书热度排行。②发现近期读者最关注的主题。通过某段时间内标签标注次数、访问次数、访问用户数等，找出标签热度排行。例如，用户A标了一本书，用户B也标注了，就可以通过这本书建立一个用户A和用户B交流的联系。若用户A和用户B都标注了若干本图书，那么就可以把用户A和用户B联系起来，以形成读者聚类。③主动推送标签相关的图书给读者。即把某本图书主动推送给用了相同标签的读者。例如，用户A用了一个标签，用户B也用了，就可以通过这个标签建立一个用户A和用户B交流的关系。若用户A和用户B都用了若干个标签，那么同样可以形成读者聚类。

三、IM学科信息服务

(一)IM学科信息咨询服务

图书馆在开展学科化信息服务时,需要选择采用何种方式与用户交流沟通,其中较为常用的有IM。利用IM,图书馆可以实现实时地与用户交流,进行学科化信息服务,其在表现形式上主要有两种方式。

1.嵌入用户环境

图书馆面向学科领域和科研机构,组建一个又一个灵活的学科单元,将资源采集、加工、重组、开发、利用等工作融于每个学科单元之中,每个学科单元由若干名学科馆员负责,并将学科馆员的IM联系方式提供给用户。在用户与学科馆员建立联系之后,用户登录IM工具即可向学科馆员进行咨询,以获取帮助。通过学科馆员专业化的知识重组,使信息服务由粗放型管理转向学科化、集约化管理,从而为用户提供更深入、更精细、更个性化的服务。例如,宁波大学图书馆以馆藏资源为基础,将学科分为人文社科、工程技术、人文语言、生命科学等,每个学科由专门的学科馆员负责,并提供QQ或者微信的联系方式。

2.嵌入学科信息服务平台

为了更好地发挥图书馆在网络环境下的作用,许多图书馆为学科化信息服务搭建了专门的服务平台。学科信息服务平台是联系用户和学科馆员的媒介,是学科知识服务系统的外在表现形式。学科馆员通过学科信息服务平台向用户提供服务,学科化信息服务的各个组成部分均可在此平台上以醒目、有序、便捷的方式展现。在学科信息服务平台上，利用网页嵌入技术将IM嵌入平台，加强了服务平台与用户的互动，改善了用户的服务体验。

（二）IM学科智能推送服务

针对学科的信息推送是高校图书馆的重要工作之一。学科服务作为高校图书馆一项重要的对外服务项目对馆员的要求很高，工作量也很大，需要即时获取学科最新信息和动向，并将收集到的信息加以整理并发布到网络上。但是，整理后的信息量仍然很大，读者很难找到自己真正关心的信息，从而使得学科服务的效果并不明显。

IM作为即时性的交流工具，具有实时性和个性化的特征，图书馆利用它作为个性化信息推送服务可以为读者获取信息带来极大的便利。较之其他推送方式，IM具有以下优势：①信息及时提醒。读者可以在第一时间获取新书信息，不需要人工收取。②低成本。IM的信息通信不需要支付任何费用，而手机短信是按照短信条数进行收费的。若此项服务免费，读者订阅的新书信息过多或订阅的人数过多，图书馆势必要支付一定的费用，对图书馆而言，随着服务的推广将是不小的负担；若需要读者支付短信费用，那么愿意订购服务人数将大大减少。③隐私保护。由于IM信息内容只有读者登录才能看到，因此利用IM可保障读者个性化信息的隐私。

高校图书馆在开展学科化信息推送服务时，可将IM即时通信工具引入创建IM智能机器人平台，作为分发平台。

读者可以在平台上定制自己关注的学科内的细小分类，这样既保证了读者接收信息的质量，又减少了学科馆员的基础工作量。IM机器人可以根据读者定制的条件将学科馆员的最新信息进行筛选分级，并发送到读者的即时通信工具上。应用IM机器人代替学科馆员发送学科化信息，它可以取代人的部分工作，因此可以扩展服务时间。它是一种便于管理和维护并且低成本的解决方案，是基于人工智能技术的应用，可以针对服务对象以及业务类型的不同进行分类处理，对通信的内容进行智能的分析，从中提取指令内容，并根据指令的内容获取服务对象需要的信息并予以回复。利用IM开展学科化信息推送服务，可以让更多读者定制学科信息，而不受时间、空间、人员的限制。

IM智能机器人服务开发方案主要包括学科信息推送服务流程和系统建设两方面。

系统根据用户需求确定业务的主要流程，基于该用户建立自己关注的学科以及学科下面的详细方向分类进行服务。学科馆员在管理后台将收集到的最新学科资讯进行分类并批量导入平台数据库，IM机器人每天定时从数据库中获取最新的学科资讯。用户添加系统IM机器人后，系统会根据读者定制的分类，将信息发送到读者的IM即时通信工具上。读者登录后即可看到最新的学科信息，可以通过发送指令的方式向IM机器人请求其他学科的信息，IM机器人根据请求的条件获取信息并发送到读者的IM即时通信工具中，并在此基础上形成了学科信息推送服务模型。

根据IM推送机器人具有多用户数并发、响应读者命令及时、7×24小时服务等特性，可以设计定时推送，同时根据用户指令获取两部分主要功能进行学科信息库和用户信息库建设。

四、RFID学科化服务

RFID（Radio Frequency Identification，射频识别）技术是物联网技术中的核心点，它可实现远程读取标签信息，进行智能识别，并进行相应的后台数据处理。在这个过程中，我们可以获取读者的个人信息，并以学科作为服务主体对象，进行针对性的服务；对于图书，同样以学科分类作为依据，通过标签智能识别，在后台数据库进行处理与智能化推送。可以想象读者来到图书馆后，系统通过读者携带的RFID读者卡自动识别身份，将读者对应学科的新书信息或可能感兴趣的图书书目推送到他的手机上，同时显示详细的查找路径。读者把要归还的图书随手放在还书机上，图书就被自动扫描归还。来到预约书架前，读者预约的书所在的书架就会自动亮灯进行提示，用三维立体化的地图显示出图书的位置信息，系统自动计算出一条最优路径指引读者前往对应书架。大厅中有智能机器人进行各种图书馆学科咨询类问题的解答，传送带将分拣后的归还图书按照学科分类分送到图书馆的各个阅览室，阅览室中装载图书的智能书车自动导航行进，将学科类图书运送到各个书架等，这些构想都可以通过RFID实现。

高校图书馆运用RFID技术可以使其学科服务更好地

服务于读者，为读者提供更加丰富的学科信息内容，提供更为方便、快捷的信息获取渠道。其主要体现在以下几个方面。

（一）学科化信息提示服务

高校图书馆中读者面临最多的问题就是学科类的图书难找，往往缺乏方向性，需要向学科馆员进行咨询。借助RFID技术，可以将学科化信息资源非常直观地揭示给读者，使读者寻找想要的学科类图书变得更容易。

基于RFID的智能书架的出现为更加科学和准确地定位学科图书信息提供极大便利。智能书架是在原有的书架上安装多个RFID阅读器，每个阅读器的扫描范围对应一层书架或一个单元格，采用轮询读取机制，每隔5～10秒扫一次，改进了以往在人工盘点的时候才能获知图书是否在架的不足之处。

智能书架实现了在架学科图书的实时定位，但是对于不在架的学科类图书，要进行精确定位就相对困难一些，可以考虑在各个阅览室的书桌、门口等公共位置安放一定数量的大功率RFID阅读器；安装在书桌上的RFID阅读器定时扫描附近的图书信息，阅览室门口的RFID阅读器配合红外感应装置扫描进出阅览室的图书信息，这样学科类图书从离架到出阅览室门口都会被全程监控，读者假如再携带图书进入其他阅览室，那么该图书信息又会被记录下来，直到完成借书出馆操作。

这样，在理论上，图书馆内图书的位置信息可被随时掌控,可在查询系统中清晰直观地提示给读者。除此之外,利用RFID技术还能够与其他学科服务平台相结合,将各种学科信息资源加以利用,并展示给读者。

由于互联网的高速发展,各种数字资源与多媒体形式层出不穷,图书馆的读者群体逐渐将关注的重点从纸本书籍转移至数字及多媒体资源上,各种学科及咨询服务也依托了一些个性化的学科服务平台,将信息快速而准确地传递到读者的终端。与传统学科咨询服务相比,RFID无疑效率更高。读者使用内含RFID芯片的读者卡进馆,RFID后台系统会自动识别出读者身份,并在后台数据库中获知其学科分类信息、经常关注与借阅的学科类图书等(也可以把相关信息直接写在RFID芯片中)。凭借获取到的学科分类信息,图书馆其他学科服务平台即能以接口方式与RFID后台系统互联并获知读者的学科分类及其他相关信息,通过各种不同的手段为读者提供个性化的学科服务,如在网页上直接突出显示与该读者学科相关的学科资源信息或者该读者可能感兴趣的内容,将该学科热门资源直接揭示给读者,这无疑是RFTD技术实现智能化学科信息揭示服务的有力手段,也是在传统学科咨询服务中融入人性化、智能化的一种服务模式。

(二)学科化信息推送服务

传统学科咨询服务模式是“一问一答”的形式。读者碰到某些问题后找到学科咨询馆员,馆员负责对该问题进行解答。这种模式比较被动,而且效率不高,不能充分发挥学科馆员的作用。在互联网时代，各种个性化的学科服务平台与技术手段已经非常成熟，完全可以改变固有的模式，将学科化信息服务提升到一个新的高度，实现主动式推送的目标。

读者进馆后，RFID 阅读器读取其随身携带的 RFID 读者证，获取读者信息。通过读者证的学科信息及 RFID 后台数据统计系统中的相关统计数据，可以获知某个读者近期借阅了哪些学科类文献，推测其可能对哪些学科类文献最感兴趣，据此可通过各种平台向其推送相关的书目资料，也可以通过电子邮件或者 RSS 等手段直接向其推荐该学科的新书、热门书籍或者其可能感兴趣的图书。

另外，该推送功能也可考虑与高校图书馆现有的诸如 OPAC 等目录查询系统等相整合，在用户登录个人账户后，即可看到根据他们的兴趣或者学科分类推荐给他们书目信息及其他数字类的学科信息资源，对于还不太会检索学科信息资源的读者来说，在得到极大帮助的同时，又切实地感受到了图书馆所提供的主动式学科服务的便捷。

在学科图书查找过程中，可以在每个书架旁安放一个显示屏，智能书架侦测到书架上的取书动作后，读取所取图书的 RFID 标签，即可获得该书的详细信息，通过 RFID 后台数据库接口与图书管理系统数据库连接，定位到一些一站式检索网站中的相应图书信息，也可以链接到一些学科服务平台上，将这些网站提供的信息进行智能筛选与整合，在书架旁的显示屏上进行主动式推送，读者即可实时查看详细的书目信息、书评信息、目次信息、学科相关信息等，还可以推送与该书目相关的其他学科类书目与数字资源信息，以供读者选择。

在繁重的学科排架、上架中，智能书车可以按照预定的程序进行有条不紊、无差错的分类、上架等工作，将书籍准确无误地推送到各个书架。例如，深圳图书馆的智能书车是一种具有车载计算机和固定文献分拣单元格的电力驱动小车，由RFID阅读器和计算机对文献与书架标志进行识别和准确定位，并显示文献在书架的具体位置，实现本区域所有文献位置数据的查询和运送，使传统的书库运输车同时具备了文献上架、排架和自动寻址的功能。

（三）学科化信息统计服务

RFID技术不仅拥有远程识读图书标签信息的功能，更为重要的是可以充分利用其后台数据库统计的数据信息。在定制数据库的时候应该考虑各种数据统计功能的需求，对图书和各种处理状态进行记录，从而实现对学科类图书的借阅历史进行分析的功能。确定学科类热门图书的种类，某个学科哪些书籍是最受青睐的，以此为依据可进行学科类书籍采购的趋势分析，以达到合理使用图书经费，购置有效文献，提高所采购学科类文献利用率的目标。此外还可以统计出某些学科比较冷门的图书文献资源，据此开展书籍的更新工作。若与系统采集与统计的读者信息相结合，还可以统计出某个学科的读者群体最喜爱借阅的书籍。

图书馆所使用的图书管理系统本身也具备了借阅统计功能，但使用RFID的技术统计能衍生出不少特色服务，如可以提供热门图书的扫描书架服务。读者只要手持阅读器对着书架一扫即可获知该书架上哪些学科类的书籍是最受欢迎、借阅次数最多的，该信息来源于RFID后台的统计数据库。以此为依据可从每个书架中选取5~10本学科热门书，放置于每个阅览室新增的学科热门推荐书架上，每月进行一次更新。该热门推荐书架可采用智能书架的形式，书籍上架后RFID阅读器收集到相关的图书信息，并与RFID系统进行关联定位，自动发布到OPAC系统的热门学科类图书推荐栏，供读者参考。通过对热门、冷门类图书资源的统计，可以规划出更合理的排架规则，可以将热门类的书籍置于读者最容易看到的位置，以体现出图书馆人性化服务的一面。

（四）学科化预约图书服务

基于已有的RFID智能书架技术，高校图书馆将实现更加智能化的预约图书服务。预约书架是基于最新的RFID技术来实现智能化的图书馆预约学科书籍借阅功能的。在预约书架上铺设地毯形状的RFID天线，每一个RFID天线覆盖书架的一个单元格，读取距离需要仔细调整与控制，防止读取到邻近单元格的图书标签信息，每个单元格上安装一个不同颜色的LED显示灯。

读者通过互联网查找并成功预约书籍后，RFID后台数据库每天从图书管理系统自动抽取所有预约学科类图书的到书信息。当读者来到图书馆并进入预约书架区域后，必须先刷卡确认身份，刷卡后系统读取读者个人信息，与图书管理系统中的预约书籍及读者信息进行比对，然后在旁边设置的显示屏上返回相关信息。假如未找到匹配记录，系统会提示读者未找到预约书籍；假如有匹配记录，则显示屏上将显示出读者所预约的学科图书信息，包括标题、作者、出版社等可自定义的内容。同时，放有学科预约书籍的单元格上的LED显示灯将自动闪烁以提示预约书籍所在的位置，读者取完书后再次刷卡即自动完成图书的借阅。假如读者取了非本人预约的书籍，则系统会提示非本人预约书并停止借阅过程。

这种预约书架无疑加快了读者寻找所预约的学科类书籍的速度，提高了工作效率，凸显了“智慧”图书馆的特点。

第四章　高校图书馆智慧化学科服务平台构建

学科化服务平台是学科化服务体系的外在表现形式，它为学科馆员与用户沟通互动提供了一个虚拟空间，是学科化服务目标得以最终实现的保障。它集成了学科知识门户、学科导航、RSS定制与推送、网络资源揭示、知识挖掘、定题知识服务等服务功能，是一个需求驱动的学科化、智能化服务平台。它支持学科馆员的学科需求分析、学科化知识化信息选择与集成、个性化服务设计与管理等工作。离开学科化服务平台这一媒介，学科馆员就无法与用户交流互动，学科服务工作就无法真正开展。

构建一个既能揭示馆藏学科资源实体，又能链接虚拟学科导航资源，既是学科资源的组织管理平台，又是学科信息发布的平台，同时也是馆员、用户共同交流的平台，已成为高校图书馆学科化服务的发展方向。

第一节 智慧化学科服务平台建设的必要性

一、高校图书馆学科服务基本现状

通过访问“双一流”高校图书馆网站、下载APP、收集新闻资讯、参考相关文献等方式，笔者对我国双一流高校图书馆学科服务进行调查，发现多数高校图书馆学科服务内容大致相同、服务广度略有差别。

通过对当前各高校图书馆学科服务内容的进一步分析得知，各图书馆的服务内容广度在不断拓宽，主要表现在以下几个层面：①学科馆员的设置，主要包括学科馆员的基本情况、制度以及各自的分管学科，其首要任务是为院系教师提供科研指导以及文献信息服务；②学科服务平台建设，主要包括网站链接服务、资源推荐、咨询服务等内容；③学科资源建设与推荐，主要负责为不同院系不同学科配置相应的纸质与电子馆藏资源，以及定期开展培训讲座等方式宣传推介学科资源；④科研支持服务，包括文献信息检索、科技查新、情报分析服务等内容。从服务内容深度上来看，各高校均已完成了最基本的学科资源配置服务，并通过建立学科资源导航的方式对资源使用进行培训与推介，近半数的图书馆配备了专业的学科馆员为院系教师服务，通过定期与院校教师进行资源供需对接，进一步了解学科发展所需的信息资源，使服务更具个性化与人性化。

“双一流”工程启动以来，国内众多图书馆相继建设或完善学科服务体系，但从实际运行效果来看，学科服务仍未从根本上引起高校的足够重视。人工智能时代的智慧服务仍然在规划层面，缺乏深度嵌入学习、科研与教学环境的协同创新服务项目，特别是在“双一流”建设战略中将为一流学科建设提供强有力支撑的“学科发展动态追踪”“学科建设水平评估”“重点学科资源导航”“智慧型学科服务平台构建”等层面亟待开发。

二、“双一流”建设对学科服务提出新要求

“双一流”建设着眼于国家“两个一百年”战略目标，围绕“中国特色，世界一流”的核心要求，提出建设一流师资队伍、培养拔尖创新人才、提升科学研究水平、传承创新优秀文化、着力推进成果转化等建设任务。高等教育的信息需求发生了变化，对图书馆学科服务提出了新要求。参考咨询服务、信息素养教育、学科资源建设等传统学科服务内容已无法满足“双一流”建设的要求，需要在新理念的引导下转型升级，探索融入学科、嵌入全程的内涵式发展之路。

第一，高校图书馆应以用户的实际需求及潜在需求为中心，提供个性化服务。学科细分化使用户的信息需求更加复杂化、多元化、个性化，在不同时间、不同地点、不同情境下，用户的知识需求不尽相同。高校图书馆需深化“以人为本”的服务理念，聚焦用户需求变化，提供符合用户情

境活动的、跨时空的交互服务,以更好地满足用户的知识需求[①]。

第二,高校图书馆应将学科服务嵌入学习、教学、科研全过程,提供精准化服务。高校图书馆作为学科服务的开展主体,需深入挖掘学科发展态势,在与用户的交互中发现用户的新需求,发掘学科服务新的增长点,辅助教学、科研,促进学术交流,助力学科建设。

第三,高校图书馆应关注科研大数据的动态变化,提供追踪服务。"双一流"建设处于动态发展中,这就需要高校图书馆实施动态管理机制,及时跟踪科研数据变化,周期性提供ESI学科动态监测、学科绩效评价等分析报告,为学科发展提供数据支撑及决策参考。

三、智慧化学科服务为"双一流"建设提供新动力

在学科服务模式演进过程中,智慧化学科服务是信息服务、知识服务的高级阶段,是智能技术、图书馆业务与学科馆员智慧三者结合的产物,是"智能+"环境下图书馆发展的新形态,也是未来图书馆服务发展的新趋势。

智慧化学科服务的核心理念是充分发挥馆员智慧,合理使用数字化、网络化、智能化信息技术及手段,让文献资源"活起来",最大限度发挥图书馆的价值。智慧与服务是相辅相成的,智慧化学科服务的有效开展将促进图书馆核心竞争力的提升及馆员智慧素养的提高。

---

①朱红涛,李姝熹. 国内图书馆智慧服务研究综述[J]. 图书馆学研究,2019(16):2-8.

智慧化学科服务具有理念人性化、手段智能化、内容知识化、方式精准化、渠道多元化等特征，要求图书馆在资源配置过程中，关注人与物的互联互通和协同感知；在服务管理过程中，关注服务的精准性和专业性；在提供学科服务的过程中，关注与用户的深层互动。通过传统学科服务向智慧化学科服务的转型升级，提升高校图书馆为“双一流”建设提供信息、数据、知识、智慧保障的能力，推动高校聚焦战略任务，促进学科特色化发展，加强国际协同创新，有效助推“双一流”战略背景下高校综合实力的提升，继而增强高校创新资源对经济社会发展的驱动力。

第二节　智慧化学科服务平台的构建原则与总体架构

一、智慧化学科服务平台的构建原则

（一）以智能服务用户为中心面向师生深度开放的原则

传统的学科服务平台往往以图书馆为中心进行建设，忽视了平台使用者的体验。智慧化学科服务平台在借鉴“互联网+”思维的基础上，以智能服务用户为中心，在资源服务到人的基础上通过目标嵌入、功能嵌入、流程嵌入、系统嵌入、时空嵌入、能力嵌入、情感嵌入和协同嵌入等多种方式嵌入师生学习的各个阶段。

（二）以学科资源云汇聚为基础实现资源智能检索的原则

评价学科服务的质量首先需要衡量图书馆汇聚资源的能力。图书馆智慧化学科服务平台应建立在汇聚丰富资源的基础上，合理利用云存储与云计算等技术实现对未知网络资源的智能分类、聚类，协助用户获取所需的有效资源，为用户提供统一、规范的检索入口；通过缜密的数据合并、去重与排序后，为用户提供带有逻辑性、有参考意义的检索结果；建设面向学科、面向用户的资源云平台，揭示与获取各类分布与异构资源，实现统一浏览检索与目标信息获取，帮助用户在信息模糊的情况下获得平台智能化服务[①]。

（三）以慕课为主线全面应用移动终端的原则

传统的图学馆学科服务平台多以中国图书馆分类法等专业方法分类组织资源，对用户群体而言，其最需要的是与自身研究领域最紧密相关的资源。因此，智慧化学科服务平台需要以学校学科建设体系为参考来组织资源，以慕课为主线进行资源汇聚。这样更方便学生群体的科研与学习，也便于对优秀教师所教授的课程进行资源推荐。另外，随着现在学生与教师所拥有智能手机、平板电脑等移动智能终端设备的比例日益增高，其学习方式也正偏向于移动化、碎片式，全面应用于移动终端可以使用户随时随地开展学习，真正实现让用户不受任何限制的泛在化学习。

①董同强，马秀峰．融入“双一流”建设的高校图书馆智慧型学科服务平台构建[J]．现代情报，2019，39(05)：97-103.

二、智慧化学科服务平台的总体架构

通过对已有的关于学科服务平台构建的相关研究进行分析发现，多数高校图书馆主要依托CALIS进行专业学科导航服务，少部分开发了基于Lib Guides的学科资源和服务指南工具，但大多数平台功能的智慧化程度不高，缺乏跨平台的协作与交流，缺少针对用户的导航机制，尚未真正出现“一站式获取资源和服务”的学科服务平台。

融入“双一流”建设的高校图书馆智慧化学科服务平台是以智能服务用户为中心、以学科资源云汇聚为基础、以慕课化为指导思想、引入社区空间设计理念、多角色交流互动的开放式学科服务平台。它作为人工智能时代的一种创新型信息服务模式，在信息技术支撑下，为用户群体创设自主学习场景，借助大数据技术识别个体用户的学习偏好、学习差异等个体特征，通过人工智能技术为不同的用户群体提供个性化服务，最大限度满足图书馆用户的各种需求。在此基础上，设计了如图4-1所示的多层次、协同式、智能化的智慧化学科服务平台架构。

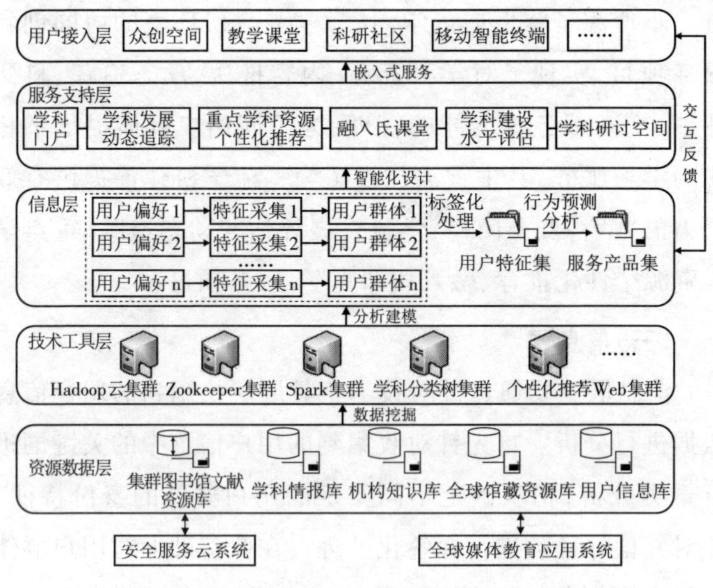

图4-1　智慧化学科服务平台的总体架构

(一)用户接入层

用户接入层作为智慧型学科服务平台总体框架的顶层,创设了连接图书馆员、用户群体、学科资源的关键场景,它同时具备支持移动智能终端接入以及个性化学习两个特点,为了使用户群体的学习科研活动不受时间与空间的限制,其服务广度深入到教学课堂、科研社区,以及众创空间等个性化学习场景中,为不同场景中的不同用户群体提供不同的可持续性服务产品。

(二)服务支持层

服务支持层在原有的浅层次学科服务项目(学科信息参考咨询、信息素养培训、查收查引、馆际传递等)基础上进一步增添了深度嵌入学习、教学与科研环境的协同创新服务项目，实现了对学科资源、内容推送、动态追踪、科研评估、交互服务等功能的管理，为不同用户群体提供了相应的学习服务，其中重点建设了为一流学科建设提供有效助力的“学科资源门户、学科发展评估与动态追踪、重点学科资源个性化推荐、融入式课堂”等服务项目。

（三）信息层

信息层主要通过针对技术工具层所挖掘到的用户信息数据进行分析。首先针对收集到的用户信息中的关键词进行聚类分析，初步确定不同类别的用户群体的身份特征，并对其偏好种类进行标签化处理。在此基础上对用户群体进行类别划分，进而依据用户各类标签组合对用户行为进行定向追踪，通过行为数据来预测分析用户行为、确定用户服务产品，经过系统匹配后由服务平台推送给用户。

（四）技术工具层

技术工具层则主要采用大数据分析技术以及开源 Hadoop 云计算技术，综合部署 Hadoop 云集群、Zookeeper 云集群、Spark 云集群作为数据集群，同时还部署了学科分类树集群、个性化推荐 Web 集群两个应用集群。其中，Hadoop 云集群主要负责对 URL 进行处理并对所爬取的数据内容进行分析，为学科分类树集群提供辅助；Zookeeper 云集群则主要通过搭建决策节点与数据节点的方式，协调分配数据存储，为分类树应用管理、存储提供应用；Spark 云集群则主要负责个性化推荐过程中基于浏览器实时推荐算法的计算任务;学科分类树集群则主要通过部署爬虫服务器对用户网络日志与浏览内容进行抓取;个性化推荐Web集群主要缓解服务器中实时推荐的计算压力,提升个性化推荐的服务保障能力。

(五)资源数据层

资源数据层作为系统框架的最底层,负责学科资源的收集、整合、存储和调用。它包含了各成员馆业务数据、学科用户的服务请求以及序化的学科情报资源等,同时为数据的采集与分析提供了服务器接口与功能接口,其中包括ESI、InCites、Derwent Innovation Index、Innography等专利检索和分析数据库。

本框架以用户接入层作为顶层,以精准满足学生与教师群体的真实需求为核心设计思想,由底层的资源数据层出发,采用核心存储系统HDFS作为云存储系统,通过采用大数据分析技术及开源Hadoop云计算技术,从数据采集与分析入手,建立用户智能标签与行为预测模型,进一步利用人工智能技术建设服务营销输出系统,利用数据资源分析、学科文本分类、个性化知识服务支撑工具等向用户群体提供相应的信息资源与服务,旨在实现图书馆线上线下学科服务的一体化,为不同类别的用户群体提供全方位的知识服务。

第三节　智慧化学科服务平台的需求分析与功能模块设计

一、智慧化学科服务平台的需求分析

(一)智慧化学科服务平台的需求调查

为深入了解学科馆员与用户群体对图书馆学科服务平台的实际需求,笔者分别针对某大学不同院系、不同学科的硕博生、教师和部分学科馆员进行了调查。在图书馆学科服务平台项目需求的调查中,学科用户所提出的需求主要集中在学科资源获取与揭示、学科信息发布与交流,以及个性化学科服务等三个层面;而学科馆员则提出了学科服务平台应实现资源与信息服务的自动化功能、服务质量的多渠道反馈功能、用户学科需求的精准预测功能等;有关学科服务平台资源内容方面的需求,很多用户希望图书馆学科服务平台能提供国内外相关学科的会议动态信息,以及相关研究领域的前沿与热点分布,也希望提供专业数据库使用培训服务和同行机构和学者的成果追踪服务。可见,当前构建面向高校师生群体的资源丰富、服务集成的智慧型学科服务平台已成为高校图书馆学科服务创新变革的重要任务。

(二)智慧化学科服务平台的功能需求

根据上面论述的图书馆学科服务平台的学科馆员与用

户群体服务需求内容，基于Kano模型的三种用户需求（基本型需求、期望型需求、魅力型需求）提出面向科研管理者、学科馆员、教师以及学生的平台功能需求分析模型，具体可分为基础信息需求、协同研究需求以及潜在科研需求三个层次，如表4-1所示。

其中，基础信息需求的主要内容包括建立学科导航门户、建立交互机制与学科咨询机制等基础性服务，旨在为学科用户提供统一接口，满足用户群体的共性需求；协同研究需求的主要内容包括学科资源个性化推送、跨学科学术研究动态追踪等期望型服务，通过对数字化科研环境下信息资源的整合、重组、推送，为学科用户提供完善的科研协同合作功能；潜在科研需求是对数字化科研环境下信息服务的深度需求，其主要内容包括数据决策服务、"淘宝"营销式服务等魅力型服务，利用数据挖掘以及数据分析为学科用户提供有针对性的预测服务。

表4-1　智慧化学科服务平台功能需求分析模型

需求层次	需求内容	需求定位	需求挖掘
基础信息需求	建立学科导航门户、建立机构知识存储，建立交互机制、建立学科咨询机制等	学科信息管理	图书馆主导
协同研究需求	学科资源个性化推送，跨学科学术研究动态追踪，学科建设水平评估等	学科协同科研	学科馆员主导

续表

需求层次	需求内容	需求定位	需求挖掘
潜在科研需求	数据决策服务,“淘宝”营销式服务等	学科科研决策	图书馆、学科馆员、学科用户共同主导

二、高校图书馆智慧化学科服务平台的功能模块设计

智慧化学科服务平台的实质在于通过“硬智能+软智慧”的方式创设智能识别、智能推荐、智能反馈的服务环境,向不同类别的用户群体提供全方位的信息资源与服务。借助大数据技术(数据分析、数据挖掘、语义网技术等)与人工智能技术(机器学习、知识图谱、智能感知等),从用户信息数据的收集入手,利用层次识别与用户群体划分的方式对用户需求进行精准分析,满足不同用户群体的学科服务动态需求。相较于其他学科服务平台的功能框架设计,此处运用机器学习、语义网分析、深度学习、知识图谱等技术精准识别用户学科服务需求,完善平台的资源云汇聚、定制化服务、协作交互等支持性服务①。

(一)学科资源导航门户

学科资源导航门户旨在实现学科资源云汇聚、文献信息可视化,以及“一站式”检索等功能,为数据生命周期的全过程管理与控制、资源的智能分类与推荐提供了一个包含多种资源类型、多种资源形式的图书馆学科特色资源

①蒙国鹏,庞贞禄. 智慧校园平台下的图书馆学科服务创新模式探索[J]. 产业与科技论坛,2015,14(08):251-252.

中心。

根据OCLC(联机计算机图书馆中心)对图书馆资源建设边界的规定,现代图书馆的信息资源建设应以数字资源与纸质文献协调发展为宗旨,形成包含馆藏资源、共享资源、课程资源等在内的多元化资源体系。

学科资源导航门户通过建立统一的资源聚合、审核与评价标准,将图书馆的纸质与电子资源、中文与外文资源、期刊、学位论文、报纸、年鉴等进行聚流汇合,集成为面向学科、面向用户的特色学科资源中心,形成"用户需求—知识聚合—实体资源"的三级映射资源体系。同时,依托元数据一站式搜索技术,为用户搭建统一、规范的检索入口,实现图书馆资源的一站式搜索、全文资源调度、资源导航定位,消除用户使用信息的"孤岛效应",使学科服务更有针对性。

(二)学科定制推荐服务

随着平台用户学科服务需求的日趋多样,利用人工智能技术为不同用户推荐个性化学科服务产品已成为当前学科服务平台建设的关键。

学科定制推荐服务模块针对已有的学科服务平台缺乏专指性功能等问题,采用数据—用户标签映射法从所采集的用户信息库中获取用户的兴趣与偏好信息,并进行标签化处理,实现用户特征标签化,构建动态用户画像模型。在此基础上,为不同的用户群体提供符合各自特征的学科服务产品,将用户对所推送的学科服务产品的反馈信息记录下来，根据反馈结果重新划分用户群体、调整服务供给内容，形成“推送—反馈—再推送—再反馈”的评价反馈机制。

（三）学科交互研讨空间

学科交互研讨空间旨在利用社交媒体技术将全校具备共同学科背景、研究目的等的研究者聚集归类形成科研实践共同体，按照上述智能标签识别体系将用户群体划分多个学术交流小组进行学术交流、知识共享和协同创新等活动，并进一步通过微信群等工具为平台用户与馆员之间搭建多通道、多方式的学术交流与知识协作互动机制，建立个人学科知识空间，为用户提供记录科研体会、学习进度等内容，形成知识间的互动链式关系网络，建立学科用户与学科馆员之间的实时交互机制。

（四）学科资源管理

学科资源管理模块主要用于资源与信息的采集、存储和内容管理，为学科资源导航门户与学科资源定制推荐提供资源保障，具体存储与管理的内容包括：馆藏资源库、数据挖掘分析库、用户信息库、机构知识库、学科情报库等。

该模块通过采用大数据分析技术、Google公司开发的Map Reduce和开源Hadoop云计算技术，引入大数据处理、存储，并综合部署Hadoop Cluster、Zookeeper Cluster、Spark Cluster三个数据集群。其中，Hadoop Cluster的主要功能是通过复制集技术创建个性化推荐信息库与分类树文档库，为学科分类树与个性化推荐集群提供辅助；Spark Cluster则主要通过调用 Hadoop Cluster 中的 yarn 部署承担个性化推荐算法的计算任务；Zookeeper Cluster 的主要功能是搭建决策节点，为资源信息的存储、分类和推荐提供保障。另外，系统还部署了学科分类树集群、个性化推荐 Web 集群作为平台的应用集群，通过提取关键字的方式抓取用户的使用日志，利用前端负载软件的方式缓解在线支持与实时推荐的计算压力。

第五章 信息技术背景下高校图书馆智慧化学科服务

第一节 基于资源搜索与使用的咨询参考服务

参考咨询服务的本质是通过学科馆员与用户的充分交流沟通，有效了解用户在使用图书馆相关资源、信息和数据方面的需求及存在的问题，学科馆员答疑解惑并帮助用户找出最优化或最佳的问题解决方案。如今，数据获取的环境与用户需求均发生了巨大的变化，用户的需求不再是如何获取文献，而是如何在浩如烟海的信息数据海洋中准确定位和查询所需要的知识、内容，用户需要已经从文献转向知识。在这样的环境下的参考咨询就是知识咨询，这就要求高校图书馆加强参考咨询服务的创新建设，加强知识咨询服务队伍的建设，完善学科服务创新建设的发展目标与任务[①]。

一、参考咨询创新服务的主要模式

Web 系统由 1.0 发展的目前的 3.0 版，对图书馆的参考

①李兰．基于云计算的图书馆数字参考咨询服务模式研究[D]．武汉：华中师范大学，2013.

咨询模式发展产生了重要影响。如果说Web 1.0实现了信息共享，Web 2.0实现了信息共建，Web 3.0则是知识传承，即时性是其主要特性，促使高校图书馆的参考咨询模式得到不断发展与扩大，如表5-1所示。

表5-1 参考咨询服务模式的发展历程

时间	服务模式	简介
1883年	现场咨询	美国波士顿公共图书馆首次设置专职参考咨询员和参考咨询室，提供面对面的现场服务。
1900年以来	电话咨询	借助电话、传真等媒介，提供远程解答服务，打破空间限制。
1984年	电子邮件咨询	美国马里兰大学健康图书馆率先利用电子邮件开展咨询服务。
1990年	数字参考咨询	主要包括表单咨询、实时资讯、FAQ及知识库等形式，进一步超越时空限制。
2000年以来	基于Web系统的参考咨询	即时通信如手机短信咨询、BBS咨询、QQ咨询、微博咨询等形式不断涌现。
2010年以来	智慧化参考咨询	用户需求驱动咨询、云计算、智能咨询等开始呈现，推动高校图书馆智慧化学科服务的建设与发展。

根据目前国内外高校图书馆的发展实践来看，各种参考咨询服务处于多样化并存的状况，传统的服务模式仍进行得如火如荼，新兴的服务模式无法取代以往的模式，两者形成相互补充、相互促进的服务格局。

(一)BBS咨询——以北京大学图书馆为例

BBS参考咨询是许多高校图书馆比较常用的方式，很多用户在BBS论坛上随时发布自己对图书馆资源及数据信息的需求、发布信息、讨论某些问题或现象、聊天等。北京大学“北大未名BBS—图书馆版”自2009年成立“BBS咨询团队”(咨询团队在论坛里的ID:pkulib)以来,不仅及时发布图书馆的最新消息和资源,也即时解决和回复师生对图书馆的建议意见,做到图书馆与师生之间的无缝链接。

BBS咨询工作看似简单,但要准确无误地传递图书馆的信息和解答师生们的疑问,背后要付出大量的努力、学习大量的知识:要充分了解图书馆各个部门的运作,熟悉图书馆的各种资源、各项新活动和新动向,了解问题对应的解决部门的基本状况;要学习虚拟咨询的服务原则、服务内容,明确如何高效地回答和解决问题;要学习服务礼仪和服务规范,能够做到“真诚服务、不骄不躁”。

团队的每个成员都具有强烈的工作责任心和较高的业务技能素质,虚心好学、不耻下问,在工作中相互帮扶,一起不断学习新知识,即使是新接触咨询工作的馆员也能快速融入团队,投入实际工作中去。除了馆内日常的工作培训之外,团队成员还参加了多个大型培训交流活动,例如中国图书馆学会举办《图书馆参考咨询服务规范》的培训班,以更好地了解和实践虚拟咨询服务。

“BBS咨询团队”实行值周制度,每一周都有一位馆员负责解答问题,并总结当周的BBS关键问题报送主管领导,进入BBS十大的帖子要即时告知主管领导,主管领导将择其重点在馆务会上提出,以商讨解决策略。值周制度不仅使团队每个成员的压力减轻，每次能以饱满的热情、积极主动的态度投入咨询工作中，也可以使得师生们感受到BBS咨询不一样的风格。

BBS咨询工作实行“首问负责制”，推行“原点即是终点”的服务理念，执行“谁接待谁处理”的原则，提供从受理到问题解决及后续跟踪服务的一站式服务，不仅是做学生和图书馆之间的传声筒，更重要的是给学生提供最好、最满意的答案，不把矛盾和问题推给其他人，不让学生为难。

例如当学生反映无线网络不能使用图书馆数据库的问题，值班员首先使用台式机和笔记本测试数据库是否有故障，确认学生反映属实且是新问题后，回帖告知学生收到问题反映，将进行排查，并提出目前可行的替代解决方案，然后第一时间联系了馆内信息化与数据中心、资源建设中心、数字资源咨询等部门负责人，以及学校计算中心的负责人，多方排查原因，通过与相关数据库商直接联系，进行问题反馈和提供截图，最终使该问题得到圆满解决，并在BBS上再次发帖告知学生解决结果。

（二）微信咨询——以清华大学为例

微信是一款为智能终端提供即时通信服务的免费应用程序，因支持跨通信运营商、跨操作系统平台通过网络快速发送免费（需消耗少量网络流量）语音短信、视频、图片和文字，以及使用通过流媒体共享的资料和基于位置的社交服务插件，受到广大用户的喜爱。

根据微信团队发布的《2019微信数据报告》，微信月活跃用户已超过了11亿,较2018年同期增长了6%。微信从最初的社交通信工具,已经成长为人与人、人与服务、人与社会交流的重要平台。

数据分析时代的图书馆参考咨询也借助微信服务构建微信参考咨询平台,开通微信公众号,帮助读者用户在微信客户端上实现以下功能:①图书借阅服务。读者在图书馆进行登录并借书或还书后,微信会自动接收到借书或还书成功的提示信息,同时提供图书催还提醒、预约到书提醒等信息推送,以及本人借阅历史、推荐购买、馆际互借等服务。②馆藏查询服务。通过微信公众服务平台查询图书馆馆藏状态、阅读推荐(包括最新上架、教授推荐、通识书单、馆员分享和借阅榜排名等)、学术搜索等内容。③信息资源推送服务。定期制作与发布"微报",周期性向用户推送图书馆最新动态、精彩文章和图书馆已购或试用电子文献资源等内容。④图书馆服务介绍。向读者用户提供图书馆资源介绍、图书馆利用常见问题、开馆时间、馆藏空间布局、培训讲座、图书馆空间及设施预约等信息利用服务等。

图书馆"微服务"已经渗透到科研教学用户的微生活,带来了沟通方式的改变,方便快捷的信息借阅与传递方式越来越为广大用户所接受,很多高校都建立了微信服务平台,如清华大学就有名为"清华大学图书馆"的微信公众号。目前,"清华大学图书馆"公众号常见的推送文章包括"一周讲座预告""活动预告""展览预告""新书放送""《我们的清华》每周图片展"等类型。

用户可以通过在公众号里进行约束性互动来获得清华大学图书馆的常用信息(包括咨询电话、开馆时间、借阅规则、新书、讲座、培训、电子资源动态及新闻类信息)和进行一些复杂的查询(包括查询馆藏图书和个人借阅情况、最新期刊文章及热门学术文献等)。例如:输入“rs”就可以得到“办、补证”“联系参观”“读者意见”“失物招领”等的热线电话,输入“dzzy”就可以得到图书馆的电子资源动态,输入“4”就可以查询馆藏和个人借阅情况等。

(三)智能咨询——以清华大学图书馆为例

传统的参考咨询,如邮件咨询、QQ咨询、BBS咨询、微信咨询等方式均需要通过学科馆员团队或个人进行值班或管理智能咨询,而智能咨询则是利用人工智能,将图书馆以往参考咨询中的常见问题和事项进行提取,依据学科或专业领域进行分门别类地整理,系统通过自动切分主题词来支持对其标题或内容的全文搜索,通过模仿、延伸和扩展人的智能,实现机器学习和“机器思维”的形成,进而实现不受时空限制的参考咨询服务。将人工智能与虚拟参考咨询服务相结合,可以将学科馆员从烦琐的工作中解放出来,提供不受时空限制的服务。

清华大学图书馆开发的实时智能聊天机器人(名为“小图”)一经推出,立即受到全校师生的欢迎并引起全社会的关注。小图可提供逗闷子、图书馆知识问答、查询馆藏图书、查询百度百科、自我学习和训练等多种服务。用户可通过访问网页等形式与小图进行互动,通过各种不同指令获得帮助。

用户通过对话的方式输入感兴趣的话题或查询图书馆的数据和相关信息，预处理模块对用户输入文本进行分类并转发至相对应的处理引擎，返回结果后再将答案传送至用户界面；自然语言智能回答模块，可提供帮助信息、搜索引擎、教学系统、语料库检索和知识库匹配等功能。

智能参考咨询机器人全天候、个性化、快速反应的服务模式重新推动了图书馆虚拟参考咨询服务的发展，但它在实际使用中仍存在不足。一方面，机器人还不够“好玩”，聊天内容局限于图书馆的特定问题，缺少对话乐趣，不仅需要成熟的中文知识库进行功能开发，还需要提高机器人的自主学习能力；另一方面，机器人还不够“聪明”，偶尔会出现答非所问的现象，这不仅需要机器人对用户问题提高处理加工能力，还需要增加机器人对更多内容与知识的储存和处理。

（四）云计算咨询

从2007年Google和IBM宣布合作一起进行云计算计划后，云计算吸引了众多关注并进入公众视野，各供应商根据自己企业业务推出各自的云计算策略，但目前仍没有统一的概念和定义。美国国家标准与技术研究院（NIST）对云计算的定义是一种对可配置计算资源（包括网络、服务器、存储、应用软件、服务等）共享池提供泛在的、便捷的、基于问题的网络访问，只需很少的管理投入或与服务供应商沟通，就能够快速获取到这些资源。它有三种服务：基础设施即服务(IaaS)、平台即服务(PaaS)和软件即服务(SaaS)。

基础设施即服务,即消费者通过Internet可以从完善的计算机基础设施获得服务,如硬件服务器租用。平台即服务,实际上是指将软件研发的平台作为一种服务,以SaaS的模式提交给用户,可以加快SaaS的发展,尤其是加快SaaS应用的开发速度,如软件的个性化定制开发。软件即服务是一种通过Internet提供软件的模式,用户无需购买软件,而是向提供商租用基于Web的软件来管理企业经营活动。

图书馆早在云计算概念提出之前,就开始使用云计算的相关技术与服务,如中国高等教育文献保障系统(CALIS)从1998年开始建设以来,就引进和共建了一系列国内外文献数据库,包括大量的二次文献库和全文数据库;采用独立开发与引用消化相结合的道路,主持开发了基于web的联机合作编目系统、文献传递与馆际互借系统、统一检索平台、资源注册与调度系统,形成较为完整的CALIS文献信息服务网络。

参考咨询的本质是通过参考咨询馆员与用户之间的互动,解决用户在图书馆资源利用过程中产生的问题。在云计算环境下,图书馆的参考咨询就是运用云计算强大的计算与服务能力,辅之以宽带的信息运输能力,提供即时通信的在线帮助服务和用户与图书馆的交互服务,为现代高校图书馆智慧化服务的建设与发展起到了极其重要的作用。因此,从本质上来说,CALIS就是一种云计算参考咨询。

云计算下的参考咨询服务应该是各图书馆之间信息资源进行无缝连接和整合,实现各成员图书馆数据库之间的跨库检索,并通过不同的接口实现便捷、有效的参考咨询服务。随着云计算本身的完善、大规模集群服务器运算能力提高以及IPv6(互联网协议第6版)等网络技术的广泛应用,云计算平台获取数字资源的速度将如本地服务器般敏捷,用户可以不受任何时空限制、方便安全地向云服务器提交信息数据资源请求,云服务器应用模块会根据已设置的应用程序进行自动调取,并在短时间内将用户所需要的信息数据发送至用户(如图5-1所示)。

虽然在云计算咨询过程中有许多台计算机提供服务,但对用户来说,看到的只是一个统一接口界面,享受云计算咨询服务就像本地计算机访问互联网一样方便。

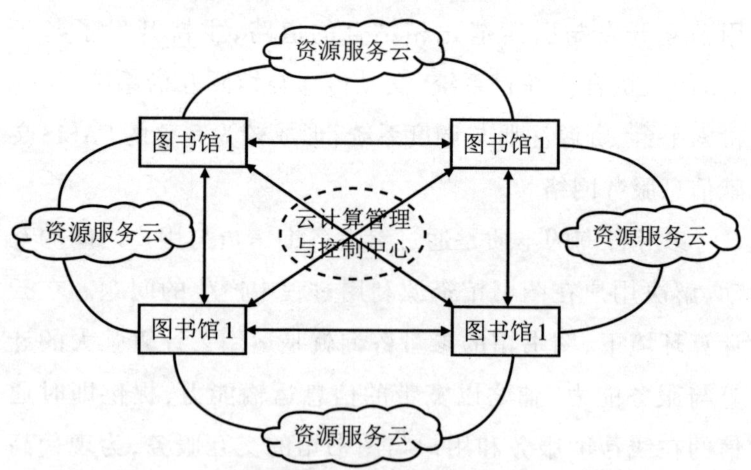

图5-1 云计算平台下的虚拟参考咨询服务示意图

以往虚拟参考咨询服务中的各种数据都集中在所在图书馆的内部服务器上，一旦服务器出现故障，都会造成用户不能正常享受虚拟参考咨询服务的情况，影响到数据安全以及工作效率。云计算参考咨询服务可以避免这种情况和问题的发生，云计算模块可调用各成员馆的服务器，因此即使某些服务器出现了故障，云计算服务器也可在极短时间内将问题服务器中的数据进行复制拷贝并调用新的服务器来提供服务，保障图书馆虚拟参考咨询服务的正常运行，真正实现安全无间断的图书馆虚拟参考咨询服务。

二、参考咨询创新服务的内容

使用数据和数字化技术推动图书馆的参考咨询服务创新建设，是高校图书馆参考咨询服务转型与升级的核心。随着半结构化数据和非结构化数据出现得越来越普遍，数据分析技术，如机器学习、数据挖掘、统计分析等手段的应用，图书馆服务需求数据预测、过程数据监测、数据反馈和决策支持等方面，成为高校图书馆参考咨询创新服务的重要发展途径和内容。如图5-2所示。

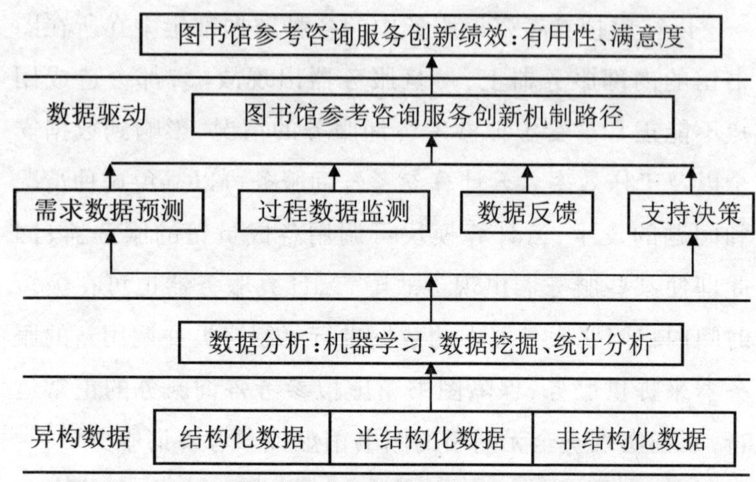

图5-2　数据分析时代图书馆智慧化参考咨询服务的基本框架

(一)服务需求数据整理与调研

在这样的环境下,应将QQ咨询、电话咨询、邮件咨询、BBS咨询等多种咨询模式下的问题进行分类整理,并辅以问题回复与解答的模板和格式,对问题与答案进行总结后输入参考咨询知识库,为参考咨询智能化服务平台积累资源和素材,如图5-3所示。同时,以此为基础,加强对科研和教学用户的研究,包括用户类型、咨询问题类型与学科分类、咨询的时间规律等,注重对参考咨询需求的数据整理与调研。

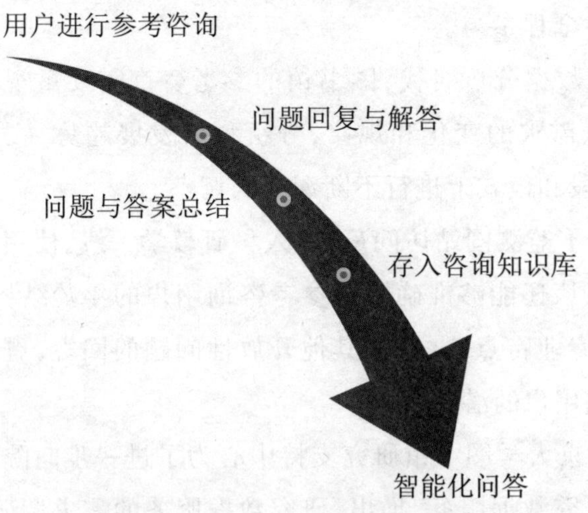

图5-3 智能化参考咨询结构示意图

图书馆参考咨询服务预测的核心是将馆藏资源、咨询系统与用户(现实用户和潜在用户)进行匹配,找出咨询方式与咨询馆员匹配的数据关系,构建吻合性指标体系,采集时间序列数据,准确把握用户的需求信息。

在网络信息环境下,用户信息需求将会更加多元化,不仅包含期刊、图书、学位论文、教学参考书等纸质资源,电子期刊、多媒体资源、随书光盘、工具与软件等电子资源,古文献、赠书等特色馆藏资源,还包括某一学科全方位的信息咨询等;用户需求将会更加知识化,不仅涵盖文献单元,还包括对文献信息的处理和分析形成的知识;用户需求将更加个性化,会根据自身的科研和教学需求,将分散的、与其研究领域相关的各种资源进行整理加工、分析,同时进行定期的文献追踪与处理,需要图书馆的学科馆员全程或半全程参与。

在数据分析时代，图书馆的参考咨询需要重视研究用户信息需求的变化和规律，分析科研发展趋势，在业务内容、手段和模式上进行不断深入与调整。

除了监测网站访问量，深入科研教学一线、使用问卷调查和访谈还能够准确分析参考咨询用户的年龄结构、需求结构、专业特点，并获取其他开放性问题的回答，更加有利于挖掘用户的潜在需求。

北京大学图书馆研究支持中心为了进一步向院系师生推进研究数据服务，推出《研究数据服务的需求调研（人文社科类）》和《研究数据服务的需求调研（理工类）》，主要对全校各院系的科研教学人员发放，内容覆盖研究数据的收集、研究数据的存储和管理、研究数据的开放和共享、未来所期待的服务及培训等。

全国图书馆参考咨询联盟也基于自身的数据库资源，对咨询用户的电子邮箱进行了问卷调查的发放。例如，咨询馆员可以利用引文分析法、聚类分析法、专利分析法等，按不同用户的需求提供针对某一具体研究领域或研究问题数据分析服务，从而辅助用户预测研究趋势。在处理调查问卷和面对面访谈时，尤其要注意用户对开放性问题的回答，注意用户对未提供服务的需求程度、未来期待的服务类型与内容、最需要的信息资源与数据、目前存在的不足与问题等，这对图书馆未来参考咨询服务的发展走向和趋势具有极其重要的意义。

(二)服务过程管理与质量控制

以往的参考咨询服务以目标管理为中心,咨询馆员的服务以自我监督与控制为主,图书馆的管理则以咨询数量作为评估的主要标准,强调事后考评,缺乏过程监测。整个咨询过程会出现信息过滤、反应迟缓,个别突发问题得不到快速及时处理的现象,易引起部分用户投诉和不满。

在大数据背景下,高校图书馆参考咨询服务应注重过程管理,特别是咨询服务过程产生的海量数据,对其要进行实时追踪和数据捕获,随时进行咨询方案的微调,达到用户满意。中国科学院国家科学图书馆为持续保证网上咨询服务的顺利和有效开展,进行了固定排班,并设置值班主管和系统总管,负责系统的值班检查和班次调整,建立健全咨询服务管理制度,确定了咨询工作人员的素质要求、解答用语等内容,进一步加强实时参考咨询数据库的规范处理和发布。为了提高服务质量,中国科学院国家科学图书馆在用户服务中提供答复时间选择,后台设置回答控制等功能。在读者获得咨询服务后,系统还为用户设置了用户对咨询服务的评价,包括咨询工作人员的态度、满意度和效果等。

图书馆对参考咨询实施过程管理,除了有助于优化图书馆现有各类数据资源建设,如馆藏文献信息资源,电子资源,加工形成的二次、三次资源等结构化数据,还要将收集到的用户个人信息、互动过程产生的半结构化数据和非结构化数据进行分类整理和整合,使用引文分析、文本挖掘分析等技术，发现新知识、掌握科学发展动态。

（三）构建全方位立体化服务系统

综合应用数据分析和云计算技术，坚持完备性、关联性和连续性等原则，构建全方位、立体化的参考咨询服务系统，构建移动互联时代的咨询矩阵，在更大的数据环境中兼容更广泛的异构数据来源，在技术上可以实现用户咨询需求的即时动态和全程跟踪，及时收集完整的数据信息，进行数据不间断、全程、连续的收集，解决用户的实际问题。

目前的咨询平台需要加强移动终端的接触点建设，如利用微信公众号开展微信咨询、积极对接移动图书馆和数字图书馆等，进一步实现可集成图片、附件等功能，便于深度咨询案例的保存、积累与共享。

（四）图书馆决策支持服务

在这个重视数据分析的时代，数据驱动决策的机制日益受到决策者重视。传统参考咨询服务与数字参考咨询服务日常咨询会累积大量的数据，对其进行分类整理，将疑难问题和棘手问题交给馆委会讨论解决，有助于提高和促进馆内工作管理及服务改进。参考咨询服务平台是高校图书馆对外联系的重要窗口。通过实时咨询统计、读者留言、读者来信、资源服务统计等栏目，定期对不同层面和视角的数据源展开收集、分类、整理，根据历史、即时数据状态遴选有价值的数据，为管理层下一步决策提供参考。

第二节 基于数据挖掘与分析的个性化服务

一、数据挖掘

(一)数据挖掘发展历程

随着数据库管理技术的迅速发展和应用,各种数据积累越来越多,如何分析挖掘这些数据背后隐藏的重要信息是数据研究的重点,但数据库系统只能实现数据的录入、增加、删除、查询、统计等基本功能,很难发现数据中的隐藏的规则和关系。人工分析数据之间的关系已经不能满足现实的需要,需借助计算机对进行自动化处理,数据挖掘技术就应运而生。

在1989年8月第11届国际人工智能联合会议的专题研讨会上,第一次提出了基于数据库的知识发现技术(Knowledge Discovery in Database,KDD)。接着在1991年、1993年、1994年都举行了KDD专题讨论会,讨论数据统计、海量数据分析算法、知识表示和知识应用等问题。1995年,首届知识发现和数据挖掘国际会议在加拿大召开,同年,在美国计算机年会上正式提出了数据挖掘的概念。1998年美国计算机协会数据库知识发现专业组(ACM Special Internet Group on Knowledge Discovery and Data Mining)建立。从此,ACMSIGKDD每年组织召开知识发现与数据挖掘国际学术会议。KDD的研究重点从发现策略逐渐转到系统应用上，并注重多种发现策略和技术的集成及多学科之间的渗透。

（二）数据挖掘过程

数据挖掘是从大量的、不完全的、有噪声的、模糊的、随机的数据中，提取隐含在其中的、人们事先不知道的、但又有潜在的有用信息和知识的过程。数据挖掘是一个多阶段的过程，可以详细分为5部分：数据预处理、数据挖掘、建立模型、结果的解释及结果的评估①。

1.数据预处理

数据预处理是数据挖掘（知识发现）过程中的一个重要步骤，在整个数据挖掘过程中占了约70%的工作量，首先我们应从大量的数据中取出与数据挖掘的目的相关的数据，并对数据进行预处理，以提高数据挖掘对象的质量。

数据预处理主要有四个步骤组成：数据清理（Data Cleaning）、数据集成（Data Integration）、数据变换（Dara Transformation）、数据消减（Data Reduction）。

数据清理：数据由于人为和计算机的原因存在不完整、不一致的问题，脏数据造成挖掘过程陷入困惑，导致不可靠的输出，因此可以通过填写遗漏的值，平滑噪音数据，识别、删除局外者，并解决不一致来清理数据。

数据集成：数据挖掘的数据大多来源于多个数据库文件，数据集成将多个数据源中的数据结合成存放在一个一

①潘小凤. 数据挖掘在图书馆个性化服务中的应用研究[D]. 南京：南京理工大学，2012.

致的数据仓库中。

数据变换:将数据转换成适合挖掘的形式,如通过平滑技术删除数据中的噪音,对数据进行汇总和聚集,通过数据泛化将高层次概念替换低层次的原始数据,通过属性构造技术,构造新的属性添加到属性集中,以帮助挖掘。

数据消减:即数据归约,通过数据方聚集、维归约、数据压缩、数值压缩等技术得到数据集的归约表示,这样保持既可保持原数据的完整性,又使挖掘更有效。

2. 选择算法进行数据挖掘

确定了挖掘任务后,就需确定使用什么挖掘算法。数据挖掘的算法有很多种:如分类、聚类、回归分析、关联分析、预测分析等方法,而且每一类方法中又有许多种不同的算法。选择实现的算法有两个考虑因素:一是根据不同数据的特点,选择与之相关的算法来挖掘;二是要根据用户或实际运行系统的要求,有的希望获取描述型的(Descriptive)、容易理解的知识,而有的用户希望获取准确度尽可能高的预测型(Predictive)知识。因而,就需要因情况而异,选择合适的算法。选择了挖掘算法后,就可以实施数据挖掘操作,获取有用的模式。

3. 建立模型

数据挖掘是从大量数据中发现潜在的、有价值信息的方法,如何建立有效的挖掘模型成为数据挖掘的关键。从整个数据挖掘的流程来看,建立模型是一个反复的模型调优过程,涉及不同算法的选择及属性参数的设置。

4.结果分析与解释

结果分析,就是解释并评估结果,挖掘结果往往不是可视化的,是难以理解的。因此需要借助可视化工具和图形用户界面提供给用户来使用,对结果进行合理的解释。

5.评价模型

它是数据挖掘工作中一个比较重要的步骤。数据挖掘查找出来的结果,通过读者的反馈信息,如果它能解决问题、实现了挖掘的目标、满足了读者的需要,该模型则是合理的。但也有可能通过评价的模式不满足读者要求,需要系统重新处理。这时则需要重新抽取数据,设定新的数据挖掘参数值,甚至采用其他的挖掘算法来进行挖掘。因此,数据挖掘的过程一般要经过反复多次,是一个连续反馈的过程。

(三)数据挖掘的主要任务和算法

1.数据挖掘的任务

数据挖掘的任务主要是进行分类分析、聚类分析、关联分析、时序分析和预测分析等。

(1)分类分析

分类是利用训练数据集通过一定的算法得到分类规则。通过对样本数据库进行分析,找出每个类别的概念描述或者建立分析模型,即分类规则或者决策树模式,通过建立的统计模型对历史数据进行预测分析。

(2)聚类分析

聚类是把数据按照相似性归纳成若干类别,根据对象的特征,宏观上控制同一类的数据,发现数据的分布模式,以及可能的数据属性之间的相互关系。

(3)关联分析

是指揭示数据之间相互关系的一项数据挖掘任务。其目的是为了挖掘隐藏在数据间的相互关系。关联包括简单关联、时序关联和因果关联等,一般通过支持度和可信度来度量关联规则的相关性,还可以引入兴趣度、相关性等参数,使得所挖掘的规则更符合需求。

(4)时间序列分析

序列发现或序列分析用于确定数据之间与时间相关的序列模式。通过时间序列搜索出的重复发生概率较高的模式,用已知的数据预测将来的值。

(5)预测分析技术

预测是通过对大量历史数据的分析,找出数据的变化规律,建立模型,并用此模型来预测未来数据的种类、特征等。

2. 算法

2006年12月,国际权威的学术组织(the IEEE International Conference on Data Mining,ICDM)评选出了数据挖掘领域的十大经典算法,它们是C4.5,k-Means,SVM,Apriori,EM,PageRank,AdaBoost,KNN,Naive Bayes,CART。

下面简单介绍下这十个算法的排名及中心思想。

(1)C4.5

挖掘主题:分类。

作者:Uinlan, J. R.。

发表时间:1993年。

算法中心思想:分类决策树算法,ID3改进算法。

改进方向:①用信息增益率来选择属性,克服了用信息增益选择属性时偏向选择取值多的属性的不足;②在树构造过程中进行剪枝;③能够完成对连续属性的离散化处理;④能够对不完整数据进行处理。

(2)K-Means

挖掘主题:聚类。

作者:MacQueen, J. B.。

发表时间:1967年。

算法中心思想:假设对象属性来自于空间向量,并把 n 的对象根据他们的属性分为 k 个分割, $k<n$。找到数据中自然聚类的中心,目标是使各个群组内部的均方误差总和最小。

(3)SVM

挖掘主题:统计学习。

作者:Vapnik, V. N.。

发表时间:1995年。

算法中心思想:支持向量机(SVM)是一种监督式的方法,它将向量映射到一个更高维的空间里,在这个空间里建立有一个最大间隔超平面。在分开数据的超平面的两边建有两个互相平行的超平面。分隔超平面使两个平行超平面的距离最大化。假定平行超平面间的距离或差距越大,分类器的总误差越小。

(4)Apriori

挖掘主题:关联分析。

作者:Agrawal, R.。

发表时间:1994年。

算法中心思想:一种最有影响的挖掘布尔关联规则频繁项集的算法,其核心是基于两阶段频集思想的递推算法。

(5)EM

挖掘主题:统计学习。

作者:McLachlan, G.。

发表时间:2000年。

算法中心思想:最大期望(EM)算法是在概率(probabilistic)模型中寻找参数最大似然估计的算法,其中概率模型依赖于无法观测的隐藏变量(Latent Variabl)。

(6)PageRank

挖掘主题:链接挖掘。

作者:Larry Page和Sergey Brin。

发表时间:1998年。

算法中心思想:PageRank是Google算法的重要内容,思想是根据网站的外部链接和内部链接的数量和质量俩衡量网站的价值。

(7)AdaBoost

挖掘主题:集装与推进。

作者：Freund, Y.。

发表时间：1997年。

算法中心思想：一种迭代算法，其核心思想是针对同一个训练集训练不同的分类器（弱分类器），然后把这些弱分类器集合起来，构成一个更强的最终分类器（强分类器）。它根据每次训练集之中每个样本的分类是否正确，以及上次的总体分类的准确率，来确定每个样本的权值。将修改过权值的新数据集送给下层分类器进行训练，最后将每次训练得到的分类器融合起来，作为最后的决策分类器。

（8）KNN

挖掘主题：分类。

作者：Hastie, T.。

发表时间：1996年。

算法中心思想：K最近邻（K-Nearest Neighbor, KNN）分类算法，思路是：如果一个样本在特征空间中的k个最相似（即特征空间中最邻近）的样本中的大多数属于某一个类别，则该样本也属于这个类别。

（9）Naive Bayes

挖掘主题：分类。

作者：Hand, D. J.。

发表时间：2001年。

算法中心思想：朴素贝叶斯模型（Naive Bayesian Model, NBC）朴素贝叶斯模型发源于古典数学理论，有着坚实的数学基础，以及稳定的分类效率。NBC模型假设属性之间相互独立,所需估计的参数很少,对缺失数据不太敏感。

(10)CART

挖掘主题:分类。

作者:Breiman, L.。

发表时间:1984年。

算法中心思想:一是关于递归地划分自变量空间的想法;二是用验证数据进行剪枝。

(四)数据挖掘在行业中的应用

近几年来,人们已经充分认识到了数据挖掘所带来的应用前景,数据挖掘已广泛应用于各个领域。例如:在数据挖掘技术应用最早的零售业/市场营销方面,数据挖掘用于顾客购货篮的分析,布置货架,选择促销活动时间以及促销商品组合等。通过对一种厂家商品在各连锁店的市场共享分析,客户统计以及历史状况的分析,来确定销售和广告业务的有效性等功能。在客户关系管理方面,数据挖掘能找出产品使用模式或协助了解客户行为,从而可以改进银行分支和ATM的通道管理等。在商业方面,管理决策层通过对历史数据的分析,发现金融投资、市场供需规律、商品价格走势、家庭收入与消费特点、购买商品的习惯等规律,来经营和制定销售决策。在金融方面,将用数据挖掘应用于银行的预测存/贷款趋势、优化存/贷款策略,从而协助市场经理和业务执行人员更好地集中于有促进作用的活动和设计新的市场运作。在教育方面,数据挖掘应用于分析学生成绩及教学质量,从而可以帮助制定合理的教学计划和人才培养方案。

(五)采用关联规则挖掘高校图书管理系统的原因

为特定的挖掘任务选择最佳算法是很重要的,因为使用不同的算法来执行同样的业务任务,每个算法会生成不同的结果,而某些算法还会生成多种类型的结果。表5-2汇总了数据挖掘为特定的任务使用算法的建议。

表5-2 使用算法的建议

任务	可用算法
预测离散属性。例如,预测下一年的销售额。	决策树算法、Naive Bayes算法、聚类分析算法、神经网络算法。
预测连续属性。例如,预测下一年的销售额。	决策树算法、时序算法。
预测顺序。例如,公司网站的点击流分析。	顺序分析和聚类分析算法。
查找交易中常见项的组。例如,使用市场篮分析来建议客户购买其他产品。	关联算法、决策树算法。

在高校,教学有一定的阶段性和规矩性,作为教学的重要工具的图书馆中的借阅数据也一定存在着一定的关联性和规律性。图书馆工作人员可以利用读者的借阅数据、查阅的历史资料、经常访问的网页进行数据挖掘,洞察读者信息需求,为读者提供个性化的服务。对借阅历史进行关联分析,可以发现读者对资源的借阅模式。若大多数读者借阅A文献同时也会借阅B文献,那么就可以向借阅B文献的读者推荐A文献。这样可以提高图书的使用率及为读者提供个性化的推荐。

二、高校图书馆数据挖掘及决策分析体系的架构和流程

高校图书馆数据挖掘及决策分析体系的构建基础离不开数据中心虚拟化云平台的建设,尤其依赖于业务系统的数据积累及数据交换平台的支撑。如若把业务系统的原始数据比作大数据挖掘及决策分析体系的根,数据交换平台则可比作体系的茎,各类大数据分析模型是体系的枝,枝头长出的叶可以看作大数据模型衍生出的各种决策应用,叶黄、叶枯、叶绿就是大数据模型发出的各类预警,开花、结果的现象表征可看作决策分析体系的顶层目标。

分散存在的不同规模、不同结构的数据蕴藏着丰富的宝藏,数据挖掘分析技术是挖掘宝藏的工具和手段,看似无关的数据经过清洗、关联、挖掘、分析后,将回馈给用户巨大的财富。

高校图书馆大数据挖掘体系架构模型主要包含“大数据存储交换平台”“外部数据挖掘平台”“大数据分析平台”“辅助决策平台”四大功能平台。

基于Hadoop技术的“大数据存储交换平台”是高校图书馆大数据工程落地的核心基础,该平台通过构建不同业务数据之间的公共数据池、数据共享池、数据字典、标准化的数据接口,以及分布式数据流式的Hadoop存储,实现高校图书馆系统内部的结构化及非结构化数据的存储、交换、推送,为多维度的大数据分析提供基础保障。

“外部数据挖掘平台”是数据决策体系由外至内搜集信

息的切入口，以实现互联网信息的粗获取（“网络爬虫引擎”模块抓取）。该平台通过“数据清洗”模块、“人工审核”模块、“关键词过滤”模块巧筛查、细甄选、严分析，完成外部数据的实时检索、知识及语义分析、智能挖掘等操作，为大数据存储交换平台提供丰富的外部数据分析维度。

“大数据分析平台”利用虚拟化云平台完成对问题的样例分析、建模、多维度数据抽取及规则库的定义和递归优化，通过Hadoop实现数据存储管理、数据探索和分析，通过离线批量计算及实时流式计算方式完成数据地处理。

“辅助决策平台”通过数据挖掘分析技术，完成数据的搜集、融合、挖掘和分析过程后，将价值数据以动态、直观的多维报表、图形形式展现给决策者，为决策提供夯实的数据依据及辅助评估建议。

高校图书馆的大数据挖掘及决策分析流程为：①多维度提取数据来源。从外部互联网（直接装载入爬虫引擎）和图书馆内部（评估数据采集和对接方式）提取数据。②评估数据规模。根据规模大小选择合适的分布式并行计算应用架构。③数据样例分析。对采样的数据根据特点进行分类、重组、归并。④根据实际需求确定建模方式。读者用户监控和分析（关键词组合），或分类（选用合适的算法），或预测及辅助决策（需调整模型做大量尝试，优化模型，无限接近准确结果）。⑤根据需求确定输出方式。直接输出分析报告，或提供SAAS平台，或对接DMP，或设计整体解决方案。⑥反复地进行迭代、优化，建立最优库（长期过程，需要不断的进行模型匹配、机器分类、人工聚类)。确立算法模型优化,整合尽可能多的维度多元的可视化方案。

三、数据挖掘及决策分析体系在高校图书馆个性化服务中的应用

构建数据挖掘及决策分析体系的核心价值在于辅助用户决策,提供精准的数据辅助决策、数据优化管理和数据服务创新。大数据时代的高校图书馆用户越来越“挑剔”,实现不同类型的用户个性需求及资源构建、用户行为的长期跟踪建模、用户服务模式的自主评估及反馈控制、评估及反馈的智能优化、用户隐私数据的安全保护等功能都将为提升高校图书馆用户的个性化服务模式、优化高校图书馆的服务及管理水平提供依据。

以数据驱动力为核心的个性化服务模式(包括以数据驱动的大数据决策、数据驱动的阅读服务流程及数据驱动的服务产品)是高校图书馆提升服务质量、优化服务内容、丰富服务资源的核心。高校图书馆服务的各类用户群体因检索、借阅、浏览、下载等需求,会产生大量的业务维度数据。

在图书馆个性化服务的建设过程中,通过分析并挖掘多维度的大数据,收集业务数据、机器数据、日志数据、外部数据等数据源,将数据植入数据缓冲层,利用规则库从缓冲层读取数据并进行格式转化,弹性并发以实现数据清洗,将数据推送到分布式持久化存储层,依托数据挖掘、知识发现、分析统计、人工智能算法技术构建用户群体分析模型、长期行为跟踪模型、资源优劣配置模型、个性化服务决

策模型、用户评估反馈控制模型、反馈控制的建议性智能优化模型、用户的角色权限管理及隐私数据保护模型，搭建以Hadoop为代表的分布式数据流处理架构，能够大幅降低分布式并行计算应用门槛，同时也能大幅缩减高校图书馆在软件、硬件环境搭建中的成本支出。以Hadoop为代表的分布式并行计算架构能将高校图书馆所需的批处理与流处理平台有效融合，成为图书馆应对未来大数据业务的万能平台。

高校图书馆的主要目标是服务于读者，为线上、线下和face-to-face读者提供快捷、先进、智能、丰富且个性化的服务需求。依赖高校图书馆大数据挖掘及决策分析体系，能够更加准确地分析读者产生的非结构化数据间的关联性，实现对读者相关数据的深度采集、分析与挖掘，构建读者决策分析模型，深入地挖掘读者在阅读活动、社会关系、阅读场景中的行为特征、个性化喜好、个体需求、服务反馈，利于与读者建立稳定、良好的关系。为高校图书馆人性化、科学化的管理提供决策保障，利用实实在在的多维度价值数据作为依据，辅助图书馆及高校决策人员更精准地了解和定位读者诉求，做出更加科学、合理、高效的决策。

高校图书馆在建设个性化的服务体系过程中，基于“微服务+大数据”的建设模式亦是加快创新服务的重要方面。“微服务”不是传统意义上的“以微信终端为媒介”的服务模式，“微服务”旨在以构建“微小”的个性化服务来服务于用户的模式。用户的喜好无法强制，通过提供更多个性化的“微小服务”以给用户更加丰富的个性化选择。“微服务”

可以依赖微信、跨平台 APP 应用、钉钉等移动终端的微应用技术，通过各类开源标准化的接口，通过“大数据+微服务”的模式向用户提供丰富的个性化资源数据和服务（个性化的服务资源建设依赖于对大数据多维度的挖掘分析后产生的生产数据）。

四、数据挖掘与决策分析体系在高校图书馆未来发展中的应用案例

案例1:大数据辅助高校图书馆外购电子资源使用率统计与甄选。

问题分析:高校图书馆的电子资源的采购开销每年占了其开支的绝大部分。电子资源为学生学习、教师科研提供了较好的文献信息获取渠道。在提供便利的同时，也给学校的运营成本增加了不小的开销。各类电子资源的利用率、用户请求访问的资源种类和学科种类数据，高校一般难以把握，精确的数据都掌握在电子资源提供商手上。如何根据高校的学科建设和发展需要，合理且有效地采购电子资源，实现电子资源的高效化使用，成为高校图书馆发展的难题之一。

通过在校园网出口增加日志采集设备，抓取用户访问电子资源的 URL 请求地址和学科关键词分析，制定报表统计，从而分析出各类电子资源的使用率。然而，对时间跨度长、规模庞大的日志流数据的存储与高速检索是困扰高校信息部门的难题。构建大数据存储交换和分析模型，利用分布式并行流处理加上批处理的计算架构，可以有效地

辅助高校图书馆决策者统计图书馆外购电子资源的使用率，分析性价比因子（性价比因子=电子资源外购价格/使用率×宏因子）实现对电子资源采购的合理甄选，为学校有效地调整经费拨付及开支配比，节省经费支出提供保障。

案例二：大数据辅助高校图书馆的外部声誉（舆情）监控与预警。

问题分析：高校图书馆作为社会大集体中的一员，往往是社会和舆论关注的焦点之一。随着网络媒介的快速发展，各类信息在互联网上的交互和传播速度已达到秒级，其声誉和影响力也时刻受到社会各方的关注。高校图书馆的学科特色服务、科技成果展示、社会影响力等优势，都可以彰显其良好的外部声誉（舆情）。然而，突发性的各类恶性事件，因发生得突然且互联网传播较快，可能对高校声誉造成恶劣的社会影响。

面对互联网庞大、分散且分析检索困难的舆情数据信息，如何在短时间内获取到外部的正、负声誉（舆情）信息，根据舆情进行预警，并实现正确引导舆论，需要依赖于大数据挖掘分析机制，高校图书馆构建大数据存储交换平台、互联网数据采集平台及数据挖掘分析平台。通过实时地采集互联网上关于学校的媒体舆论信息，依托互联网数据采集、实时数据检索分析引擎、数据阈值预警等方式实现高校图书馆外部声誉（舆情）的监控与预警。

该模型的建立与应用，能够在外部声誉发布后通过合适的媒介手段（微信、短信或邮件等）准确地向决策者发送预警信息,有效地辅助高校决策者最快地掌握外部声誉(舆情)的情况,从而及时地做出合理的决策方案。

案例三:大数据辅助高校科研(信息检索及科技查新)。

问题分析:科研是高校生命持续发展的重要因素之一。教师、学生研究的课题的时效性、新颖性往往只能依赖于专业图书馆的科技查新,以科技查新结果作为唯一的评判标准。对于国内、国际上的新事物、新技术,科研工作者只能通过访问爬虫网站或电子数据库,不断地搜索关键字进行循环检索,并从爬虫引擎检索到繁杂的结果,在图书馆电子资源库中甄别准确性低、数据重复率高的信息。这种方式获取信息的渠道局限性较高且效率较低,严重地制约了高校科研工作者的创新。

大数据对科研(信息检索及科技查新)的辅助可依赖于大数据存储交换平台、互联网数据采集平台及大数据挖掘辅助科研平台,实现对互联网信息的采集、汇总和分析,根据不同需求进行科学化分类,保障了科学研究的素材不仅来自传统的电子期刊、论文和专利,还包括专业网站、BBS、博客、论坛、个人社交媒体等时效性极高的信息资源。

用户只需将关注的信息关键字导入到科研辅助平台,与第三方互联网数据采集分析平台提供的标准接口进行对接,根据数据挖掘分析模型进行数据的抓取、清洗和分类,实现国内外互联网数据、专业数据库数据、媒体介质数据的实时获取,辅助科研工作者获取时效性高、信息量大的需求数据,并为科研创新做出合理的辅助决策。

案例四:“大数据+微服务”模式的高校图书馆个性化服务。

第一,为馆藏纸质书籍、专著、文献封面建立二维码标识库。用户可以凭借移动端的微信、APP、钉钉等微应用完成对专著的扫码,快速的获取作者信息、目录信息、章节简介等信息。“大数据+微服务”模式可以让用户了解更丰富的个性化信息,如:所扫描书籍的馆内借阅数、该专著馆内用户喜爱的热度、该专著的用户评价度及非结构化评价数据信息、该书籍作者所著的其他热门专著、同扫码书籍内容相近的其他作者专著、用户对其个性化的评语,等等。

第二,利用微应用授权不同角色权限,管理人员可查询图书馆内的机房运行信息,服务器工作状态信息,设备告警信息,各门禁系统的人员进出信息,丢失借阅证的读者年级、班级、专业信息等;读者可查阅馆内各类借阅室的开放信息、读者座位信息、人员密度信息、当前正在进行的讲座或近期内将要举行的讲座信息。管理者可随时掌握所管辖范围的各类数据,读者亦可随时随地掌握关注信息并合理安排时间和行为路径。

第三,高校图书馆可向服务商申请创建高校微信、钉钉等企业号,从图书馆读者库中同步全校师生人员基础数据到企业号人员目录中,在微终端应用菜单中开发一卡通或借阅证失物招领功能,辅助捡卡者在微终端通过关键字便捷地查询丢卡者相关基础数据(年级、专业、宿舍、联系方式),以便实现失物快速返还失主的功能。甚至可根据读者兴趣爱好、个性化阅读需求，为读者推送具有相近阅读爱好及需求的校园读友信息，以促进读者学习兴趣交流和学习圈的扩展。

不同的用户群体关注的个性化信息不同，多维度的数据获取需要依赖大数据挖掘和分析平台的支撑。“微服务”的核心价值在于从点到面，以提供点的服务逐步满足用户个性化需求，从而构筑整个图书馆整体性的个性化服务平台，并以大数据挖掘与分析体系为驱动力实现图书馆的个性化服务模式。

基于数据挖掘及分析决策体系伴着互联网、物联网、移动通信等技术的快速发展的步伐，迅速地渗透到各行各业。我国高校图书馆在国家政府、教育部、财政部等多部门的政策支持下，乘着“十三五”大力发展高校信息化，并共同享有高校信息化硕果的春风，让大数据的种子生根发芽，并逐渐壮大。

大数据的研究与应用为高校图书馆发展带来的不仅是机遇与挑战，更多的是氧化剂和催化剂。高校图书馆自身是一个大数据的生产者，数据的活力与价值在于数据交换中的各类数据的联动。构建基于高校图书馆特点的数据挖掘与分析决策体系，利用对各类数据的采集、抽取、清洗、关联、分析，发掘出数据的潜在价值，便能为高校图书馆的“微服务”应用最大限度的释放红利，为未来高校图书馆的发展提供夯实的分析决策驱动模型，并为高校及图书馆的管理者提供决策与分析基础。

第三节　基于推荐算法的科技文献推荐服务

科技文献是撰写论文的基础，也是学者论述其研究的重要依据。作为撰写论文的重要环节，获取优质的文献不仅能够辅助学者了解最新的研究成果，同时也能够激发学者的写作灵感，发现新的研究思路和研究方法。然而，随着文献资源持续不断的增长，研究人员往往需要投入大量的时间来辨别文献的质量和寻找符合需求的文献。为此，探究自动化的文献推荐方法，为学者遴选与推荐出相关的文献显得十分必要[①]。

科技文献推荐是推荐系统的重要研究方向，得到了国内外广泛的关注。目前，关于文献推荐的研究主要分为两类：第一类是基于内容的文献推荐方法。此类方法把文献推荐视为信息检索的问题，旨在通过不同的检索算法计算学者的研究兴趣与待推荐文献的语义相关性，把相关性高的文献推荐给学者。第二类是基于协同过滤的文献推荐方法。此类方法首先发现与当前学者研究兴趣相同的学者，然后依据他们的喜好和对文献的评分为当前学者推荐文献。该方法是以学者研究兴趣相似度为依据的推荐方法，同时融入了文献质量因素。

①刘旭晖．融合主题多样性与影响力的科技文献推荐算法研究[J]．情报理论与实践，2017，40(12)：134-138.

然而,目前关于文献推荐的研究大都关注学者的研究兴趣与待推荐文献的语义相关性,而忽略了待推荐文献的主题多样性和主题覆盖范围等问题,从而使推荐的文献大都集中于少数几个研究主题,冗余程度过高,不利于扩展学者的研究视野。

为解决这个问题,可以首先获取学者发表的学术论文,以此为依据分析学者的研究兴趣。其次,分别从三个方面探究学者研究兴趣与待推荐文献的匹配度:①相关性。学者研究兴趣与待推荐文献的内容相似度。相似度越高,越符合学者的研究主题。②多样性。推荐的文献集合涉及的研究主题应尽可能多样,覆盖的子主题数量应尽量的多。③影响力。推荐出的文献质量应高,应具有代表性。最后,综合考虑这三个因素,提出一种融合主题多样性与影响力的科技文献推荐算法 DACMPR(Diversity and Authority Combination Model for Paper Recommendation)为学者推荐符合需求的文献。

关于文献推荐的研究得到了国内外不同领域专家的关注。总体而言,对于文献推荐的研究主要分为两类:第一类是基于内容的文献推荐方法,第二类是基于协同过滤的文献推荐方法。为此,下面分别从这两个角度阐述相关的研究工作。

一、基于内容的文献推荐方法

基于内容的文献推荐算法是最常用的推荐方法之一。该方法利用信息检索的相关技术计算学者研究兴趣和待推荐文献之间的语义相关度,并认为相关度高的文献更适合推荐给学者。

学者Nascimento等利用TF-IDF(Term Frequency-Inverse Document Frequency)和向量空间模型VSM(Vector Space Model)计算学者研究兴趣与待推荐文献的相关性,获取相关性高的文献推荐给学者。

学者Sugiyama等认为学者发表的科研论文更能代表学者的研究兴趣。因此,在其研究中,利用学者发表的科研论文以及该论文的引文对学者研究兴趣进行建模,形成特征向量,然后利用余弦相似度(Cosine Similarity,SIM)计算学者研究兴趣与待推荐文献的相关性。主题模型LDA(Latent Dirichlet Allocation)提出后,因其较强的数学理论基础和较高的准确性得到了广泛的关注。各研究人员也尝试把LDA应用到文献推荐的过程中。

学者Pan等利用LDA提取学者和待推荐文献的多个子研究主题,然后利用余弦相似度计算学者与待推荐文献的相关性。同样,学者Jiang等也利用LDA进行主题信息提取,在其研究中,首先把待推荐文献的摘要分成问题定义和解决方法两部分,然后利用LDA分别提取相应的主题信息,用以匹配学者的研究兴趣。

学者Ferrara等首先对学者的研究兴趣和待推荐文献进行语义标注和特征提取,获取代表性强的短语表示两者主要的研究内容,最后,利用计量学的方法得到两者的语义相关度得分。

学者 Alzoghbi 利用学习排序算法 LTR(Learn to Rank)来综合多个特征为学者画像并训练模型,然后预测学者对文献的喜好程度。

部分学者通过文献的浏览记录和图书的借阅记录来挖掘学术资源之间的相关性。例如,学者徐嘉莉等应用 Apriori 算法在图书借阅记录中挖掘图书之间的关联,以此为依据为读者推荐图书。同样,学者邓奇强等通过非连接性的 Apriori 算法对图书馆借阅记录进行关联分析,为用户推荐图书。

有研究人员指出,仅仅考虑语义相关性的推荐不足以推荐出合适的文献。因此,部分研究人员在基于内容的文献推荐算法的基础上进行了扩展。例如,学者 Gori 等首先获取与学者兴趣相关的文献,然后,用 PageRank 算法计算文献的权威度值,把权威度高的文献推荐给学者。同样,学者徐健等也利用 PageRank 算法计算文献的影响力,并以此为依据为用户推荐相关性高且有一定影响力的文献。

二、基于协同过滤的文献推荐算法

基于协同过滤的文献推荐算法是文献推荐的重要研究方向,该方法首先发现与当前学者兴趣爱好相同的学者,然后根据他们的喜好和对文献的评分为当前学者推荐文献。

学者 Naak 等提出一种混合文献推荐算法,该算法综合了基于内容的文献推荐和基于协同过滤的文献推荐两种方法的优势。其中,在其应用协同过滤算法的过程中,不仅考虑了学者对文献的主观评分值,还融入了文献贡献度、原创性、综合性和规范性等四个分值。

学者Choochaiwattana等提出一种融入标签因素的协同过滤算法,该算法以标签作为学者为论文打分的中间层。

学者Lee等首先在网上获取相关文献资源,然后计算文献之间的相关性,最后应用协同过滤的算法为学者推荐论文。

部分学者认为文献推荐系统应辅助学者获取新的知识。因此,学者吴志强等提出了一种用户—资源协同驱动的推荐系统来把用户未曾获取的,存在潜在有用性的资源推荐给用户。

学者曾子明指出用户的兴趣随着时间的变化也会发生一定的转移。因此,在其研究中,把时间因素融入到用户—资源评分矩阵中,然后应用协同过滤算法为用户推荐出合适的资源。

与基于内容的文献资源推荐算法相比,协同过滤算法综合考虑了相似学者对文献资源的评分,在一定程度上增加了推荐资源的质量,同时,在推荐文献资源的新颖性上有了一定的提高。

三、科技文献推荐

(一)研究框架

文献推荐算法的任务是根据学者发表的论文,探究学者的研究兴趣,并返回相关度高、涉及主题丰富和有一定影响力的文献集合。此算法分别对学者研究兴趣与待推荐文献的语义相关性、待推荐文献的主题多样性以及影响力进行探讨。算法的技术路线是首先获取学者发表过的论文;其次以论文为依据计算学者研究兴趣与待推荐文献的语义相关性,获取相关性高的文献;再次对相关性高的文献按主题聚类,去除冗余文献数据;最后,获取每个类簇中影响力最高的文献,推荐给学者。

(二)科技文献建模与推荐

1. 主题信息获取

主题信息提取是指通过文本挖掘的方法提取待推荐文献的研究主题。一般来说,一篇文献通常包含多个子研究主题,每个子研究主题在文献中蕴含程度有所差异。因此,利用多个研究主题来表示待推荐文献集 D 的研究内容。

LDA 是一种常用的主题信息提取模型,旨在通过机器学习的方法获取文本集合中隐含的多个主题,该方法已经被广泛的应用于个性化推荐、知识提取、信息检索、语义标注等领域。假设文献集 D 中蕴含 T 个研究主题,利用LDA估计出每一篇文献在 T 个主题上的概率分布。例如,第 i 篇文献 p_i 在 T 个主题上的概率分布可标记为 $\vec{p_i} = (\vec{p_i}[1],\vec{p_i}[2]\cdots\cdots,\vec{p_i}[T])$。其中 $\vec{p_i}[1]$ 表示文献 p_i 与第1个主题相关度。

2. 相关性建模

相关性是指学者的研究兴趣与待推荐文献的语义相关性。相关性越高,则表明在内容上更符合学者的文献需求。学者研究兴趣和文献之间的相关性是文献推荐的重要依据。因此,此处在主题信息提取的基础上,分析学者研究兴趣与待推荐文献的相关性,并获取相关性高的待推荐文献集合,标记为D'。其中,待推荐文献p_i与学者研究兴趣之间的相关性可由如下公式计算:

$$p\left(p_i\middle|W\right)=\prod_{w_q\in W}\sum_{t_j\in T}p\left(p_i|t_j\right)p\left(t_j|w_q\right)$$

p_i表示待推荐文献集合中的第i篇文献,W表示某学者研究兴趣词表,该词表存储特定专家发表的科研论文的摘要数据。w_q表示词表W中的第q个词;T表示LDA挖掘出来的潜在主题集合;表示文献p_i与第j个主题的语义相关性,表示W中第q个单词属于第j个主题的概率。$p\left(p_i|t_j\right)$与$p\left(t_j|w_q\right)$均由LDA算法获取。

学者与待推荐文献p_i的相关性可以标记为:

$$R_i=p\left(p_i|W\right)$$

3. 主题多样性建模

如上所述,基于内容和基于协同过滤的文献推荐算法都以相关性为研究重点。然而,随着研究内容的精细化和多样性,学者在获取文献时,一方面要求推荐的文献与其研究兴趣有一定的相关性,另一方面也要求推荐的文献能够涉及多个子研究主题,能够开阔学者的研究视野。此方法在相关性的基础上,考虑了待推荐文献的主题多样性,旨在通过引入多样性因素,来提高推荐文献覆盖的主题数量,增加推荐文献的主题丰富性。

通过上文的相关性建模，获取了与学者研究兴趣相关性强的文献集D'。然后可以通过主题聚类发现D'中的主题类簇，同时去掉冗余的文献。层次聚类是著名的聚类算法，被广泛应用于知识发现与知识组织中，该算法通过计算两篇文档的语义相似度，对所有的文献资源中最为相似的两篇文献进行组合，反复迭代这一过程，直到所有的文献数据全部进行组合。采用层次聚类算法的思想对D'聚类，发现其中的主题簇。例如，对于给定的文献资源库D'（$d_1', d_2', d_3', d_4', \cdots, d_n'$），层次聚类的具体思想如下：

第一，将D′中的每一篇文献d_1'分别作为一个聚类中心，形成D'的一个聚类集合$C=(C_1, C_2, C_3, \cdots, C_n)$；

第二，计算C中的每个聚类对之间的语义相似度。其中，可通过下式计算得出；

$$\mathrm{sim}\left(C_i, C_j\right) = \frac{C_i \cdot C_j}{\left|C_i\right|\left|C_j\right|}$$

第三，合并相关度最高的两个类簇，形成一个新的类簇；

第四，重复上述的步骤，直到形成所需求数目的类簇。

4.影响力建模

文献的质量是研究水准的反映，优质的文献更能代表目前的研究水平，能够更好地辅助科研人员去发现新的研究思路。因此，此项研究在相关性和多样性的基础上，引入了文献的影响力因素。

引文关系是探讨文献质量的重要参考，受到了众多研究人员的关注。引文关系以及引文的数量和质量在一定程度上反映了这篇文献的研究水准和学者的关注程度。因此,此处通过引文来探讨文献的影响力。

一般来说,一篇文献被其他的文献引用多次,则表明该文献的影响力越高;同时,引用该篇文献的其他文献影响力越高,则表明该篇文献的影响力更高。考虑到这些问题,首先根据文献之间的引用关系建立引文网络,然后在此网络上应用随机游走算法 PageRank 来计算文献的影响力。其中,第 i 篇文献 p_i 的影响力可以通过下式进行估计。

$$P_r\left(p_i\right) \leftarrow \frac{1-d}{N} + d \sum_{P_j \in M\left(p_i\right)} \frac{P_r\left(p_j\right)}{L\left(P_j\right)}$$

其中,N 为引文网络中的结点数量,即待推荐文献 D' 中文献的数量;d 为阻尼因子,该值通常设置为0.85;$L\left(P_j\right)$ 表示文献 p_j 的引文数量;$M\left(p_i\right)$ 表示引用文献 p_i 的文献集合。

四、实验设计及分析

(一)数据集

为验证所提出模型的有效性,此次选取图书情报领域5年期间的CSSCI核心期刊的文献组成待推荐文献集合,共24 840篇文献。另外,为了探究所提出算法对不同学科的适应性,同时选取了《计算机学报》《软件学报》《计算机科学》《计算机研究与发展》和《计算机工程与应用》五本计算机领域较为核心的期刊近十年的发文数据组成待推荐资源,共41 610篇文献。

(二)实验过程及评价标准

将所提出的算法DACMPR与VSM和LDA在内容相关度、影响力和主题覆盖数目三个指标上进行对比分析,以说明DACMPR算法的有效性。三个指标的具体内容如下:

1. 平均内容相关度

内容相关度是指推荐的文献与学者研究兴趣的相关程度。相关度越高,则表明推荐出来的文献越符合用户的需求。针对于k位学者,为每位学者推荐n篇文献,则平均内容相关度为:

$$\text{AvgRel@}k = \frac{\sum_{i=1}^{k}\sum_{j=1}^{n}R_j^i}{k}$$

其中,R_j^i表示第i位学者与为其推荐的第j篇论文的相关度。

2. 平均影响力

文献影响力是文献质量的体现。本研究利用影响力指标来探究推荐出的文献集的质量。针对于k位学者,为每位学者推荐n篇文献,则平均影响力为:

$$\text{AvgAut@}k = \frac{\sum_{i=1}^{k}\sum_{j=1}^{n}P_{rj}^{\,i}}{k}$$

其中,$P_{rj}^{\,i}$表示为第i位学者推荐出的第j篇论文的影响力。

3. 平均主题覆盖数

主题覆盖数是指推荐出的文献集合所涉及的主题类别的数量。主题覆盖数越高,则表明推荐文献主题多样性越强,冗余程度越低,越适合推荐给学者。平均主题覆盖数的计算方法为：

$$\mathrm{AvgDiv}@k = \frac{\sum_{i=1}^{k} Div_n^i}{k}$$

其中，Div_n^i 表示为第 i 位学者推荐的 j 篇论文所覆盖的主题数。

（三）实验结果及分析

从实验结果看来，DACMPR 算法能够很好地控制推荐文献的影响力和多样性。同样，也可以看出，DACMPR 推荐的文献也保持了一定的相关性。不可否认的是，相比于传统的基于相关性的模型，DACMPR 算法在内容相关度有所下滑。究其主要原因是相关性和多样性是两对互斥的指标。多样性指标目的在于扩散推荐文献的研究主题，而相关性则在于集聚推荐文献的主题。因此，实验在牺牲了部分相关性后，换回来了主题多样性。从实验中仍然可以看出，针对于图情这样交叉性偏强的学科来说，多样性指标的提高，会对相关性有较大的影响。对于例如计算机这样交叉性弱一些的学科来说，多样性的提高，对相关性并不会造成特别大的影响。对于文献推荐系统来说，学者们通常要求所推荐的文献有一定的延展性和多样性，避免所获取的资源集中于少数几个主题。因此，从该角度来看，DACMPR 模型要优于传统的推荐模型。

此处主要研究文献推荐系统，属于情报学、图书馆学和信息科学等领域共同关注的问题。传统的研究主要从语义相关性和影响力两个方面进行展开，忽略了推荐文献的主题多样性问题。在后续的研究中,将引入知识图谱和本体的相关理论方法来对学者的研究兴趣变化进行感知和判断,从而进一步提高推荐的准确性。

第六章 移动智能背景下高校图书馆智慧化学科服务

第一节 基于手机APP的智慧化学科服务

随着互联网技术的迅猛发展以及移动设备的普及，手机已经成为人们通信、阅读、社交等的重要工具。截止2019年6月，我国手机网民规模达8.47亿，网民中使用手机上网人群占比由2018年底的98.6%提升至99.1%。互联网已经从电脑终端逐步过渡到移动终端，由此带来的用户信息行为也发生了很大改变。以移动阅读为例，2018年我国成年国民包括书报刊和数字出版物在内各种媒介的综合阅读率为80.8%，数字化阅读方式接触率为76.2%，iPad、Kindle等移动终端阅读呈现增长态势。面对这一新的形势，作为信息服务方的图书馆，如何能抓住机遇，变革技术和服务，积极应对新的挑战，探索移动服务的新模式，构建基于手机APP图书馆智慧化学科服务成为亟待解决的问题[①]。

①王跃虎．智能手机在RFID自助借还系统中的应用研究[J]．图书情报导刊，2019，4(02)：43-50.

一、手机APP概念及开发理念

新媒体已经逐渐成为一个主要的媒介创作和传播的内容。最初的电子邮件和手机短信信息推送服务已经不能满足图书馆的发展,新媒体网络时代用户信息搜索和检索行为需要重新设计现有的知识程序和工作流程。随着智能手机的更新换代,国内图书馆也看到了APP所带来的影响。

APP是英文Application的简称,是指智能手机的第三方应用程序,统称"移动应用"或"手机客户端"。已经有部分图书馆开发了自己的APP软件,包括国家图书馆、首都图书馆、上海图书馆等公共图书馆,还有清华大学、北京大学等高校图书馆也都推出了移动客户端的APP软件。

这一类APP的优点是图书馆在开发过程中可以根据本馆的资源种类、服务水平等条件,开发出更适合本馆的APP软件。基于APP的学科化服务已经逐渐渗透普通高校图书馆学科化服务当中,能够解决人力资源、运行成本等方面的问题,补充实体嵌入服务不足之处,二者相辅相成,共同为教师、科研人员提供整体化、系统化的学科服务。

参考其他院校的图书馆手机APP的工作原理,归纳总结手机APP学科服务平台如图6-1所示。各个院校可根据本馆的资源种类、学科化馆员构成、服务水平等条件,拟开发适合本校的APP软件,通过手机APP为图书馆和高校科研团队之间搭建一个开展学科服务的平台。

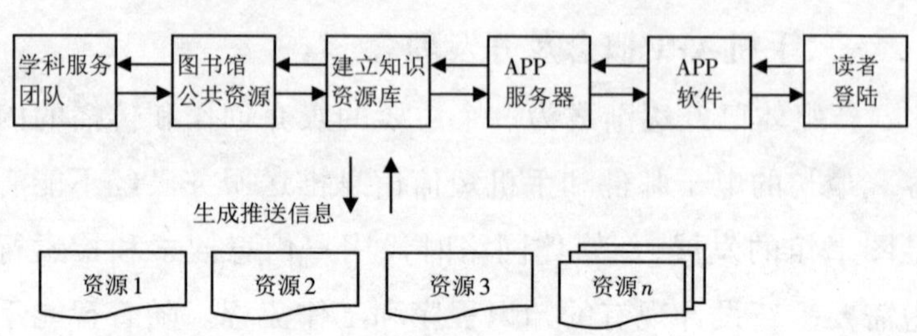

图6-1　手机APP学科服务平台

(一)构思形成期的开发理念

构思形成期的开发理念可从以下几个方面着手。

第一,学科馆员应该从项目设计端介入科研全过程,紧密围绕学校发展方向和办学特色,与科研团队相互沟通,根据学科的研究方向,利用网络知识环境灵活配置的资源云、服务云等机制,收集聚合该学科研究的相关文献。学科馆员依赖这一环境中的国内外的期刊、数据、专利、会议、论文标准等资源进行知识重组与有序化,建立与学校图书馆APP相关联、相对应的知识资源库。

第二,图书馆手机APP的功能应该易于上手。在APP设计中,减少用户的误操作是需要重点考虑的对象。面对大数据时代的海量数据信息,APP设计应该尽量减少用户操作流程,其中减少APP中误操作的登录入口是最简单便捷的方式。只有在APP设计中采用单线式的任务流程,并且严格为用户限制操作顺序,压缩和控制功能键数目,才能减少用户的误操作数量。将主题图标直接嵌入APP主背景下,使得学科服务如同习惯上网一样嵌入高校用户的日常信息行为中。因此,可以选取“个人数字机构馆”“学科资源导航”“反馈记录”“咨询服务”和“我的课题”作为高校图书馆手机APP(以下简称APP)的主要功能键。同时,为了方便用户,对于已有的五项主要功能分别添加若干辅助型功能并且增加“设置”功能。

(二)学科化团队及服务对象与APP的互动

在测试使用APP中,需要引导用户直奔主题,顺利完成操作任务,这才有利于手机APP的研发、推广使用及后期反馈。引导用户使用手机APP信息推送服务,需要学科化服务团队深入对口学院或课题组(科研室),了解课题组成员所研究的课题,在课题项目发展的不同阶段提供针对性的服务。为学校某一院系教学科研团队提供信息资源支持,是这一团队构建、运行的前提。

科研人员对文献信息的需求最为迫切,但他们对数据库的选择和利用存在一定的片面性和局限性,服务团队需要从整体性、系统性上把握对象的需求和盲点,通过现场演示及后期推广互动宣传图书馆手机APP,激发科研人员对新媒体的使用需求,使学科馆员和科研人员在互动交流平台中开展相互的信息协同服务。

首先与高校学院取得联系并申请组织教师及科研人员开展讲座,由学科化服务团队对手机APP做一个详细的介绍,针对手机APP的信息推送服务流程做相应的演示,包括手机APP的下载和使用方法,如何随时通过手机APP查阅学科化资源,如何及时反馈给学科化馆员信息和需求,等等。

学院各课题组可根据自身需要决定是否试用手机APP。有意向合作的课题组或科研团队可以将课题的内容及所关心的国内外研究进展、动态等需求以书面形式交给科研团队。APP可为参与合作的课题组各成员开设专门账号,从课题准备到结题期间具有使用权限。学科化团队根据课题组提供的现有材料及提出的意见和要求进行讨论研究,拟定该课题学科化服务方案,分头查找该课题相关发展动态和进展的期刊、报告、会议等文献资源。

获取这些信息之后,学科化团队各成员之间相互交流配合,利用自己所学专业知识和经验将通过图书馆的文献资源获得的数据进行分析、整理分类,遇到特殊情况也可积极与数据库开发商取得联系,尽力获取有用的文献资源并依此制订出较为科学、合理的学科服务方案。

学科馆员将这些数据通过一定的信息技术手段,生成推送信息的集合,由图书馆的推送服务器通过手机APP软件对课题组推送相关的信息。课题组也可将阶段成果以定期反馈的方式,通过手机APP及时传递给学科馆员,这样能够让双方都及时调整方案和工作思路。

学科化团队在接收到手机APP反馈信息后,及时对问题进行处理并将信息载入学科馆员APP服务器工作记录单及用户反馈记录单,为学科服务留下重要的档案记录,并及时更新学科导航资源库,实时保障课题组所需的动态性与实效性。这样就形成一个良性的循环,从而对手机APP

的更新和完善提供了后续保证。

（三）反馈期

对于学科化服务团队反馈的结果及手机APP使用效果，图书馆也可定期邀请新媒体方面的专家及课题组成员和相关专业教授参加手机APP评估，包括手机APP设计、可用性测试、系统的稳定性，与学科服务的关联度及测试效果，并对学科化团队工作提出建议，从而使手机APP和学科服务不断得到完善。

二、国内图书馆手机APP建设中存在的问题

近几年，国内图书馆手机APP发展势态良好，APP界面简洁明了，操作方便快捷，基本功能完善，用户体验良好，但是也存在一些问题。

（一）图书馆APP跨平台兼容性问题

苹果和安卓是目前国内用户最多的两大移动设备操作系统，多数图书馆APP都是根据以上两大操作系统开发的，但是对于一些使用小众操作系统的手机用户来说，运用图书馆APP就会面临不兼容的情况。因此，图书馆开发的APP在以苹果和安卓系统为主的基础上，也要兼顾其他小众操作系统，以便图书馆APP在用户中的普及。

（二）图书馆APP服务内容相对单一

据调查，无论是图书馆自己开发的APP，还是图书馆与第三方合作开发的APP，其服务内容都集中在馆藏查询、个人借阅信息查询、续借、讲座通知等基础服务方面，总体而

言服务功能较为简单。在移动互联网时代,图书馆APP应该要满足用户的各种个性化需求,创新服务内容和方式,提供更加完善和个性化的服务。

(三)图书馆APP与第三方资源集成度问题

目前国内图书馆APP提供电子书阅读和数据库检索功能的相对较少,与第三方资源集成度稍显不足,还要满足用户对数字资源的随时随地的访问需求,同时一些数据库供应商纷纷开发了移动APP应用,比如,EBSCO、Elsevier、CNKI,但都是基于自身的资源,并没有在图书馆APP内进行资源整合,图书馆应该加强与各大数据库商合作,加强数字资源的开放性,建立采用统一标准,提供一站式检索、知识化服务为一体智慧服务系统。

三、基于手机APP的高校图书馆智慧化学科服务建构策略

国内高校图书馆虽然很多都提供移动APP服务,但是移动互联网时代信息服务的特点展现得还不够,因此设计开发图书馆移动APP需要依托移动信息技术和媒介,不断优化和拓展移动图书馆APP功能,为读者提供无缝嵌入工作、学习和生活的智慧服务、融合服务、创新服务的整体解决方案。

(一)基础服务

提供的服务包括:图书馆馆藏书目查询,用户登录“我的图书馆”查看借书记录,预约图书,续借图书,收藏和评

论图书,查看信息公告,浏览新书推荐,通过扫描ISBN号或填写表单荐购图书,等等。

(二)创新服务

扫码/刷脸入馆,扫描与图书证上编号唯一对应的二维码,或利用人脸识别技术在入馆闸机上验证,通过后方可进馆。

扫码借书,读者通过手机扫描图书馆馆藏条码号完成借书,减少馆员工作量,解决高峰期读者排队现象,提升了读者体验。

先读为快,图书馆PDA采购的新模式,APP平台按照图书馆馆藏规则展示合作书商的纸质图书,读者可以通过在线购书申请,下单买书,先读为快,并在规定的时间内归还图书,购书费用由图书馆统一支付。如不开通在线购书,可实现图书一键荐购,此功能可以极大的方便读者,提高采访效率和图书借阅率。

入馆培训,用户利用图书馆VR全景、微视频、直播互动等方式学习图书馆相关知识,学习完成后,平台从题库中随机抽题考查,读者考试通过后,自动激活借阅证。利用APP平台提供的智能化服务,实现对新读者的入馆培训,比传统方式更能激发读者兴趣、增加图书馆对读者的吸引力。

(三)知识服务

参考咨询服务,读者使用APP平台,通过登录"我的图书馆"进行身份认证并进行信息捆绑,无需读者再另外注册。读者登录后，其信息可以保持数天，这能保证读者在第一时间看到图书馆员的回复。只要图书馆员和读者同时登录APP，就可以实现随时随地的互动与交流。此外，参考咨询服务通过整合多个咨询平台，如QQ、微信、网页等，提供统一入口，综合各自优势后以一个整体的样貌来提供更具有多样化和针对性的知识服务。

一站式检索，打破现有APP只能对馆藏纸质资源和数据库进行孤立的单独检索的局面，实现对馆藏资源的全方位的开发、整合。图书馆资源包括馆藏资源、OA资源、各类型数据库、机构/个人知识库、网络资源等，通过云存储和智能计算技术将各种资源进行加工、存储、挖掘，依托无线泛在的网络，在全面整合的基础上，为读者提供一站式访问、检索、下载的智慧云服务，这必将提升图书馆资源的利用率，满足用户对各种资源的移动服务的需求。

（四）空间服务

座位预约，读者通过图书馆APP平台预约座位，利用低成本、有效防作弊的iBeacon技术进行手机签到、签离，对于空间资源有限的图书馆来说，这样便于集中管理，提高空间利用率，避免在考研筹备等图书馆使用高峰期出现强行占座等不良行为，也方便了读者对自习座位的有效利用。

空间预约，为开展团队交流、小组讨论提供支持。

讲座预约，读者可在平台上发布讲座信息，读者通过平台报名及现场签到，达到对讲座的精准化服务，提升讲座效率。

(五)定制服务

问卷调查,提供专业的、有针对性的图书馆问卷自动生成系统,并对调查内容进行汇总统计,方便图书馆开展实证调查,为图书馆制定各项资源采购和服务内容提供可靠的需求信息。

消息提醒,平台内置消息提醒功能,将图书到期、预约、委托、荐购图书到馆、资源推广、阅读推广、重要活动通知等信息推送给读者,增强图书馆与读者联系,提升服务的质量和水平。

四、基于手机APP的智慧化学科服务应用——以微信为例

北京大学、清华大学、西安交通大学等高校通过微信公众号为读者提供服务。开通图书馆移动APP的高校中大多数与超星公司合作,比如吉林大学图书馆、山西大学图书馆。此外,独立开发了图书馆移动APP平台的有国家数字图书馆和上海图书馆,高校的有浙江大学图书馆、安徽大学图书馆等。多数图书馆移动APP包含有“馆藏查询”“学术资源”“我的书架”“新书推荐”“通知公告”等模块。总之,在移动互联网时代,图书馆手机APP缩短了读者与图书馆之间的距离,成为读者的“随身图书馆”。

这里以微信为例进行说明。用户可以通过微信与其他用户进行语音和文本的通信,也可以共享流媒体内容的资

料。通过微信公众号，高校图书馆可以群发文字、图片和语音等内容给用户。

（一）微信应用于学科服务的可行性

2006年，李春旺在张晓林所提出的“学科化知识化服务”概念的基础上提出“学科化服务”的概念，但二者并无实质区别。之后，业界又逐渐用“学科服务”的概念替换了“学科化服务”。2010年，初景利在CALIS三期建设项目第一期学科馆员培训报告中对学科服务的概念进行了阐述，他还列举出6种学科服务的主要模式，分别是：①建立一套发现用户需求、了解用户困难、推送信息服务的快速流畅的服务反应机制；②推广宣传图书馆、馆藏资源、服务内容与服务工具；③提供全方位、立体式的参考咨询；④系统的用户信息素质培训；⑤持续优化用户的信息环境；⑥探索学科与课题情报服务。

图书馆若想通过某一平台向读者提供学科服务，在技术上必须满足信息发布、交流互动与多媒体承载等功能。这些功能在微信中均可以轻松实现，因此微信应用于学科服务是具有完备的技术基础的。同时，虽然微信的大众化特性似乎与学科服务所要求的个性化、专业化的内涵相违背，但实际上，学科服务所要求的个性化与专业化的服务，通过微信是完全可以提供的。微信群聊的深入沟通方式、微信公众号的群发推送等，都能够在很大程度上使读者感受到学科服务的个性化与专业化。

除此之外，微信自身的一些特点，也是十分有利于高校图书馆学科服务工作的开展的：①微信拥有以亿计算的用户数。巨大的用户基数，为高校图书馆利用微信开展学科服务提供了很好的用户基础。②微信拥有丰富的平台功能。高校图书馆可以很好利用微信的各种功能来提供学科服务，提升读者的使用体验。③微信成熟度高。对图书馆和读者双方来讲，这一条件都降低了通过微信提供和获取学科服务的成本。④利用手机获取信息，符合现代人的生活习惯，同时也便于读者不受限制地获取学科服务，拓展了学科服务的时间与空间。

（二）微信应用于学科服务的工作模式

1. 学科服务微信平台的构建

如图 6-2 所示，完整的学科服务微信平台，应具备 5 个基本的服务模块，即信息发布、参考咨询、表单处理、在线课程学习与学习小组。信息推送服务主要负责向读者推送高质量的学科信息资源；参考咨询服务主要负责解答读者的日常咨询问题；表单处理负责处理读者在线的服务申请、空间预约申请等；在线课程学习服务为读者提供自主学习信息检索相关知识的途径；学习小组能够为读者建立相互沟通的渠道。

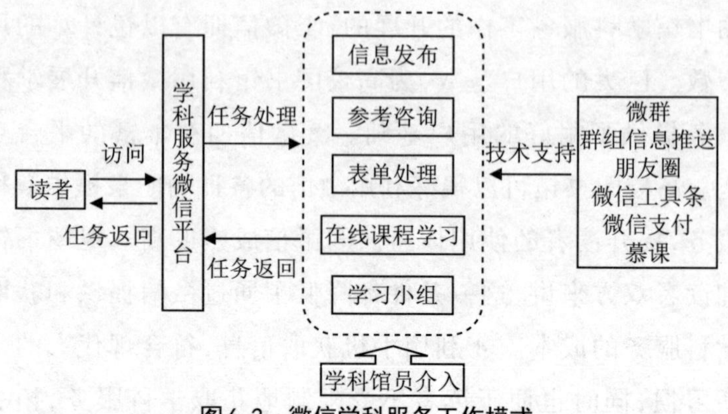

图6-2　微信学科服务工作模式

2. 信息发布服务

微信为用户提供了多种信息分享方式，包括朋友圈、群聊和公众号消息推送等。这些方式均可以帮助高校图书馆向读者发送信息，读者可以通过不同的方式与学科服务微信平台建立联系，以便获得这些信息。

比如，高校图书馆可以利用微信公众号的文本推送功能，不定期或定期地向读者推送有价值的学科信息，如学科资源、会议信息、培训通知等。另外，微信公众平台还为高校图书馆提供了用户管理功能，高校图书馆可以根据读者的学科背景或研究层次将其分组，在群发信息时，向不同分组的读者推送有针对性的信息资源。这一方面可以提高学科服务的专业性，另一方面可使读者免受无用信息的骚扰，进而提升读者体验。

3. 参考咨询服务

与读者之间的沟通和交流，是高校图书馆提供学科服务的基本途径，通过与读者之间的交流，学科馆员可以回答读者的各类咨询问题,也可以根据读者的提问,挖掘读者的隐性需求,进而为其提供增值性的学科服务内容。

对于普通的咨询问题,微信公众平台为粉丝用户提供了关键词自动回复的功能,高校图书馆可以将这一功能与FAQ问答相结合,系统通过分析读者输入的关键词自动发送问题的答案,从而减轻学科馆员满足较低层面需求的工作量。

一些层次较深、难度较大的学科服务需求,往往需要多名拥有不同特长的学科馆员与读者进行深入沟通,并通过团队协作的方式开展服务。对于此类工作,可以创建微信群,并邀请数名学科馆员同时加入,共同为读者提供问题的解决方案。微信群具有组织形式灵活的特点,能实现多名学科馆员与多个学科用户群体的互动。

4.表单处理服务

课题跟踪、科技查新、学习空间借用、资源培训等,是高校图书馆学科服务的重要组成部分,这些服务往往需要读者填写申请表单或进行现场预约登记,然后由图书馆进行统一的安排。

随着信息技术的发展,诸多高校图书馆已经能够在图书馆主页中为读者提供表单填写和预约登记的服务,这极大地方便了读者。在倡导移动服务的时代,这些内容理应被移植到移动平台上。

微信公众平台是有菜单栏的,高校图书馆可以对这些菜单栏进行设计与编辑,将上述服务添加到对应的菜单栏和子菜单栏当中，允许读者通过公众平台进行申请和预约，并利用原有系统中提供的开放接口调用数据，帮助读者实时跟踪服务的受理进度，或掌握图书馆各种学习空间的预约状态。对于一些收费性的服务内容，高校图书馆还可以利用微信支付功能，让读者进行手机付费，从而避免读者为了付费而多次到馆的问题。

包括哈尔滨工程大学、上海交通大学、同济大学、西安交通大学在内的高校图书馆已经开始尝试将阅览座位、研读间的预约服务移植到微信平台当中，但是具体实现方式略有不同，多数图书馆只是向读者提供了相关的联系方式，而同济大学图书馆的微信公众平台则允许读者在线注册账号，并进行在线预约下单，对读者来讲，这种方式的便利程度是不言而喻的。

5.在线课程学习

资源培训是高校图书馆学科服务的重要内容，高校图书馆应当抓住微信这一媒介，可以以慕课为主要形式，为读者提供优质的在线培训课程。

从形式上看，高校图书馆可以录制相关视频课程，也可以提供相应的培训课件，并将这些课程资源链接在微信公众号的子菜单栏里，供读者自主学习使用。

从内容上看，高校图书馆可以在微信公众平台中提供系统化和碎片化两种学科资源培训内容：系统化的培训内容以具体数据库为基础，为读者提供数据库的具体使用方法；碎片化的培训内容则以知识点为核心，对各个数据库进行碎片化的拆分和关联性的整合，从检索思路入手，为读者提供帮助。

从课程组织方式上看，除了以数据库和知识点的方式进行组织之外，还应将这些课程按照学科进行分类，将适用于不同学科的视频课程分类提供给不同学科的读者，便于读者学习，而这些只需要通过成熟的超链接技术即可实现。

同时，在嵌入式教学和检索课教学的过程中，高校图书馆还可以以微信公众平台作为翻转课堂的媒介，把课程的重点内容和需要学生事先准备的内容预先上传至平台中，在课堂上重点解决学生的疑问，将知识输入置于课前，将知识内化放于课中，从而提高教学的效果。

6.组建学习小组

为读者搭建相互交流的渠道，促进读者之间的经验分享，是高校图书馆学科服务的重要组成部分。微信作为一款社交工具，供用户之间实时进行交流恰恰是其最基本的功能。高校图书馆可以按照不同的学科或者主题，为高校用户搭建若干个基于微信群聊的学习小组，供拥有共同属性的读者交流使用。

高校图书馆在学习小组中应承担3种角色：①信息推送者——不定期地在各个学习小组群聊中推送高质量的学科信息与学科资源，如数据库、学科博客、会议信息等。②活动组织者——在学习小组中抛出一些问题，供读者互相探讨、交流心得，或者邀请学科专家在线上分享科研经验。这些问题和话题可以与检索知识相关,也可以与学科知识相关。③参考咨询者——对于读者在学习小组中提出的问题,及时予以解答。

(三)微信公众平台应用于学科服务需注意的问题

1.平台推广问题

学科服务微信公众平台要想成功,除了要有优质的服务内容作支撑,平台的推广也是至关重要的,因此,高校图书馆应当在平台推广中投入大量人力与物力。平台推广可以分为线上推广和线下推广两种方式。

线上推广,主要途径有图书馆主页、官方博客、官方微博,以及各类社交网站的官方平台,这种方式的优点在于抓住了社交网站在高校读者中的高普及率,另外,其低投入的特点也是吸引高校图书馆的关键所在。但我们也要注意到,这些社交平台的高度普及,也使得图书馆发布的官方消息很容易被淹没在海量的自媒体信息中,从而影响推广效果。

线下推广,主要包括在图书馆里、校园内人流量大的地方摆放和张贴各类展板、海报等方式。这种推广方式具有直观性强的优点,同时,由于管理相对规范,图书馆的宣传品也不至于被迅速淹没。另外,很多图书馆也采取了物质激励的方式对自身微信平台进行推广,如沈阳师范大学就采用了关注微信公众号赠送图书馆影音播放室观影券的方式,这使得该馆官方微信公众平台的关注者数量在短期内得到了大幅提升。可以预见,这些方式对于推广学科服务微信公众平台同样有效。

2.平台类型选择问题

微信公众平台分为服务号、订阅号和小程序三类，这里着重看前两类。二者存在诸多区别：①推送信息频率不同，服务号每月可发送4条群发消息，订阅号每天可发送一条；②消息显示方式不同，服务号推送的信息显示在聊天列表中，订阅号发布的信息则被统一存放在订阅号文件夹中；③认证后的服务号可开通微信支付，并拥有更多的高级接口，而订阅号则不能开通这些功能。

基于以上区别，笔者认为高校图书馆应选择服务号作为微信学科服务的平台。首先，用于学科服务的微信公众平台的主要功能是提供服务，而非单纯的信息推送，因此每月4条的群发限制并不足以成为图书馆向读者推送信息的障碍，而且高校图书馆还可以通过在以微信群聊形式建立的读者学习小组中发送信息加以弥补。其次，微信支付可以为高校图书馆开展付费性质的学科服务提供更为便利的条件。最后，高校图书馆可以对认证后的服务号所能提供的高级接口进行系统开发，为读者提供更为完善的服务体验。

3.读者粘性问题

在学科服务微信公众平台创建初期，由于高校图书馆会进行大规模的宣传，故微信公众平台的粉丝数量会提升很快。但是，在高校图书馆宣传攻势下关注微信公众号的读者，并不是都了解学科服务，也不是所有人都有通过这一渠道获取学科服务的意识，因此这样的读者的粘性相对较低。

对于这部分读者，高校图书馆应当了解他们的真实需求，并提供相应的学科服务。无论是高粘性的读者，还是低粘性的读者，他们基本的渴望是平等的沟通交流与需求的被满足，一味地推送信息，会导致读者不堪其扰，从而降低其与学科服务微信公众平台的粘性，并最终离开。

高校图书馆不能操之过急，尽量避免过于频繁的信息推送以及过当的服务，从而在提升平台被关注度的同时，保证读者粘性。

4.信任度的问题

信任度的确立是所有网络信息平台能够被推广的前提，学科服务微信平台也不例外。这里所说的信任度包含两个层面的含义，即平台本身的真实性以及平台提供信息的可靠性。

第一，学科服务微信公众平台是依靠虚拟平台中用户的关系而存在的，因此保证读者在网络中获得的资讯的真实性是十分必要的。一方面，高校图书馆需要对学科服务微信公众平台进行认证，以提升自身的可信度；另一方面，高校图书馆应当规范微信公众平台的发布途径，仅通过官方渠道发布平台名称及账号，同时加大宣传力度，保证读者不会被虚假平台所误导。

第二，学科服务微信公众平台还要对其发布的信息进行严格的质量控制，通过优质信息与服务获取读者的信任，因为读者对学科信息与学科服务的接受度，取决于图书馆在读者心中的信任度，信任度越高，信息与服务的接受人群就越大，推广范围就越广，服务也就越成功。

我们已经进入了移动阅读的时代，在各类移动社交软件盛行的背景下，高校图书馆理应把握读者学习与生活习惯的变化。利用微信这一高度普及的社交软件开展学科服务，这既是顺应时代要求之举，同时也为高校图书馆的学科服务提供了新的增长点。

在这一过程中，应注意两点：一方面，高校图书馆应提升服务的品质和内容，避免基于微信的学科服务沦为形象工程；另一方面，高校图书馆应注重合理地提供服务，避免服务过当造成读者流失。

说到底，利用微信开展学科服务，是利用了一个新的平台来展示学科服务，服务内容才是核心，优秀的服务内容可以提升学科服务在读者中的美誉度，而这需要图书馆人的悉心经营。

在移动互联网时代，手机APP服务被社会广泛应用。图书馆界如何通过手机APP为用户提供更加智慧的服务是图书馆移动服务的新趋势，也对图书馆工作提出了更高的要求。而随着泛在化进程的推进，APP将利用智能手机的NFC特性（如NFC近场通信）及智能视觉搜索技术为读者提供更加智慧和融合的服务。图书馆APP的建设、使用和推广将有效提升图书馆的移动服务层次和水平。

第二节 基于"互联网+"的智慧化学科服务

国内"互联网+"的概念是由易观国际董事长兼首席执行官于扬在2012年11月的易观第五届移动互联网博览会中首次提出的，于扬在会上的演讲中说："今天这个世界上所有的传统和服务都应该被互联网改变。"2015年3月，在第十二届全国人民代表大会第三次会议上，"互联网+"概念首次在政府工作报告中被提及，引发各方关注。报告指出，要制订"互联网+"行动计划。2015年7月4日，《国务院关于积极推进"互联网+"行动的指导意见》发布，正式拉开了"互联网+"理论与应用研究的大幕。

"互联网+"是互联网加上各个传统行业，利用信息通信技术以及互联网平台，把互联网与传统行业进行深度融合，在新的领域创造新的生态。在各个行业与互联网深入融合发展的进程中，高校图书馆应如何应对？对于依赖信息技术而开展的学科服务而言，"互联网+"能为学科服务带来何种变革？下面从移动互联网与智慧服务两个层面，探讨"互联网+"背景下，移动互联网对于高校图书馆智慧化学科服务发展的积极影响①。

①刘江红，贺延辉，赵桂荣."互联网+"背景下高校图书馆智慧型学科服务探析[J]. 农业图书情报学刊，2017，29(11)：15-18.

一、高校图书馆智慧化学科服务与移动互联网

随着计算机网络的发展，高校图书馆不仅是一个信息交流的场所，更是一个资源获取平台和科研辅助机构。目前智慧化学科服务的定义还没有一个明确的表述，研究者从文献资源体系、智慧学科服务体系、智能感知的创新技术体系等组成要素给予了阐述。

结合图书馆智慧服务概念、学科化服务的内涵进行归纳整理，高校图书馆智慧化学科服务可以认为是构建于数字化、网络化、感知化、智能化的现代信息技术基础上，以学科为基础，采用先进的通信技术、物联网技术、RFID 无线射频等情境感知技术、云计算等技术，以互联、高效、人性化为主要特征，为高校图书馆用户提供的深层次、知识化、专业化、个性化的集成服务。

智慧化服务是在文献信息服务、知识服务基础上发展起来的高层次服务，是以用户个性化、多样化知识需求为出发点，通过移动互联网、物联网、云计算等先进的信息技术，掌握丰富的信息资源，智能地向用户推送信息资源的服务，"以人为本、用户至上"是高校图书馆的精髓和核心，现代化的智慧技术和智慧服务目标是为用户提供便利。

近年来，移动通信技术与信息技术的融合更使移动互联网成为业界关注的焦点。移动互联网是一种通过智能移动终端，将移动通信和互联网结合起来，采用移动无线通信方式获取业务和服务的实践活动的总称。移动终端包括智能手机、平板电脑、电子阅读器等。

随着移动互联网技术不断发展，移动终端功能不断提高，基于泛在运算、情境感知、智能判断、多维互动的资源揭示的信息服务模式将是未来泛在高校图书馆的主要发展方向。移动互联网创新点是移动性，移动性的内涵特征是实时性、隐私性、便捷性、准确性和可定位性。移动技术与互联网已经成为信息通信技术发展的主要驱动力，借着高覆盖率的移动通信网、高速无线网络和各种不同类型的移动信息终端，为移动技术的使用开辟了广阔的移动交互的空间。

移动互联网是“互联网+”时代的一个重要特征，也是重要的技术支撑，对于高校图书馆来说，各种移动式的服务平台也逐渐生根发芽并茁壮成长，例如移动图书馆、电子教参等服务。各种移动阅读技术、数字资源检索技术、关联数据、多维互动的资源揭示，对于高校图书馆学科服务来说，无疑是非常好的帮手，将使得学科化服务充满“智慧”与“人性”。

当前，高校图书馆传统工作显现出一些问题，如目前的学科资源是依靠学科馆员的力量网罗各种有用的学科信息资源，相当于大浪淘金。对于读者来说，在海量的信息资源中获取自己想要的东西无异于大海捞针。许多高校图书馆重视信息服务、缺乏知识服务，重视用户的到馆服务、对融入用户一线的嵌入式服务重视不够，如果自身缺乏变革升级的压力和动力，高校图书馆将日益被边缘化。

我们必须用“互联网+”思维来重构高校图书馆服务，

随着"泛在"服务的开展以及信息环境的日益丰富，高校图书馆学科服务更需要提高效率、塑造核心竞争力，需要利用先进的技术和更加智慧的头脑，以更加智慧的方式去开展服务、以建设可持续发展的智慧化学科服务。移动互联网等智慧化技术与应用的发展促进了学科服务的发展壮大，而智慧化学科服务又很好地找到移动互联网技术应用于高校图书馆的切合点，双方可谓相辅相成，互为所依。

二、移动互联网对智慧化学科服务的影响

（一）拓宽了智慧化学科服务的时空范围

随着移动通信、移动互联网技术的不断发展，各类移动终端设备如智能手机、平板电脑等越来越普及，利用QQ、微信等传递信息，为教学、科研提供服务已成为学科化信息服务的新方式。移动图书馆作为移动互联网与图书馆相结合的产物，深刻影响着传统高校图书馆的管理理念、服务实践和信息获取。

"互联网+"时代，连接一切是"互联网+"的目标，正是顺应着当今高校图书馆的发展趋势，而移动图书馆集可移动性、便捷性、即时性和交互性等诸多优点于一身，突破了数字图书馆的时空限制，将高校图书馆的智慧化学科服务搬上移动空间，可以在任意地点随时获取高校图书馆的信息资源，从而打破了高校图书馆读者访问利用信息资源时处于禁止状态的限制，学科馆员可以不受时间和地域的限制展开学科内部甚至跨学科之间的交流活动。

移动阅读技术的进步，使得智慧化学科服务变成了现实，延伸了高校图书馆的服务时空，增加了与读者的互动性，使高校图书馆智慧化学科服务更加个性化、实用化和高效化。

（二）激发用户需求，助力智慧化学科服务

2019年8月30日，中国互联网络信息中心（CNNIC）发布第44次《中国互联网络发展状况统计报告》（以下简称：《报告》）。《报告》显示，截至2019年6月，我国网民规模达8.54亿，互联网普及率达到61.2%，我国手机网民规模达8.47亿。

移动互联网的崛起，进一步拉近了高校图书馆与读者之间的距离，使高校图书馆与读者间的信息桥梁变得通畅并形成了互动的形态。由于移动互联网的产生和发展，信息创建、处理、传输和搜索变得十分便捷，信息制造与发布的主体已不仅局限于学科馆员，作为素质较高的科研人员、管理决策人员也加入了信息数据创造者行列，信息正以令人震撼和超乎想象的速度扩散着，各个高校图书馆与读者间的信息流动更近、更快、更直接，在原本高校图书馆发布信息的基础上，给读者带来了众多有价值的信息，为广大科研工作者提供更为个性化、便捷的智慧化学科信息服务。

学术视频、学术论文、学科博文、专业论坛、网上知识竞赛和网上知识导航，使学科馆员与用户、用户与用户有了更多机会互相联接并获得更多的信息，高校图书馆的门槛降低了,教学科研人员有机会在高校图书馆管理和服务中发挥直接和间接的作用。

三、高校图书馆智慧化学科服务发展策略

现代信息技术的迅猛发展和移动智能终端广泛普及,移动互联网以其泛在、连接、智能等突出优势,有力地推动了互联网和传统图书馆的深度融合。用户需求不断发生变化,并且日益个性化、知识化、专业化、多元化。用户希望高校图书馆能够随时随地为其提供高效、快捷、精准的学科知识服务,以先进的信息技术为基础,以用户需求为导向,充分挖掘和利用各方面的资源和能力,提供无所不在、无所不能的服务。

(一)基于物联网的智慧化学科服务

物联网是新一代信息技术的重要组成部分,是在互联网基础上延伸和扩展的,以实现智能化识别、定位、跟踪、监控和管理的一种网络,是“互联网+”时代的重要发展阶段。

目前,物联网处于以应用为中心,以互联网作为基础的阶段,将新兴的物联网技术与日趋成熟的移动互联网、社会网络及云计算相结合,在高校图书馆开展智慧化学科服务之后,可大幅度提高管理与运作效率,降低成本,成为重要的智能化基础设施。

作为物联网技术的核心关键点,RFID技术以其巨大的应用潜力与高科技含量,既是构建智慧化学科服务的基

石，也是高校图书馆全面感知的保证。在高校图书馆，图书和书架上都装有RFID电子标签，RFID从读者进入图书馆，扫描完成身份认证，到读者借阅图书的一系列数据信息，再经过后台云计算等技术的数据分析后，以判断读者的借阅喜好，从而将读者感兴趣的学科知识信息通过智慧化的移动图书馆系统推送给读者的移动设备上。

通过传感技术能够实现书与书、人与书之间的信息交流，使接入物联网的各种“物体”也可以具有网络能力，从而实现真实世界的业务，使高校图书馆具有感知情境的能力，从而提升学科馆员知识服务水准，使高校图书馆学科化服务更智慧。

（二）基于云的智慧化学科服务

云计算是利用互联网上的软件和数据能力，而“云”可以理解为计算机群像云一样分布在世界各地，无边无际并且可以随时更新，并已经成为“互联网+”的标配。当前绝大多数高校图书馆的信息服务架构于计算机与网络基础上，作为一种新兴的技术，云计算技术一经推出就得到业界人士的推崇。

高校图书馆引入云服务理念，对学科服务进行创新发展。高校图书馆探索利用云计算技术，寻求一种以信息资源导航为主的云服务平台，以减轻高校图书馆的系统管理负担，共享网络资源。云计算具有极强的计算能力，因而能高速地响应高校图书馆信息用户的服务请求。

在云计算模式中，用户从互联网上，通过移动终端可以随时、随地登录学科化云服务平台,检索和浏览所关心的学科信息。通过云服务平台,用户可以即时享受到高校图书馆的智慧化学科服务,通过各种集成技术,配合强大的云资源数据库与云服务器的计算能力,获得想要的学科资源,让资源无处不在。

四、智慧化学科服务发展展望

在"互联网+"背景下,移动互联网技术和移动终端在高校图书馆智慧化学科服务中展现出广泛的应用前景,将成为未来高校图书馆走进教学、深入研究,以及为师生提供随时随地贴心服务和学科资源推送的新途径。

将智慧化学科服务融合到高校图书馆服务之中,以用户为中心,深刻融入用户的情境感知中,为用户提供符合其特定情境感知的智慧服务,不仅提高了高校图书馆知识服务的能力,拓展了服务空间,提升了服务质量,也为高校图书馆未来的发展提供了一种新的服务模式和理念。

展望未来,虚拟现实高校图书馆在三维空间技术基础上,结合物联网、云计算、网络机器人、智能可穿戴设备等技术,可以打造一所智能、互动、人性化的智慧图书馆。

第七章 知识图谱技术背景下高校图书馆智慧化学科服务

第一节 知识图谱理论基础

一、知识图谱的概念

(一)知识图谱的定义

知识图谱(Knowledge Domains Map 或 Mapping Knowledge Domains)在图书情报界也称为知识域可视化或知识领域映射,是显示知识发展进程与结构关系的一系列各种不同的图形。它用可视化技术描述知识资源及其载体,挖掘、分析、构建、绘制和显示知识及它们之间的相互联系,在组织内创造知识共享的环境,以促进科学技术研究的合作与深入。由于它是以科学知识为计量研究对象的,所以属于科学计量学的范畴[①]。

具体来说,知识图谱是把应用数学、图形学、信息可视化技术、信息科学等学科的理论与方法与科学计量学、文献计量学的共现分析等方法结合起来,用可视化的图谱形

---

①秦长江. 知识图谱的构建与理论实践[M]. 北京:知识产权出版社,2011.

象地展示学科的核心结构、发展历史、前沿领域和整体知识架构的多学科融合的一种研究方法。它把复杂的知识领域通过数据挖掘、信息处理、知识计量和图形绘制显示出来,揭示知识领域的动态发展规律,为学科研究提供切实的、有价值的参考。

(二)知识图谱的重要特征

许多针对结构的可视化类型是从几何结构角度进行的,如针对超链接结构的可视化。但是从信息管理与知识管理的角度而言,从人类认知方向进行的可视化更加重要,它往往可以通过分析文献内容来进行。这样的可视化系统对用户更为有用。知识图谱就是对基于知识领域内容的结构进行可视化,它通过对知识领域中各个不同单元间关系的展示,揭示某一知识域的发展,这是知识图谱的重要特征。

(三)知识图谱的主要研究对象

知识图谱的研究对象是知识域,是某一知识集合,例如属于某一个范围的一个文献集合就可以称为一个知识域,它可以用一个词的集合来限定。目前的研究具体表现为某一知识领域的文献,如论文、专利、调查报告等所记载的知识。一个发展完善的知识领域常常有大量的文献,一些领域静态性较强,新出现的文献较少,而一些新领域往往是动态的,各种各样的文献不停地出现其中,其中有些是具有划时代意义的。知识图谱最常见的研究对象单元是期刊、文献、作者和关键词(叙词)。它们揭示了同一知识域的不同侧面，使从不同视角分析领域知识成为可能。

1.关键词（叙词）

对关键词（叙词）进行分析的方法也称为共词分析。共词分析作为一种内容分析技术，根据一对或几对词语在文章内成对出现的规律，确定文章所阐述主题领域概念之间的关系，以词语成对出现频率等各项指数为基础，如以密度和向心性为基础的指数，被用以评估每个图谱图形的形状，显示每个领域向心结构的程度，以及每个区域对其他区域的主辅关系。

根据这些指数，词语被归集分类并在网络图谱内显示。例如包容图被用以突出一个领域内的中心主题，而近似图被用以揭示中心主题背后的各项次要概念之间的联系。通过对不同时期的网络图进行比较，可发现科学的动态变化规律。许多实例表明，在探究科学研究领域之间的关系以及揭示其他平时很难发现的重要知识关联方面，共词分析具有很大潜力。共词分析是一种强大的工具，有了这种工具，就可以跟踪并绘制一个知识领域的结构和演化图谱。因此它是一种发掘知识的重要方法。

2.文献（论文、专利、研究报告等）

文献是最常用来对知识域进行可视化的单元，绘图的目的很多，可以是为了学科发展历史的研究、文献检索、竞争情报、提供决策依据或评估研究成果以及科技管理等。

3.作者

基于作者的知识图谱也很常见。它通常以两种形式出现:作者共引图谱和合著作者关系图谱。前者主要用来推断一个科学领域的知识结构,而后者用来展示一个学科或领域的社会性网络。统计学家纽曼(Newman)已经从统计的角度研究了科学网络的结构,怀特(White H. D.)和格里菲斯(Griffith B. C.)提出著者共引分析理论除了可以反映科学的知识结构,还可以用来研究科学交流模式和信息检索中知识结构的可视化。

4. 期刊

分析期刊及期刊之间的关系可以显示主要学科间的关系和相对位置,用来展示科学的宏观发展过程,有时期刊图谱也可以显示一个学科内部的细微差别。

(四)知识图谱的主要应用领域

知识图谱以科学计量学理论为依据,以可视化技术为手段,描绘某个知识领域的发展轨迹,动态地、形象地、全面地展示知识领域的总体结构,揭示知识单元之间的本质关系,并预测学科发展趋势。知识图谱主要应用于以下几个领域。

第一,从事科学技术活动的学术共同体和作为其知识载体的网络。

第二,某一学科主要研究领域之间的内部联系,各研究领域之间的知识输入与知识输出。

第三,研究主题的衍生、渗透与扩散趋势。

第四,学科领域内显性或编码化的知识(作者、机构、专利、期刊和其他出版物等)之间的关系。

第五，科学社会网络(科学合作网络)等。

第六，科学研究领域的动态化(如增长速度多样化等)。

知识图谱通过使用多种可视化思维(visual thinking)、可视化发现(visual discovery)、可视化探索(visual exploration)和可视化分析(visual analysis)技术来揭示一个知识域的动态发展，将知识的复杂领域、学科前沿和新生长点以2D或3D的图像或动画直观地表达出来，从而为知识的组织和检索、为探索科学发展规律、为科学计量学和科技史研究人员弥补专业知识的欠缺和不足、为科研人员如何选择研究课题、为科技管理部门对科技领域进行合理布局与投资等，提供了新的方法和手段。随着信息化时代的到来和知识管理研究的不断深入，知识图谱逐渐成为研究热点。

二、知识图谱的理论基础

知识图谱研究的理论基础就是文献计量学和科学计量学。最早的知识域可视化研究可以追溯到Narin(奈瑞)、Molls(莫尔斯)于1977年在国际著名情报学期刊ARIST(Annual Review of Information Science & Technology)发表的关于文献计量学的综述。论文中提到了计量学家们尝试用图形化的表示方法来展示知识单元、论文、著者、期刊之间的关系。最早的基于引文数量的知识域可视化研究是DNA研究历史图的绘制，是在20世纪60年代用手工制作的。20世纪60年代末，普赖斯(Derek John de Solla Price)用相同的数据绘制了另一科学网络。

学者们为了了解一个学科领域发展的整体状况，通常的方法是查阅该领域的相关文献，但人的精力和时间是有限的，况且随着时间的推移，文献总量会不断增长，信息增长速度也会加快，因而通过传统的方法捕捉学科发展的脉动越来越困难，同时从文献中筛选出那些相对重要的文献，这里面会掺杂主观的判断，因此这一工作非常艰巨。

专业人员尚且如此，对多学科领域进行研究的科技史人员来说，对文献的动态发展作一个综述性回顾则更加困难。因此，科学计量学家们一直努力在寻找一种同传统方法相比，更具有客观性、科学性、数据的有效性、高效率的新方法来研究学科的知识结构与发展历史。

20世纪50年代开始，科学引文索引开始了大规模的应用。加菲尔德（E. Garfield）1955年发表于《科学》杂志的《关于引文索引的文献》奠定了引文分析的基础。作为ISI（美国科学情报研究所）的创始人，加菲尔德推动了代表学术共同体的多学科数据库——科学引文索引（SCI）的发展。不仅如此，加菲尔德还为研究科学的动态发展状况设计了一系列成熟的概念性工具。引文分析的概念成为当今科学计量学、文献计量学、信息计量学、网络计量学的基础。

（一）共引分析理论

1. 引文分析的概念

文献的相互引用是由科学本身的发展规律和研究活动规律决定的。科学的研究反复表明，科学知识具有明显的累积性、继承性，任何新的学科，都是在原有学科的基础上分化、衍生出来的，都是对原有学科或技术的发展，即科学的发展是连续的。同时，由于科学的统一性原则，现有的各个学科之间都是相互交叉、彼此联系、相互渗透的，任何一项科学研究，都是在前人成果的基础上，吸取他人的经验来进行。

作为记录科学知识和反映科研成果的科学文献也必然是相互联系的。在创作科学论文时，作者不可避免地要引用其他相关文献，为论证自己的观点寻找依据、查考资料。在发表科学论著时，作者列出其所引用的参考文献，一方面是说明作者讲究科学道德，尊重他人劳动；另一方面是为了说明引用资料的出处，以强调其可靠性，同时也便于读者查考、核对，或在此基础上进行更深入的研究。由此看来，科学文献的相互引用是科学发展规律的表现，也是科学活动中普遍存在的一种必然现象。

所谓引文分析（Citation analysis），就是利用各种数学及统计学的方法和比较、归纳、抽象、概括等逻辑方法，对科学期刊、论文、著者等各种分析对象的引用与被引用现象进行分析，以便揭示其数量特征和内在规律的一种文献计量分析方法。

引文是由计量指标来衡量的，可以根据需要规定出可从不同角度进行引文测度的各种指标。分析对象的不同，导致引文计量（Citation measure）指标也有所不同。例如，对科学期刊进行分析常用的计量指标主要有五种，即引文率、影响因子、自引率、自被引率和当年指标。这些指标都是由科学论文之间的引用关系建立起来的,或者说是由引文率演变而来的。因此,引文率是各种引用分析中最基本的测度。

科学文献的作者不会在论文中引用与其论述主题完全无关的文章。文献的相互引用有多方面的原因。Weinstock在进行系统归纳后统计出,文献被引用有以下15种原因:①对开拓者表示尊重;②对有关著作给予荣誉;③核对其所用的方法及仪器;④提供背景阅读材料;⑤对自己的著作予以更正;⑥对别人的著作予以更正;⑦评价以前的著作;⑧为自己的主张寻求充分的论证;⑨提供研究者现有的著作;⑩对未被传播、很少被引证或未被引证的文献提供向导;⑪鉴定数据及物理常数等;⑫核对原始资料中某个观点或概念是否被讨论过;⑬核对原始资料或其他著作中的起因人物的某个概念或名词;⑭承认他人的著作或概念;⑮对他人的优先权要求提出争议。

在介绍引文标引理论之前,首先应区分“参考文献”与“引文”的概念。如果论文R含有使用并描述论文C的书目注释,那么论文R就含有参照论文C的参考文献,而论文C具有来自论文R的引文。或者说,参考文献是一篇文献对另一篇文献的答谢,引文是一篇文献从另一篇文献所得到的答谢。因此,“参考文献”是一个后视概念,“引文”则是一个前视概念。

在Egghe(埃格赫)与Rousseau(鲁索)所著的《信息计量学导论》中介绍了引文标引理论。Egghe指出,至少从19世纪以来,科学传统要求科学家在撰写论文时,必须参照前人所写的与之有关的论文。人们认为这些参考文献能查明作者在构思自己的论文时吸收或利用了哪些早期研究者的概念、方法、设备等。他们认为一篇科技文献并不是孤立的,而是存在于所属学科的文献中,并通过参考文献目录指明。一篇文献在参考文献目录中被提及这一事实说明,在著者的思想中,被引文献的部分或全体与引用文献的部分或全体之间存在一种关系。引文分析就是研究这些关系的文献计量学、科学计量学的一个领域,所用主要工具是引文索引,它是被引文献的一种有序化目录,每一篇被引文献都附有一个引用文献目录。

引文标引是基于这样一种思想:作者对于原先记录信息的参照表明,前人的很多著作与这篇文献的主题是密切相关的。这一引文标引的原理则基于以下4种假设:①文献的引文意味着引用者使用了那篇文献;②引文反映了文献的价值;③被引用的文献可能是最优秀的著作;④被引用文献在内容上与引用文献有关。

这四种假设形成了以引文分析为基础的全部研究的基础。引文分析主要应用于以下领域:①对科学家、出版物和科学机构进行定性和定量评估;②模拟科学技术的历史发展;③信息搜索与检索。

早在1974年,加菲尔德就运用计算机系统,通过引文分析,描绘出1972年和1973年生物医学领域各主要课题、各课题相互间的关系以及新课题产生的示意图,从而反映出生物医学研究的内部结构。加菲尔德还通过引文分析，研究了文献的聚类规律。他将期刊按照其被引用率的次序排列，发现每门学科的文献都包含有其他学科的核心文献。这样，所有学科的核心文献加在一起就可构成一个整体的、多学科的核心文献，而刊载这些核心文献的期刊不过1000种左右。在对专业或学科结构进行研究时，除用引文率外，还可用更有效的引文耦合和共被引等测度指标进行分析。

2. 共引及共引分析的概念

共引（Co-citation 或 Cocitation）国内也有学者将其译为"同被引""同引"。所谓共引，是指两篇或两篇以上的文献同时被别的文献引用。用共引分析（Co-citation Analysis）作为计量文献之间关系的一种新的方法，研究学科演进及变化的理论开始于20世纪。

1973年，美国情报学家亨利·斯莫（Henry Smal）在《美国情报学会会刊》上提出了"共引"的概念。同年，苏联信息科学家伊琳娜·马莎科娃（Irina Marshakova）在她关于利用参考文献进行文献分类的论文中，也提出了共引的概念。斯莫给共引下的定义是：当两篇不同文献共同出现在第三篇文献的参考文献目录中时，这两篇文献就成为被共引的关系。他规定，共引的强度（Co-citation Strength）为两篇文献被其他文献共同引用的次数，并认为当两篇文献被同时引用时，它们之间存在一定的内在联系。共引强度和频率越大，联系越密切，且表明它们的研究主题的概念、理论或方法是相关的。从同被引次数(即共引强度)可以测度文献在内容方面的相关度。

Egghe 在《信息计量学导论》中定义了两条共引分析的准则。

准则一:如果一共引相关群的每一篇论文至少与某一篇给定论文被共引一次,那么这几篇论文就构成了一个共引相关群体。

准则二:如果一共引相关群的每一篇论文与该群体中的每一篇其他论文(至少一次)被共引,那么这几篇论文就构成了一个共引相关群体。

斯莫认为共引关系能够更详细地模拟科学专业的知识结构。共引也可用于某一特定专业建立核心文献,并对共引分析作了如下总结:①可以了解各专业的社会结构和认知结构;②了解当前从事某一专业研究的人员组成情况;③采用相同的阈值逐年对科研论文进行聚类分析,则可通过专业团队的增长速度,量度该专业发展的情况。

由此,共被引分析认为文献(作者)共被引的次数越多,他们之间的关系就越密切,“距离”也就越近。通过一组文献之间的共引关系可以形成共引网络,该网络内节点之间的远近便可以反映他们主题内容的亲疏关系。

共引分析以此为原理,以具有一定学科代表性的一批文献为分析对象,利用现代的多元统计技术如因子分析、聚类分析和多维尺度分析等方法,借助计算机,把众多的分析对象之间错综复杂的共引网状关系简化为数目相对较少的若干类群之间的关系并直观地表示出来,然后按这种"距离"将一个学科内的重要文献(作者)加以分类,从而鉴别学科内的科学共同体(无形学院)。

在共引图谱中,点表示文献,当相关文献对的共引强度等于或大于某一阈值时,两点就被连接起来了。在许多情况下,用共引阈值可以得到不连通图,文献被分布在不同的子网络中,斯莫和格里菲斯在1974年所完成的一项研究中,把这些子网络解释为学科专业或它的分支。在此基础上,分析研究对象所代表的学科及文献的结构和特点,同传统的学者个人归纳、访谈调查等主观分类方法相比,共引分析最大的优势是它的客观性、分类原则的科学性和数据的有效性。

3.共引分析的类型

斯莫所指的共引主要指文献共引,现在已将共引概念泛化,根据分析对象可将共引延伸至作者共引、期刊共引、学科共引分析等。其中以文献和作者共引分析研究最为突出。

(1)文献共被引分析

文献共被引是最基本的共被引关系,它主要体现了同被引的参考文献之间的结构关系,从而反映学科之间的某些联系。通过研究文献共被引群体网络及其变化,可以研究学科之间的相互关系、联系特征,推测学科或专业的发展变化状况及趋势。通过对文献的共被引相关群的分析,可以研究科学文献体系的特征结构以及分布、利用等方面的规律。

(2)作者共被引分析

作者共被引是指两个作者发表的文献同时被别的文献作者引用时,则这两个作者具有共被引关系。被引强度可由引用文献的作者数量来衡量,这种测度称为作者共被引强度或频率。

作者共被引与文献共被引是密切相关的,但它是以文献的作者为基本单元而建立的共被引关系。它使为数众多的作者按照被引证的关系聚集成一个个作者相关群体,从而及时了解学科专业人员之间的联系和结构特点,进而反映出他们所从事的学科专业之间的联系及其发展变化趋势。

同被引作者群数量和结构的变化,在一定程度上反映了学科的兴衰起伏、分化渗透等趋势。当n位作者被某一专题文献的作者同时引用时,则可以认为这些作者以及引用作者都是该专题研究的同行,而且共被引频率越高,说明他们之间的学科专业关系越密切。

在共被引关系网络中,作者数量和结构方式的变化可作为判断学科变化动态的一个依据。若定期分析这些方面的变化,就可以跟踪和推测学科或专业的发展趋向。若把某专题研究的同行作者联系起来组成科学合作网络,开展合作,将大大促进该课题研究的深入和发展。

(3)期刊共被引分析

期刊共被引是指以期刊为基本单元而建立的共被引关

系。具体地说,就是两种科技期刊的论文被其他期刊同时引用时,称这两种期刊具有“共被引”关系。其共被引程度以引用它们的期刊种数(或次数)多少来衡量。这个测度称为期刊共被引强度或频率。

期刊共被引分析把数量众多的期刊按被引证关系联系起来,从利用的角度揭示了各学科期刊之间的相互关系和结构特征。根据期刊的共被引关系及其强度,可以判断某些期刊的学科或专业性质。期刊共被引分析也可以为确定核心期刊提供依据。因为期刊的共被引关系反映了它们之间的某种学科或专业上的联系,而且如共被引频率较高,则说明这种专业关系比较密切,从而为确定学科的核心期刊提供依据。

(4)学科共被引分析

学科共被引是指以学科为基本单元建立的共被引关系。如果属于两个学科的文献被别的学科文献同时引用时,称这两个学科具有共被引关系。共被引程度以引用它们的学科的数量多少来衡量,称为学科共被引强度或频率。学科共被引频率越高,说明这些学科的关系越密切,从而揭示了各学科之间或一个学科的各分支之间的联系程度。

具有共被引关系的学科群体在数量、结构方式等方面的变化,在某种程度上反映了学科的分化、渗透和综合趋势。通过共被引关系,众多学科或专业聚集成一个个学科群体,形成学科群体网络,在微观上能够揭示某些学科间的相互交叉和依赖关系，从宏观角度可以在一定程度上反映科学体系的学科构成和结构特征。

4.共引分析的产生与发展

(1)共引分析的产生背景

人们通常将科学描述成地理或空间上的研究“领域”或专业“范围”，总希望复杂事物能够“可视化”。学者们对某学科发展历史研究得越多，也就越想知道特定历史背景下有关学科的概念、人物和研究机构之间的关系，如何将这些关系清晰展现出来，是研究人员追求的目标。

科学哲学家托马斯·库恩(Thomas Kunn)在其经典著作《科学革命的结构》中引入了“范式”概念，指出范式由学科团体成员所共享，后又将“科学共同体”的概念引入范式。就在库恩提出范式概念的同时，文献和科学计量学家们认为文献与其引用文献间的关系反映了一种学术传播的现象，被引用的作品(作者)提供了概念、理论或方法上的启发，而将这些参考文献或引文形成的研究连接则形成一种科学文献网络。普赖斯将此网络称为无形学院(Invisible College)。学者们将无形学院与科学共同体联系起来，认为无形学院是特定的学术社群(即具有共同信念的合作群体)中的学者形成的交流网络，从某种意义而言，是通过引用文献所编制成的学术共同体。因此，分析这些网络有利于揭示特定研究领域存在的范式及结构。

1961年美国麻省理工学院的凯斯勒(M. M. Kessler)提出了引文耦合的概念，他把两篇(或多篇论文)同时引用一篇论文的论文称为耦合论文(Coupled Papers),并把它们之间的这种关系称为文献耦合(Bibliographic Coupling),同时还定义了耦合强度值为两篇论文所共有的参考文献篇数,即耦合论文的篇数,以定量地表示论文间的联系,以两篇文献含有同样的参考文献数,来测度其在主题内容方面的相似性,在此基础上发展出引文耦合分析。引文耦合分析成为研究学科结构和联系的有力手段。

科学结构可能随时都处在动态中,而文献耦合则是一种一成不变的测度方法(一篇文献一经发表,他的参考文献就固定不变)。基于文献耦合,斯莫才提出一种新型耦合——共引,文献共引强度所反映的被引频次具有随时变化的特点,共引强度因研究重点及其相关关系的转换而变化,文献共引是对文献耦合的一种创造性逆转。因此相对于耦合分析,共引分析更适合于描述科学结构,特别是科学结构的发展变化。

(2)共引分析研究的发展阶段

自 1973 年共引概念提出后,经过多年的发展,共引分析由最初探究科学结构发展到可视化信息,共引分析的发展可以归纳为以下两个阶段。

20 世纪 70 年代至 90 年代初,斯莫首先探索性地利用共引分析方法研究了粒子物理学领域高被引文献的引文网络关系,从而开创了共引分析研究科学文献的先河。此后,他陆续进行了一系列的研究来识别并图示化科学文献的知识结构,分析专业学科的共引模型等,从科学结构图示的角度来验证方法的有效性,以探索共引分析究竟能在什么程度上准确地描述、表示专业学科的发展状况。

通过不断改进共引分析中的方法,斯莫等人还提出了指标分数引文(Fractional Citation Counting)和以类聚类的等级聚类方法,从不同层面来揭示学科结构以及发展历史。同时学者们对共引分析的理论进行了研究。怀特于1981年提出作者共引分析的概念,从而将共引分析的范围拓宽。

从20世纪90年代的中后期起,共引分析理论逐渐成熟,研究范围由单一的小学科逐步扩大到多学科甚至整个科学结构的展示。共引分析方法自身也在不断完善,如借鉴引入了其他学科的分析方法,从而充实了共引分析的方法体系。同时,共引分析的应用层面不断扩大,由最初研究科学发展历程、科学结构发展到展示科学交流模式等,特别是随着信息技术及网络的发展,它又用于研究网络结构等。

5.共引分析的特点

共引分析是对引文间相互关系的研究,作为现代引证分析中的技术方法之一,共引分析有着独特的特点。

(1)动态性

共引反映的是研究对象之间的变化关系。随着时间的推移,已有的共引关系会不断增强共引的强度,原来没有共引关系的文献也可能建立共引关系,所以,共引强度只会增强,不会减弱。

(2)客观性

共引反映的是两篇引文之间的关系,这种关系的建立在后发表文献对先发表文献的共同引用的基础上,因此,引文关系及其强度不能预先主观确定,研究价值高,可信度高。

(3)前瞻性

两个研究对象如果要建立共引关系,必须是比它们后发表的论文引用了他们的成果,两个研究对象的共引关系是由比它们新的知识内容决定的。

(4)网状非线性

研究对象之间的关系是立体网状的,即相互之间都有可能发生共引关系,不能理解为线性模式。

6.共引分析的应用

共引分析方法,是文献计量学、科学计量学一种重要的信息计量方法,它通过两两统计分析对象之间的共引强度,来分析其错综复杂的关系,以及它们所代表学科专业的结构特点和发展状况。这种分析方法,从引文的角度分析知识单元如文献、作者、期刊等的相互关系,揭示知识单元间的微观主题关系、中观的学科结构和宏观的科学结构,从而将文献信息所反映的知识领域的关系可视化,提供了一个探索科学结构本身即学科内部相互关系和发展脉络的全新思路。

斯莫等人曾提出共引分析希望回答四个问题:科学的自然结构是什么;这些结构相互关系如何,连接松散还是紧密,或者是相互完全孤立;这种关系由何种力量造成,社会因素在决定科学结构时起了什么作用;科学结构怎样随时间变化;等等。通过共引分析统计研究对象之间形成的相对位置信息和相互关系的亲疏程度,并对这些信息用学科专业知识加以解释和分析判断,从而揭示研究对象的规律,预测其发展趋势,为分析、预测某一学科的发展提供科学的依据。

共引分析理论作为揭示科学结构和学科发展的实用方法,也在不断地完善,如在揭示了单个学科结构的基础上,为了综合揭示自然科学和社会科学的结构,发展了多次聚类方法来反映不同层次学科间的关系,并通过比较连续年度的聚类图来分析学科间关系的动态变化情况。斯莫还利用共引聚类生成了多层次的科学结构图,即用一个总体图展示多学科的宽度,然后逐层下钻直到文献层。

总之,共引分析可用于对学科结构、学科间联系与交流,以及学科发展历史作定量的动态分析。建立在共引强度和耦合强度基础上的文献聚类分析逐渐发展成为当前科学计量学最活跃的研究领域之一。

(二)共词分析理论

1.共词分析法的概念与原理

知识图谱一般都采取共词分析与词频分析相结合的方法构建。词频分析方法是文献计量学的传统分析方法之一,在文献中,不同词汇的使用和出现频率是有一定规律的。其所依据的基本理论为齐普夫定律。词频分析方法被国内外的许多科学计量学研究者应用于学科前沿的研究。

共词分析方法是一种内容分析技术，它通过对一组词两两统计它们在同一篇文献中出现的次数，以此为基础对这些词进行聚类分析，从而反映出这些词之间的亲疏关系，进而分析这些词所代表的学科和主题的结构变化，发现学科的研究热点，横向和纵向分析学科领域的动态发展和静态结构。

由于人类科研活动及其成果主要是以文献方式记录储存的，因此对文献量与文献主题的统计分析可在某种程度上反映出一门学科在一定时期研究的基本趋势、研究水平和发展速度，文献数量的增长与学科的细化发展，无疑使通过文献集的分析来评价学科发展的难度加大。

共词分析法的分析对象是论文中高度概括文献内容的主题词。研究对象是在一篇文献中同时出现的主题词对，通过这种共现的词对把文献集关联起来形成相互关联的网络。因此，共词分析法能有效地解决文献数量日益增长与通过文献集分析评价学科发展的矛盾。该方法能对文献内容进行有效识别，能反映文献之间的内容联系，能借助计算机进行批量处理。

共词分析的原理就是将文献主题词作为分析对象，利用聚类分析等多种统计分析方法，把众多分析对象之间错综复杂的共词网状关系简化为数值、图形直观地表示出来。共词分析法利用文献集中的词汇共同出现的情况，来确定该文献集所代表学科中各主题之间的关系。统计一组文献的主题词之间两两在同一篇文献出现的频率,可形成一个由这些词对关联所组成的共词网络,网络内节点之间的远近便可以反映主题内容的亲疏关系。

一个学科通常由一定数量的主题词组成,主题词的分布与学科的发展有密切的联系,词与词之间可进行如种属、限定、交叉等各种组配,来表达学科内容各方面的复杂概念。

在学科萌芽阶段,新的主题词开始出现,随着学科的逐渐发展,主题词数和使用频率迅速增加。文献计量学理论认为,由于主题词的规范性及主题词间的组配性,主题词成为理想的分析单元。

根据主题词的规范性,如果两篇文章所论述的内容与范围越接近,那么这两篇文章相同的主题词将越多。共词在同一篇文献出现的频率越高,说明它们之间的关系越密切,它们就代表该学科研究的一个方向,是学科内研究的一个热点问题。相互关联的共词网络中,一个主题与多个主题形成关联,相互之间构成立体状的关系网络。

共词分析法借助数据挖掘中的聚类分析法,对共词关系网络中的词与词之间的距离进行数学运算分析,将距离较近的主题词聚集起来,相互靠拢聚集在一起,形成一个个概念相对独立的、能代表一定的研究组成且相互间关联性强的主题类团,使得类团内属性相似性最大,类团间属性相似性最小。

2. 共词分析法的特点

(1)客观性

对于一个学科领域研究发展状况的评价,科学家依据自身的知识积累、学科背景等主观认识,可以描述出不同发展阶段的知识体系,但这种分析不可避免地会受到科学家研究背景、个人偏好及知识结构的影响。共词分析法,从主题分析的选择到类团的生成都以数学统计的方式进行,大大减少人为的干预。

共词分析对主题的选择,通常选用文献群的高频主题词(关键词),高频词的确定根据主题在文献群中出现的次数来确定,说明高频词的选择是客观的,频率越高表示该主题受到的关注越多,是学科研究的重点与热点。选用高频词为共词分析的对象,还能有效减少不规范的主题词对聚类结果的影响。在聚类统计中,主题词的聚类是由主题词间的距离决定,因此共词分析的结果是文献群内容现状客观、真实的反映。

(2)敏感性

共词分析过于敏感,多方面的因素会影响到聚类的结果,如文献的标引主观因素、收集文献的范围、文献收集的完整性等。主题词对的距离由它们共同出现的频率决定,对于一个主题而言,如果相关论文基数不够大的时候,增多一篇相关文献会导致词对间的紧密度成倍增长。因此,文献集的来源刊和数据库的选择要有较高的权威性。在选择分析的高频词时,要选择受控的主题词。

(3)排斥性

在聚类的过程中,一个主题词只能聚入一个类团。而对于学科的各研究领域,一个主题词可能在多个子领域中出现,而聚类只把相关文献量较多的子领域的类团聚类出来。这样的聚类结果,有可能影响到其他类团成员的个数。

3.共词分析的过程

共词分析以共词出现的频率为分析对象,利用统计学方法,把众多分析对象之间错综复杂的共词网状关系简化为数目相对较少的、关联密切的主题词若干类群形成类团,并直观地表示出来,以表达某一领域分支的组成的过程,类团的组成、演化以及消失是共词分析的重点。

(1)聚类时距离的确定

在进行聚类分析时,类组合的确定有两种方式:一是类和类之间的距离,二是点和点之间的距离。在计算时,各种点间距离和类间距离的选择是通过统计软件的选项实现的。统计类间的距离时,采用组间距离法(Between-groups Linkage),即两类的平均距离最小。点间距离有很多定义方式,常用的是欧氏距离(Euclidean Distance)。

(2)聚类的途径

聚类分析(Cluster Analysis)是用于对事物类别尚不清楚,甚至连总共有几类都不能确定的情况下进行分类的情况。目前常用的聚类方法有两种:一是K类中心聚类(也称为快速聚类),常用于大样本的样品聚类方法;二是等级聚类（Hierarchical Cluster），这是目前使用最多、研究最为充分的算法。

等级聚类也称为系统聚类、层次聚类。根据聚类过程方向的不同，可以分为分解法和凝聚法两类。

第一，分解法。聚类开始把所有个体（观测量或变量）都视为属于一大类，然后根据距离和相似性逐层分解，直到参与聚类的每个个体自成一类为止。

第二，凝聚法。其程序与分解法相反。先将 n 个元素（样品或变量）看成 n 类，然后将性质最接近（或相似程度最大）的两类合并为一个新类，得到 $n-1$ 类，再从中找出最接近的两类加以合并变成了 $n-2$ 类，如此下去，最后所有的元素全聚在一类之中。

(3)类团的三个分析指标

为进一步明确类团内与类团和类团间的关系，应建立以下类团分析指标。

第一，粘合力。用以衡量类团内各主题词对在类团的聚集过程中所起作用的程度和对聚类成团的贡献程度。粘合力是用该词与其他主题词在同篇文献分别共现频率的平均值来算的。当平均值越大时，该词在类团中的地位越突出。在类团中，粘合力最大的词称为中心词，中心词在确定类团的名称与性质中有着至关重要的影响。

第二，密度。其用来量度使词聚合成一类的联系的强度，也就是该类的内部强度。类团密度的计算可以有多种方式，首先计算本类中每一对主题词之间在同一篇文献中出现的次数，通过计算这些内部链接的平均值、中位数或者平方和，得出类团的密度。

第三，向心度。向心度用来量度一个类团与其他类团的联系程度。向心度的计算可以通过该类团中所有主题词与其他类团的主题词之间链接的强度加以计算。这些外部链接的总和、平方和的开平方等都可以作为该类别的向心度。

粘合力、密度与向心度三个计量指标分别对类团名称的确定、类团构成与作用提供量化分析指标。

4.共词分析法的不足

共词分析法通过文献计量和聚类统计的方法，计算主题词之间的联系密切程度（在同一篇文献共同出现的频率），把相互间共同出现比较多的主题词聚集在一起形成一个个类团。这种不管词间的概念与逻辑联系，仅仅将词间距离最短的主题词聚集在一起的方式存在以下不足。

（1）类团主题不完整，部分缺少中心概念

一个研究领域往往由很多主题组成，由于词频不高的原因，有些词不能有效地归类到相应的类团，致使类团的成员不够完整。一个类团反映了一定的研究内容或方式、方法，在类团中有少数几个（1～3个）主题词最能表达类团的名称和概念，是这个类团的核心词、是成类的关键。而共词聚类成团的主题词，也是由于相互间的密切程度高而聚集起来，在聚集的过程中没有形成中心词，从而没有形成中心概念。

(2)主题的不准确性

在聚类过程中,一个主题词在划分到一个类团后,它就不可能再分到另一个类团中。聚在一起的主题词未必都能表达同一个内容。因为在聚类过程中,词与词间的距离有传递关系,而聚类过程中没能有效地将这种词间距离的传递关系去除,导致在聚类时将一些概念不太关联的主题词聚集在一块。

(3)指标控制不科学,不能反映学科的全部内容

因为共词分析采用的是高频词,相对低频的主题词所组成的领域,在类团聚类时得不到体现。同时,指标也缺乏控制,如高频词的定义、类团划分标准、各种指标统计方式和方法都会影响到类团归类。高频词的确定主要有两种方法:一种是结合研究者的经验在选词个数和词频高度上平衡,该方法具有一定的主观性。在我国的相关文献中,高频词的阈值一般定在40%左右。另一种是结合齐普夫第二定律辅助判定高低频词的界限。

(4)无法说明类团间的相互影响

虽然在聚类时,类团与类团间的距离是作为成类的依据之一,但对于整个领域内的所有类团而言,并没标示出它们之间的关系,无法辨明哪些是主要类团,哪些是核心类团。

5.共词分析法的改进与发展

(1)聚类算法的改进

基于距离的等级聚类法得到的是球状的类团,对异常

数据比较脆弱。在欧氏算法的基础上,为使聚类的结果更合理,产生了一些改进的层次聚类算法的方法,如CURE算法和BIRCH算法。CURE算法选择基于质心和基于代表对象方法之间的中间策略,可以识别任意形状的簇而且不降低聚集的质量,能更好地过滤异常点,可以有效地处理大数据集和以各种形状分布的数据,提高了效率。BIRCH算法把层次聚集的形成到结果看作一棵树,然后结合其他的聚集方法进行修剪。

(2)专家的参与

学科专家的介入为共词分析注入了新的活力,弥补了该方法过于依赖数学统计的不足。共词分析具有很强的客观性,但由于该方法涉及的算法、指标以及类团的划分未能建立规范,分析结果易受这些未规范因素的影响。因此有学者提出共词分析的过程应有学科专家的介入,学科专家在数据库的选择、主题关系的最终确定、主题分类的深度控制、基于词频的子类词规模界定等方面都发挥重大作用。专家的介入,能修正聚类过程的干扰因素,补充单纯依赖数学统计的不足。

还有学者认为基于数据库内容的结构分析(Database Tomography)是新一代的共词分析方法。数据库内容结构分析法是由R. N. Kostoff(科斯托夫)等提出来的。该方法主要引入临近分析(Proximity Analysis)参数。临近分析通过计算高频词的短语与主题在一篇文本中共同出现的频率,然后构建词频字典来揭示该词组与短语之间的关系,引入 A Numerical Indices 机制表明关系的强度，从而进一步确定主题和子主题之间的定性和定量化关系。

（三）社会网络分析理论

社会网络分析（Social Network Analysis），也被称为“结构分析”，是一个横跨多学科的交叉科学方法，其主要理论依据来源于数学和计算机技术。在社会学中，社会网络分析起源于社会计量学（Sociometrics）。传统的个人社会理论和数据分析仅仅研究个体行动者本身，而不考虑其他人的行为。这种方法忽视了行动者的社会背景。在社会网络分析中，行动者之间的关系成为研究的第一要素，个体的属性是第二位的。

可以这样描述社会网络分析：广义上说，社会网络分析将社会结构界定为一个网络，这个网络由成员之间的联系进行连接。社会网络分析更多地聚焦于成员之间的联系而非个体的特征，并把共同体视为“个人的共同体”，就是视为人们在日常生活中所建立、维护并应用的个人关系的网络。

社会网络分析理论的另一个重要研究方向是对网络结构如何影响行动者行为的研究。社会网络分析理论可以为许多学科的研究提供有价值的方法。

社会网络分析分为自我网络分析和全球网络分析。在自我网络分析中研究单个的人，比如怀特对加菲尔德的科研网络的研究。全球网络分析试图发现整个网络中全体参与者的关系。一个社会网络（Social Network），如一个人群的集合,其中的每一个人都与其中某个子群体的人相互熟悉。这样一个网络可以用点的集合来代表人,用线的连接来表示相识。在理论上,可以为任何科学、学术或其他共同体或者一个公司、一个大学甚至整个世界构建一个社会网络。

在过去的几十年中,社会网络分析理论在社会科学领域中既是经验性研究的对象,又是理论实践的对象。比如,每一个人熟人的平均数(也叫网络的平均度数)可能影响流言、时尚、笑话或者流感的传播。

美国的米尔格兰姆(Stanley Milgram)曾经做了一个有关社会网络的早期经验性研究的著名案例,他让被测试者从内布拉斯加州的电话簿中任意选择一个波士顿的人,给米尔格兰姆的一个股票经纪人传递一封信。最好的方法就是他们认为与股票经纪人更为接近的人(不论是社会关系或者地理位置)来传递他们的信件,米尔格兰姆发现到达这个人所需要的平均传递人仅仅为6人,这一结论在社会网络分析理论中被认为是经典案例。他的实验结论确实是“小世界假设(Small-World Hypothesis)的证据,那就是,大部分人相互之间可以通过很少的中间环节(熟人)而相互连接,甚至在人口基数非常大的情况下也是如此。

学者Foster(福斯特)等人研究了初高中学生的友谊网络,通过调查或访谈来确定友谊关系。这些研究直接探索了相关社会网络的结构,但是其中的两个缺陷却降低了研究结论的适用性:其一,该研究网络的规模仅仅几十人或上百人;其二,这些研究在做访谈时存在主观偏见,什么是“熟人”,不同的人有不同的看法。为了避免这些问题,许多研究者开始研究大量的复杂数据,比如对因特网、电力网、航空网的研究。

在科学计量学界,对一个科学合作网络中相识的界定是可能的。如果两个科学家共同发表了一篇合作文献,就被界定为他们之间存在联系。这可以说是对科学熟人的合理的定义。

合作发表文献的大多数人都彼此非常了解(虽然有些科学家彼此了解但却从不合作发表文章)。一个最有名的研究来自于数学界,即对Erdös数值的研究。Paul Erdös(保罗·厄多斯)是一位有影响的匈牙利数学家,他一生中发表了至少1401篇文献。他晚年的大部分时间是在到处巡回旅行并与那些为他提供食宿的同事们合作发表文章中度过的。

Erdös数值用来计量一名数学家在参考书目意义上的相似性,与Erdös合作发表过文章的科学家的Erdös数值为1,与Erdös的合作者共同发表过文章的科学家的Erdös数值为2,以此类推,除了作者间的距离外,合作网络中还有许多有意义的属性值得研究,包括合作者的数量、合作论文数、聚类的度(the Degree of Clustering)等。

这些网络的一个显著特征是他们都呈现了一个“社团结构”。所谓“社团”,即是由一些节点组成的集合,这些集合内部联系比较紧密,而它们与外部之间则联系比较疏松。如果把复杂网络中的社团概念映射到现实世界中，这些社团可能就代表了一个个"朋友圈""学术领域""生态系统"等。

由于复杂网络社团研究的兴起，已经出现了大量有关这方面的研究成果，其中包括社团的划分、社团的演化（形成及衰亡）等。有些社团发展和消亡都很迅速。产生这种情况的原因可能有三个：一是这个社团确实有很强的时间性；二是随着学科的发展或社团联系的加强，出现了社团合并的现象；三是随着学科领域的发展和壮大，需要更加科学和严谨的学科分类，所以原社团被划分为更小的、特色更加鲜明的社团。

总之，社会网络分析理论可以用于研究科学合作网络和互联网中的可视化网络，且已经在科学计量学领域得到大量的应用。

第二节 知识图谱技术方法

知识图谱在实际的技术实现过程中，存在两个难点：一是多元数据要在二维空间中展示出来。因为形成的关系矩阵反映了各元素之间的关系的远近，这是一个多维的空间关系，有多少个元素就有多少个维数，对多维数据之间的复杂关系进行可视化，生成图谱，必须进行降维处理，把高维数据转换成低维数据,同时还近似地保持原对象间的关系,才能在低维空间上简单地表现高维空间中的复杂对象间的关系。二是在有限的空间中展示尽可能多的信息。第一个难点可以通过使用降维技术来实现多维数据向二维或三维空间的映射,第二个难点可以通过交互技术如鱼眼视图来解决。

一、降维技术

(一)因子分析

因子分析(Factor Analysis)是从多个变量指标中选出少数综合变量指标的一种降维的多元统计方法,其基本目的就是用少数几个因子去描述许多指标或因素之间的联系,也就是将比较密切的几个变量归在同一类中,每一类变量就成为一个因子,以较少的几个因子反映原来的大部分信息。

因子分析是最早被应用于学科结构分析和图示的降维技术之一。在分析处理多元素间的关系时,元素间的关系极为密切,使观测数据反映的信息有重叠,因此,人们希望找出较少的、彼此间互不关联的综合元素,尽可能近似地反映原来元素之间的信息,以达到数据简化的目的。这些不可观测的、少数的、几个综合性的元素被称为公共因子或潜在因子。表现在学科知识结构分析上,因子分析能够把大量的数据归结为少数几类,从而把某一学科划分成多个学科分支。

因子分析一般通过表格的形式反映分析结果，其图示功能很差，现在一般作为辅助分析的工具，和其他降维图示技术如多维尺度分析等配合使用。主成分分析（Principal Component Analysis，PCA）是因子分析的核心方法，它可把大量（可能）相关联的变量，转变成少量的不相关的变量（主成分）。因子分析的优势是它不要求每个对象必须归于一个类中，可以用多种因子对对象进行分析[①]。

（二）聚类分析

聚类分析（Cluster Analysis）是最常用的多元统计分析方法之一，它的研究起点是原始数据的相关矩阵，目标是获得点的二维图。聚类分析是指把分析对象根据彼此之间的相关程度分成类群，使群内尽量相似，群间尽量相异，然后进行分析研究的过程。它借助计算机，把数量一般比较庞大、彼此间关系错综复杂的分析对象根据一定的相关性测度方法，聚成数目相对较少的一些类群，简化了数据，有利于揭示对象之间的相互关系，探求其中的规律。

聚类分析的一般过程是：首先根据相似系数计算两两对象之间的相关程度，形成相关矩阵，然后把相关矩阵作为输入数据，根据一定的聚类算法把对象分成类群。这一过程中，相似系数和聚类算法的选择非常重要，聚类算法不同，产生的聚类结果就不一样。根据聚类过程可分为Hierarchical Agglomerative（系统聚类）和Interactive Partitioning

①刘峤，李杨，段宏，等.知识图谱构建技术综述[J].计算机研究与发展，2016，53（03）：582-600.

(拆列聚类)两种类型,即“自下而上”和“自上而下”两种聚类方法。

系统聚类首先将各个研究对象看成一类,即把分类对象的各属性数据同等对待,先把距离最近的两类合并,然后重新计算类与类之间的距离,再把距离最近的两类合并,每一步减少一类,一直持续到所有的研究对象归为一类为止;拆列聚类的方法、步骤与系统聚类正好相反。

系统聚类的聚类结果为等级分明的树状结构,一般用树状图来表示。其形状像一棵倒置的树,顶端是树根,表示整个分析对象集合,底端的每一个树梢(竖线)表示分析对象;树中每个分支点称为节点,在聚合时代表两个下级分析对象组合成一个上级组,在分化时表示由一个组分成两个下级组,节点的高度表示此次聚合或分划时的相似系数,代表其等级水平,用等级聚类进行数据分析,整个分析对象集合与任何最后分组之间有着很简化的联系路线。

聚类结果树状图中可以反映这种路线和聚类过程的细节信息,但是,等级聚类树状图的缺点是无法直观反映对象之间的距离与结构关系。目前系统聚类已是共现分析中最常使用的研究方法。聚类分析可以用来表示某一学科或专题的研究结构和状况。在此基础之上,对某学科和专题的连续聚类分析,则可以动态地反映该学科和专题的变化情况。

(三)多维尺度分析

多维尺度(Multidimensional Scaling,MDS)是指通过某种

非线性变换，把高维空间的数据转换成低维空间中的数据，变换后的数据仍能近似地保持原数据的几何关系的一种技术。通过多维尺度可以在较低空间中直观地看到一些高维样本点相互关系的近似图像。

简单来讲，多维尺度分析也是一种降维技术，就是通过低维空间（通常是二维空间）展示分析对象之间的联系，并利用平面距离来反映对象之间的相似程度。

MDS分析中输入的数据和聚类分析一样，也是相关矩阵，因此两种方法常常一起使用。MDS分析输出结果是二维图中的一些散点，每个点代表一个分析对象，点的位置也就显示了对象之间的相似性，有高度相似性的对象聚集在一起，越处于中间位置的点与其有联系的对象也就越多，也就越核心，反之则越在外围。

知识图谱中最常使用的是克拉斯卡尔的非度量多维尺度技术，该技术已经成为当今统计分析软件SPSS（统计产品与服务解决方案）中的一个分析模块。如果用n个分析对象的关系矩阵（$n×n$）作为原始数据，那么这n个分析对象可以看成n维空间中的n个点，每个对象所对应的那行数据即为该对象的n维数据。MDS就是要将这n维数据所表示的对象散列到低维空间（一般是二维），并且用低维空间中的散列点表现出原n维数据之间的位置关系和亲疏程度，最后形成的低维图形可以用来分析对象之间的关系。

MDS分析的一个局限性是，SPSS能处理的数据对数量有限，特别是如果先要进行相似系数转换时，数据对数不能超过100对。

MDS分析通过低维空间（通常是二维空间）展示作者（文献）之间的联系，并利用平面距离来反映作者（文献）之间的相似程度。在知识图谱中，作者（文献）的位置显示了他们之间的相似性，有高度相似性的作者（文献）聚集在一起，形成科学共同体（学科前沿）。并且，处于中间位置的作者（文献）与其他作者的联系越多，在学科里的位置也越核心，反之，则越处于外围。通过MDS分析，某研究领域、思想流派或其他学术共同体在学科里的位置就很容易判断。

同因子分析相比，MDS的图形显示结果更加直观和形象，但在确定各个学术群体的边界和数目时，MDS则无法与因子分析抗衡，因为MDS分析中点的疏密远近可以反映一定的类群关系，但不够明确，同时由于是用散点方式代表分析对象节点，不能表示出对象节点之间的连接。因此通常都需要同时借助聚类分析、因子分析的结果进行知识图谱的绘制。做法是首先用MDS分析把对象表示成平面上的散列的点，然后根据聚类分析、因子分析的结果，把这些点用线圈成点群，最后根据点与点之间、点与点群之间、点群与点群之间的位置关系进行分析研究。

因子分析（主成分分析）、多维尺度分析和聚类分析都属于多元统计分析方法中的一种，多元统计分析是对若干（可能）相关的随机变量观测值的分析。“维度降低技术”是多元统计分析的一个特征，在几何学上，这一简化过程是将高维空间中的目标投影到低维空间(通常是二维),这些方法都在关系矩阵上运算。

聚类分析是共现分析中最早使用的方法之一,虽然聚类结果的树状图能够反映分类过程的细节信息,但无法反映最终类群之间的相异程度,不便于分析解释;因子分析虽然可以把原来众多的变量用少数几个因子表示出来,并通过这些因子来分析样本之间的相互关系,但由于前两个主因子反映全部变量的信息往往太少,必须取两个以上的因子进行分析,因此不能直观地表示变量间的内在联系,不便于分析和解释;多维尺度分析在一定程度上可以克服上述缺陷,图形显示结果更加直观、形象,但多维尺度产生的图形只是一些散点图,虽然点的疏密远近也可以反映一定的类群关系,但不够清晰、明确,特别是难以确定点群的边界和数目。

(四)自组织映射

自组织映射(Self-Organizing Feature Map,SOM)技术是芬兰 T. Kohonen(科霍宁)教授提出的一种神经网络模型,是一种无监督的自组织和自学习网络。SOM 算法采用了一组输入对象,每一个对象都用一个 N 维向量表示,把它们作为输入变量,并把它们映射到一个二维网格节点上。其结果是生成一个有序的特征图,它与其他类型神经网络的区别在于:它不是以一个神经元或网络的状态矢量反映分类结果,而是以若干神经元同时(并行)反映分类结果,同时保持数据原有的拓扑逻辑关系。

SOM网络由输入层和竞争层组成。输入层由N个输入神经元组成,竞争层由M个输出神经元组成。输入层各神经元与竞争层各神经元之间实现全互连接。它能够将高维空间映射到低维空间,尽可能忠实地保持数据之间的关系。

这种映射有以下两个特性。

第一,尽可能忠实地保存输入数据之间最重要的相邻关系,并使这些关系清楚显示出来。

第二,根据出现的频率,特征图为输入向量分配不同数量的节点。

该技术用于共现分析,就是利用自学习的神经网络来确定二维空间里分析对象的位置,输出结果是一个由散点代表分析对象的图,图中的区域块及区域块之间的临近位置也就代表了对象簇和对象间的相邻程度。同一区域块越近,里面的对象共现频次也就越高。SOM中点群的确定也像MDS一样需要借助聚类分析,不同的是此步骤可由SOM自动完成。与MDS一样,其输入的是分析对象之间的相关矩阵。

(五)寻径网交互技术

寻径网络(Path Finder Network Scaling, PFNET)是美国心理学家Schvaneveldt(斯察文依文迪特)等人于1989年提出的用来分析数据相似性的一个模型。PFNET根据经验性的数据,对不同概念或实体间形成的语义网络的相似或差异程度进行评估,然后应用图论中的一些基本概念和原理生成一类特殊的网状模型，从一定程度上模拟了人脑的记忆模型和联想式思维方式，主要应用于认知心理学和人工智能等研究方面。

PFNET算法首先检查所有数据之间的关系，然后建立数据间最有效连接的路径，最后将数据以及数据之间的关系表达成一个图，图中节点表示数据，边表示数据之间的关系。PFNFT有两个重要参数：r 和 q。q 是指路径的最大长度，r 是闵可夫斯基度量参数（Minkawski Metric），是计算路径长度的一个参数。

以陈超美等为代表的学者把PFNET应用于作者同被引分析中，并取得了良好的效果。该分析将作者视为节点，假设节点间由加权的路径相连，权值为作者的共引频次，并且仅显示节点间最短路径。在由此分析方法绘制的图谱中，与许多作者相连的宛若“非正式交流网络”中的超星，他们控制着学科研究的方向。其余作者以超星为核心形成不同的研究范式，进而构成学科结构全景。如果一个领域缺乏领袖级的人物，PFNET则呈现相对松散的状态。PF-NET计算快捷并具有很强的可视性。

（六）最小生成树法

最小生成树算法（Minimum Spanning Tree，MST）与PF-NET比较相似，其基本思想是：把所有的数据元素看成分布在一个平面上的距离不等的点，如果有n个点，那么连接各点的可能线路就应该有n×(n−1)/2条线路，但是本着节约成本的原则，最终选择总的线路距离最短的那个连通网络。

MST优于MDS的一个优点就是生成的可视化图中可以表示出对象节点之间的连接关系。尤其是在对期刊之间的引用数据进行分析,以及通过类目对大科学进行领域分析时,运用MST算法来确定各期刊之间、各科学大类之间的距离更为有效。

(七)三角测量

三角测量(Triangulation)是一个把n维空间中的点排列到2维图形的技术。其思想是随机选择其中的一个点把其安排到一个位置,随后选择在原来空间中与该点距离最短的第二个点放于另一位置,随后依次把第三个点及其他各点,根据相似度计算所得的距离进行安排,最后使所形成的图中的任意三个点都能构成三角形,并且各三角形的最小角最大。同其他的排列技术相比,三角测量所形成的图形较准确地反映了单个数据点之间的距离,且计算量较小。

(八)力矢量布局算法

力矢量布局算法(Force Directed Placement,FDP)是将本来属于多维空间的节点按照它们之间的相似关系在平面图上进行映射的一种技术。其基本思想是:把节点看作物理实体,把表示它们之间距离的边看成提供连接两点的力矢量。节点的移动和布局遵从局部能量最小的原则。

传统的力矢量布局算法比较容易操作,但是由于在对节点进行布局时每增加一个新的节点都要对每个节点间的力矢量进行重新计算,因此在处理大量数据时速度很慢。

近年来出现了力矢量布局算法的改进模型，如可视化软件系统VxInsight就是采用了改进的力矢量布局算法。

（九）潜在语义分析

潜在语义分析（Latent Semantic Analysis，LSA）的基本思想是文本中的词与词之间存在某种潜在的语义结构，因此采用统计方法寻找该语义结构，用语义结构来表示词和文本，达到消除词与词之间的相关性，简化文本向量的目的。LSA用正交的K维空间代替原来的空间，用该空间的点来表示词与文本，这样消除了词之间的相关性，降低了向量维数；同时在较低的概念空间，以更丰富的语义结构信息进行词与词和文本与文本的相关计算，如夹角余弦等。

总之，以上算法和技术可谓各有优缺点。聚类分析、因子分析和多维尺度技术在一定程度上能够实现数据的降维，但不适用于数据集较大的情况；PFNET方法因为能够清楚地显示对象之间的链接，可以满足对局部领域知识结构的分析需求；SOM方法从领域整体角度可视化分析学科领域知识的效果较好；LSA方法中包含矩阵的逆运算，数据维数较少时效果较好。

（十）社会网络分析方法

社会网络分析是一种以关系作为基本单位进行分析的实证研究方法，该分析方法将社会结构界定为一个网络，这个网络由成员之间的联系进行连接。在理论上，可以为任何共同体构建一个社会网络。

社会网络分析更多地聚焦于成员之间的联系而非个体

的特征。而关系的类型也是多样的，可以是朋友关系、贸易关系、科学合作关系、期刊引用及被引用关系等。社会网络分析主要分析的是关系数据。此分析方法目前已经在社会学、心理学与经济学等诸多学科领域得到了广泛运用。其在科学计量学领域也得到了应用，如分析科学研究中的合作关系网络、期刊的引用及被引用关系网络等。在一个科学合作网络中，如果两个科学家共同发表了一篇合作文献，就被界定为他们之间存在联系。

图 7-1 就是一个科研合作网络图，期刊与期刊之间的期刊同被引共引关系网络，形成了顶点和边的网络，顶点是那些具有代表性的核心期刊，期刊之间存在的同被引关系由边来表示。

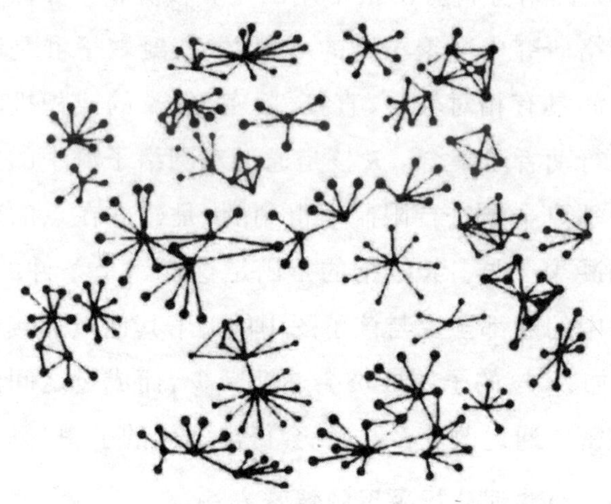

图7-1 科研合作网络图

图 7-2 就是一个期刊关系网络图。在以上这样的网络中，可以形成科学合作、期刊关系等知识图谱；可以进行个

体网分析和整体网分析，通过整体网分析可以揭示该网络的结构特性，如网络的构成、规模、密度、中心性、凝聚子群、核心边缘结构等一系列量化特征。

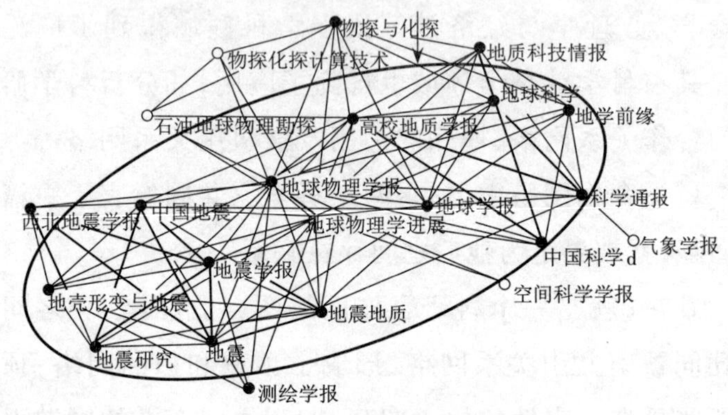

图7-2　期刊网络图

社会网络分析方法最常用的是K核分析。K核分析是社会网络研究中凝聚子群的一种方法，凝聚子群是满足行动者之间具有相对较强、直接、紧密、经常的或积极的关系的一个行动者子集合。K核是通过对网络子群中的每一个成员的邻点个数进行限制而得到的，是建立在点的度数基础上的凝聚子群。K核指的是满足这样一个条件的子图，即子图中的点都至少与该子图中的K个其他点邻接。随着K的增加，K核的子图成员会逐渐减少，而成员之间的关系会更紧密。通过改变K值，就会得出不同的子图。

（十一）共词分析采用的特殊方法

共词分析除了可以采用上述的各种方法外，根据共词的特点，还可以采用共词专用的方法，也就是采用包容性指标、临近性指标、等值系数指标等方法，形成共词矩阵后，按照每个词对指标大小降序排列，再测度点间距离、类间距离的计算方法。共词分析的主要图谱包括包容图、临近图、类团关系图、战略坐标图等，类团关系图与战略坐标图两种更为常用。

共词分析通过聚类使得被分析主题词按词对在同一篇文献中出现的频率划分为一个个类团，一个类团代表学科研究的一个组成部分，同时也体现该类团在学科内受关注的程度。通过对类团的组成、演化发展与变化、新增及消失的过程研究，动态地反映学科研究的现状、关注热点及发展过程，分析学科发展脉络，进一步将聚类的结果以更直观的可视化方法显示出来，类团关系图与战略坐标图两种方法就是较好的选择。

1. 类团关系图

该图主要用于明确类团间的关系，两个类团间的关系强度由这两个类团中的所有成员间所组成的词对决定，这些词对在同一篇文献中出现的频率的总和即为两个类团间联系的强度值。类团间的关系强弱以连接线的粗细来表示，两个类团的关系越强，连接它们的线条越粗，反之，线条越细。如图 7-3 所示。

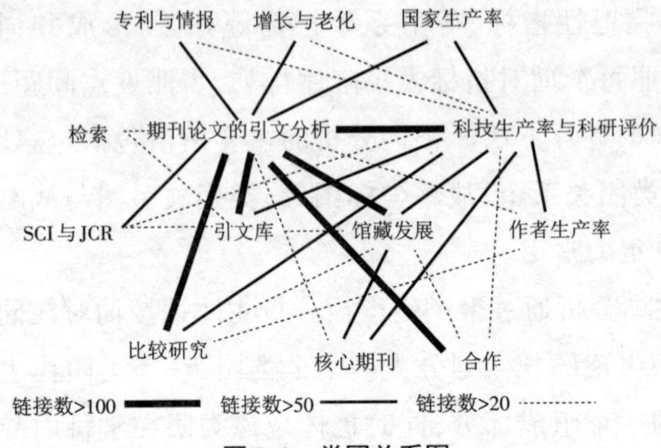

图7-3　类团关系图

为使类团间关系图更简明、清晰,通常以类团的名称作为联系的联结点,而不显示类团成员之间的联系。这种可视化方式,直观、形象地反映类团间的关系,能快速定位核心类团与边缘类团。

类团间联系的强弱,通过类团关系图一目了然。但其也存在不足之处:一是不能反映类团的成熟度,难以判定类团的成长趋势;二是有类团数的限制,只适合类团较少的情况,当聚类的类团量大时,不易构建关系图;三是不能有效反映类团成员在类团中的作用和地位。

2.战略坐标图

战略坐标图是在共词矩阵和聚类的基础上,用可视化图谱的形式来描述某一研究领域内部联系情况和领域间的相互影响情况。1988年法国文献计量学家Law等最先提出"战略坐标"这一概念的,它是以向心度和密度为参数绘制成的二维坐标,其中X轴为向心度,表示领域间相互影响的强度，Y轴为密度，表示某一领域内部联系强度。以向心度和密度为参数绘制成的二维坐标即为战略坐标，它可以概括地表现一个领域内的结构。坐标的原点在两个轴的中位数或者平均数。

这个图将每一个二维空间的领域划分为四个象限，可以用来描述各主题的研究发展状况。沿X轴箭头方向，类团在坐标中的位置越靠右，类团向心度越大，同时也说明该类团中的成员不仅与内部成员有联系，与其他类团的成员也有密切的联系。因为这种主题词与众多主题词都能形成搭配，在同一篇文献中出现，说明这些主题词在学科领域内占有比较重要的地位，是学科内受关注的热点主题，因此这类主题往往不容易消失，能在相当长的时间内保持较高的词频。沿坐标Y轴箭头方向，类团在坐标中的位置越靠上，则类团的密度越大，说明该类团内部各成员间联系密度强。这样就把所有类团划分为四个象限。

第一象限中的类团，它们的密度和向心度都是所有类团中最高的，这说明两个问题，一是该象限的类团是学科研究中的重要内容，是学科研究的热点；二是类团中的主题词是学科研究的活跃主题，在整个学科的研究中都受到关注，是与其他研究密切相关的。

第二象限中的类团，主题领域内部联接紧密，但与外部联系不紧密，说明这些领域的研究已经形成了一定的研究规模。但该类团发展到一定程度后，类团得不到有效的提升动力而消失。

第三象限中的类团，密度和向心度都较低，说明研究主题是整个领域的边缘主题，内部结构比较松散，研究尚不成熟。

第四象限，说明类团的内部成员间联系比较松散，成为学科研究的分支；类团的成员在其他研究（类团）中也受到重视，在学科领域中表现活跃，因此该领域的类团具有潜在的发展空间，但不稳定。

共词分析所绘的战略坐标图从横向和纵向概述学科领域的发展过程，它的向心度与密度不是一成不变的。如图7-4就是一个典型的由共词分析法所绘制的战略坐标图。例如，随着对某主题领域研究的成熟，有关该领域的研究论文可能会减少，或使得该领域的研究向新的主题演化，这些情况可使得原属于第一象限的主题，经过一段时间后，滑落到第二象限或更低的象限中去。因此研究不同时间段中主题领域的演化情况，有助于探究本领域内在这一时间段的研究热点，以及主题变迁的过程和主题变化的原因。

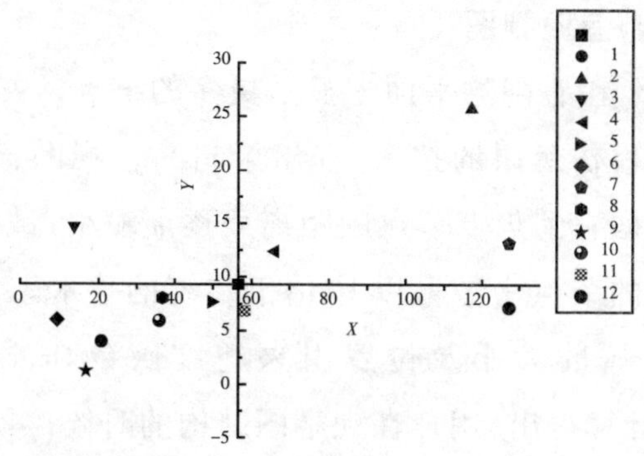

图7-4　12个类团战略坐标图

二、交互技术

为了能在图谱中有限空间内的某个区域提供整体结构的同时，还能显示出局部细节，有学者提出了基于变形的焦点/上下文技术。焦点/上下文技术在显示焦点的同时，也能保留与焦点相关联的其他信息，从而可以让用户更好地在复杂信息空间中进行航行与交互。该技术是在显示一个大的信息空间的同时，让其中的一部分以更细节的方式显示，允许用户在观察一个小的中心焦点区域的同时，保持对一个较大周围区域的可见性。

焦点/上下文技术最先是由Furnas（弗纳斯）在1986年提出的，后来又发展了一系列新技术，如适合于大规模图显示的鱼眼图（Fisheye View）、透视墙视图（Perspective Wall）、解决表格数据的表格棱镜视图（Table Lens）、适合于文档的文档棱镜视图（Document Lens）、适合于层次数据的双曲树视图（Hyperbolic Tree）等。

(一)鱼眼视图

为了在有限的平面中显示更多的节点,1986年,Furnas采用了模仿鱼眼的技术,提出了Fisheye视图,节点的显示空间根据它到焦点节点的距离而逐渐缩小,试验结果表明它显示的节点个数可以10倍于传统的技术。用户所感兴趣的区域的大小及位置由兴趣度函数Degree of Interest(DOI)计算得出,用户在观察图结构的时候,可以使用鼠标转移焦点。事实上,鱼眼视图是透视图和语义视图的结合。

1994年Sarkar(萨卡尔)和Brown(布朗)提出了一个应用更为广泛的鱼眼视图方法,他们利用一张美国城市地图展示鱼眼视图技术,应用鱼眼视图可以放大重要定点,缩小不重要定点。通过比较不同参数生成的不同地图可以很容易地理解常规鱼眼视图的表现力。

(二)透视墙视图

1992年Spence(斯宾塞)和Apperley(阿珀利)提出了透视墙技术。透视墙具有三个面板,中间面板显示用户正在聚焦的信息,两个侧面板收缩在远处,生成上下文信息。用户可以方便地把上下文信息拖到焦点面板。它是在计算机屏幕上以平行线条方式显示信息,线条的宽度不同,中间线条最宽,周围线条收缩以同时显示所有线条,一旦用户选择了一个线条,它便移到中心并变成实际大小。

(三)双曲视图

双曲视图是显示巨大层次信息结构的较新的可视化技

术，由 Xerox PARC 研制，双曲视图的基础是双曲空间的数学模型，双曲模型适合显示巨大的、非均衡的层次化结构，视图中心的结点以高清晰度显示，边缘结点以较小尺寸显示，用户可以选择上下文中的任一结点到视图中心以查看详细信息。

双曲视图给出了焦点/上下文问题的满意答案，Tamara Munzner 提出的双曲三维视图（Hyperbolic 3D Viewer，H3）是双曲视图的重要扩展，它把双曲空间映射到一个球体上。H3 把一般网络结构整合到一个显示信息骨架的生成树上，并且把圆锥树嵌入双曲空间，最终双曲空间映射到了一个三维欧氏空间的球体上。

Walrus 工具提供了引人注目的球状双曲显示，由 CAIDA 的 Young Hyun 基于 Munzner 的工作独立实现，Walrus 基于 Java 3D 技术实现，可在 Internet 获取，包含图片和动画。用户界面允许用户根据不同层次的细节，轻松自由地放大和缩小。

三、构建知识图谱可用软件评价

早期构建知识图谱应用较多的是统计软件 SPSS 的功能，目前在国外使用较多的是一些用于社会网络分析的软件，下面就国内外文献报道所使用的软件作简要分析介绍。

（一）Pajek

Pajek 是一个网络分析和可视化的程序，为处理分析大型数据集而设计，是一项基于Windows的免费社会科学软件，由卢布尔雅那大学于1997年1月正式发布。它能够同时处理若干网络，包括双模式网络以及时间事件网络，还提供纵向网络分析功能，用户也能够生成一系列局部交叉的网络来进行各种分析，软件的结构是建立在几种数据结构（网络、分区、转置、群、层级和向量）和这些结构的转换之上的。绘图功能较强，绘图窗口给用户提供很多选项。能够支持二维、三维网络和3D的可视化，这种可视化能使用多种格式存储：EPS、SVG、KIN、BMP和VRML。Pajek还有强大的图像处理功能，其中的每个数据对象都拥有它自己的描述方法，很多方法可以用于描述网络、实例、深度、核心或类、中心度、发现关系类型等。

（二）UCINET

UCINET是网络分析集成软件，其中包括一维与二维数据分析的NetDraw，还有正在发展应用的三维展示分析软件Mage等，同时集成了Pajek用于大型网络分析的程序。UCINET能够分析社会网络和其他相关数据，并将数据输出到Pajek、Mage和NetDraw。

它有两种输出形式：文本型（保存成日志型在屏幕上显示）和数据型（能够作为其他程序输入）。UCINET是面向矩阵的，数据集合是一个或多个矩阵的集合。一个简单的UCINET文件包含两个文件：事实数据和关于数据的信息。UCINET数据可以直接导入，也可以新建表单直接录入。输入功能能够处理不同类型的网络数据，如未处理的ASCII

数据、Excel数据格式，以及来自于其他程序的数据等。它能处理双模式数据，也能从双模式数据中提取单模式数据集。UCINET提供大量的数据管理和转换工具，例如选择子集、合并数据集、序化、转化或记录数据。

UCINET不包含可视化的过程，但是它却和软件Mage、NetDraw、Pajek集成在一起，从而能够实现可视化。UCINET包含的图形工具可用来绘制散点图、系统树图和树状图，这些图能够保存成BMP格式。

（三）NetDraw

NetDraw是简单的绘制网络图的工具，可以读取UCINET系统文件、UCINET文本文件，绘制的图片以WMF、BMP和JPG文件格式保存，它可以根据节点的特性设置颜色、形状和节点的大小，可做数据分析，如中心性分析、子图分析、角色分析等，并具有很强的矩阵运算能力。

（四）BibExcel

BibExcel是由瑞典科学计量学家开发的科学计量学研究软件。目前该软件仅用于科学研究，包括：文献计量学分析、引文、共引、耦合分析、聚类分析、科学知识图谱的绘制等。其所应用的数据包括ISI的SCI，SSCI，A&HCI，也可用于其他类型数据的分析。

（五）WordStat

该软件是Simstat的一个模块，是一个类似SPSS的统计软件包。Simstat软件具有所有基本分析功能，还有一些注释功能。该软件的Windows版Winisis已经开发。Winisis 1.4版汉化版命名为C_Winisis,可供国内图书情报档案机构使用。其特点在于:运行平台的可视化,可管理的数据库容量大大增加,具有多媒体文件的管理功能,具有超级链接功能,提供检索界面向导等。同时该软件还可进行各种信息的计量统计,如按各个字段来统计人名、作者、关键词、主题词等的出现频率,这种统计功能可用于文献计量学(科学计量学)的分析。

(六)Wordsmith

Wordsmith是英国牛津大学开发的商业性词频分析软件。其主要功能是Wordlist和Coword tool两种。Wordlist可以将一个文本中的所有单词按出现频次进行排序。应用Coword tool可以找到与任意一个单词搭配的词组,该功能在国外科学计量学领域中得到了大量的应用。

(七)Citespace

Citespace是2003年由德雷塞尔大学Chaomei Chen开发的用于分析可视化信息资源关系的原型系统。用户可以通过Citespace可视化地发现文献中随时间变化的特征与变化趋势。在Citespace中,用户首先将分析的整个时间间隔分为一系列等长的时间片段,设定分析所用的时间间隔。Citespace可以通过网络缩放算法,如Pathfinder算法对网络进行简化,达到保留网络主要特征、减小网络复杂度的目的。

Citespace同时允许用户通过设定不同属性,如引用次数、同被引次数，同被引系数等阈值来控制网络的取样规模。设定的阈值越低，可供建模和分析的文献也就越少，但相关性越高。最终出现的网络以及每个时间片段的网络均可以可视化。在该网络中，Citespace 同时使用一系列的颜色算法来表示不同信息。每一篇文献上的颜色都会根据该文献被引用的时间进行设定。该系统的首要目标就是利用可视化显示技术在知识域中帮助用户进行突发趋势的分析。在全球科技竞争日益加剧的今天，该系统对如何科学、准确地把握科学研究前沿，进行技术预测显得十分重要。

（八）HistCite

2003 年加菲尔德等开发了 HistCite 软件包，它是一个很好的引文历史可视化分析工具。该工具利用共引理论，通过一系列相关数据产生历时代的编年图表和其他类型的表格，以此实现知识领域的分析功能。

（九）VxInsight

该工具是美国的桑迪亚国家实验室（Sandia National Laboratories）开发的一套用于图示数据相似性关系的工具软件。通过相似性组织大规模的数据元素，对数据进行可视化，生成的图可以根据用户的需要调整成二维或三维。三维的图形类似于山形，相邻的节点聚集成山峰，可以用 3D 虚拟风景画描绘数据元素的密度，国外已将其成功用于可视化核物理领域。显示时点与点之间的距离采用了 Force Directed Placement 算法。该软件也提供免费下载，但由于考虑到开放性问题，该软件用 Java 开发，并提供代码，但不提供简单易用的可执行程序，这无疑阻碍了它的推广利用。

（十）PaperLens

PaperLens是用优雅的可视界面来反映某学科知识领域的历史、活动、关系和发展趋势的软件，它能将文章、作者和会议间的关系挖掘出来，专门针对文献数据进行分析和挖掘，具有统计、评价等功能。现在由马里兰大学和微软公司共同研制，进行进一步的研发，将用于科学评价领域。

（十一）Thomson Data Analysis

Thomson Data Analysis（TDA）是一款基于文本信息的分析和可视化工具，可以对某学科知识领域的文献提供强大的可视化搜索和挖掘功能，是Thomson科技集团基于Vantage Point技术开发的，TDA功能全面，涉及检索、分析、统计、可视化等各方面的功能。

该软件可用于俯瞰整个学科知识领域的背景、发现新的趋势、从不同角度考察研究领域的发展状况、跟踪竞争对手等。TDA对于分析科学文献数据具有强大优势，其强大的数据处理功能是其他软件所不能比拟的。它可对各种字段进行矩阵分析，特别是对被引作者（或被引文献）的共现（Cooccurence）即可生成作者（或文献）的共引矩阵，减少了传统手工统计共引频次的工作量，节省了时间。其特性是检索功能强大，并将其他功能与检索功能相联系。

(十二)SPIRE

SPIRE,全称 Spatial Paradigm for Information Retrieval and Exploration,是由美国西北太平洋国家实验室 Pacific Northwest National Laboratory 开发的一系列的信息访问和可视化分析工具。它几乎可以用于任何类型的大型文档集合,确定文档之间的关系,并以非常自然美观的可视化形式表现出来。

(十三)Themespace

Themespace 是由 Wise 等人提出的一种对大型文档集合之间的关系进行可视化的工具。该工具可以生成抽象的 3D 风景画状的文献集合视图,不同的主题以不同的高度展示。在 Themespace 中,文档空间中的主题在计算机屏幕上显示为一个自然地形图,Themespace 中的山谷表示该处的主题相对较弱,山峰则表示该处的主题是主导性的,山峰或山谷的形状(如是大范围的小丘还是高的尖顶)表示主题信息是如何分布的以及在文档之间是如何关联的。

第三节 知识图谱在高校图书馆学科服务中的应用现状

当今世界正处于知识信息化时代,面对大量无序、不可靠的信息,许多人想从中获取想要的有用信息并不是一件易事。图书馆员的任务之一就是为用户从日益纷繁冗杂的信息资源中提取有效信息，通过知识发现、挖掘、获取、组织、创新、应用、储存、管理等一系列过程提供知识服务。而知识图谱正是提供知识服务的有效手段。进入21世纪以来，知识图谱凭借其理论上的综合化、方法上的可视化、描绘上的形象化等诸多特征，获得迅猛发展，一跃成为当代科学计量学的研究热点和最新前沿①。

一、知识图谱的主要应用领域

现今知识图谱的主要应用领域包括如下5个方面。

第一，从事科学技术研究活动的学术共同体和作为学术知识载体的网络。学术共同体是某一专业领域内志同道合的学者结成联盟，共同研究、相互影响、相互学习，从而有利于该领域的学术评价、学术发展和学术自主度。而不同的学术知识载体对学术知识的传播能起到不同的作用，尤其在现今社会，出现越来越多不同的可以作为知识载体的事物，它们对学科知识发展也起到一定的作用。知识图谱作为一种优秀的学术知识载体，有利于促进学科知识的发展。

第二，某一学科主要研究的几个领域之间的内在联系。在知识图谱中可以显示各研究领域之间的相同知识输入与输出，这些被两个或多个主要领域运用的知识就成为这个学科的重点知识，也能很好地代表这个学科的热点，便于了解该学科的结构。

---

①陈淋．基于知识图谱的我国图书情报学发展研究[D]．南昌：南昌大学，2016.

第三,知识图谱可以对某一领域研究主题的渗透、衍生和扩散趋势做出预测。这样能发现该领域几个主要研究的知识群之间的关系,很好地显示基础理论、基础技术和新兴技术之间的关系,对研究该领域的主要知识脉络可以很好掌握理解。

第四,知识图谱可以将学科领域内隐性或非编码化的知识转化为显性、编码化的知识,例如作者、期刊和其他出版物等之间的关系。这样将原来可能隐性的不易为所有人认知或难以信息化的知识,通过编码化的形式,借助一定的手段,使这些知识理性化、直观化、形象化,直接反映出来。

第五,科学社会网络,也可以称作科学合作网络。知识图谱可以显示某些作者、机构、群体的合作关系,从而找到核心作者,这样可以了解研究某一领域的主要科研力量,大致掌握该领域的研究情况。

二、知识图谱运用于高校图书馆学科服务中的原因

(一)契合学科知识服务的职责

在新的形势下,创新知识服务、承担深层次信息服务成为学科馆员的职责。学科馆员以开发专题信息资源为目的,深入学科专业领域之中,针对用户的问题及特定的环境,对某一学科的基本理论、历史和现状、学术前沿、主要学术领头人等方面进行深入的分析了解,对无序繁杂的信息进行加工、分析、整理、重组,完成知识的管理过程,为用

户提供有效可靠的知识应用支持和知识创新服务。

知识图谱正是研究学科知识和知识管理的方法之一，通过最先进的信息技术，导入来自SCI的具有一定公信力的数据，便可以完成某一学科或领域内发展着的知识的可视化，揭示其现状与发展规律。

在知识图谱中，学科前沿之间的交互关系是以立体多维的形式展现出来的，这样就能够探明有关学科不同领域之间的亲疏关系和学科核心结构，划定某学科的核心作者及核心作者群，分析并推测学科间的交叉、渗透和衍生趋势，可以对某一学科进行多方位多角度的分析，从而揭示学科的动态结构，较好地满足用户的知识需求。由此看来，知识图谱是履行学科服务职责的良好工具。

（二）为学科知识服务增值

学科知识服务是一项增值服务。学科知识服务注重的是利用自己独有的知识和能力，对已拥有的文献进行更深入的加工，创造新的具有独特价值的知识产品，为用户解决在他的能力范围之内所不能解决的问题。

学科知识服务者当然希望自己的产品或服务成为用户重要的需求，通过运用自身专业知识和专业能力为用户创造实际价值或潜在价值，显著提高用户知识应用和知识创新的效率与效果。简而言之，学科知识服务是以为用户解决问题来体现价值，所解决的问题越难，其服务价值越大，而不是以前那种单单基于资源优势，在庞大复杂的学科知识领域内查阅获取相关信息的“劳务”服务来体现的。

知识图谱导入的数据大部分来自SCI,而SCI的数据拥有核心资料和最新概念,可供学科馆员很好地对某一学科或领域的现状和最新动态趋势进行预测,从而把握其未来发展大致方向。这样不论是对学科还是对生产都起到辅助作用,对学术共同体或领导机关的决策也可以起到重要的参考作用,形成融洽的"服务者——学科专家、学者——各类型学科用户群——合作对象"的互动关系,便于进行从知识捕获、提取、挖掘、重组、创新到集成应用的全程一体服务,使知识图谱具有巨大的满足用户需要的价值。

现今知识图谱在我国的主要研究应用领域集中于科学学研究和前沿、热点问题分析,这也有利于知识图谱发挥其应用性强、应用学科广的特点,很好地体现了学科知识服务的价值。

(三)支持用户得到个性化、专业化服务

进入21世纪后,图书馆服务不再单纯是大众化服务了,而开始转向个性化、专业化的服务模式。学科知识服务要求以学科馆员为主导,全面利用现代信息技术手段和知识服务观念,在"学科知识一站式服务"的目标下,面向学科知识发展最前沿,集成多种知识服务,整合信息技术与信息资源,开展基于知识管理的数字化环境下学科知识的个性化制定服务。

借助知识图谱的引导,图书馆可以放弃以往那种宽泛、模糊的知识服务,集中力量对用户的需求进行分析,为用户量身定做其需要的知识图谱,收集、鉴别和整理相关知识,进行学科导航服务,协助用户进行专题检索,有针对性地提供决策参考服务。

为了扩大学科知识服务的深度和广度,满足用户个性化需求,学科馆员应为经常使用学科知识服务的用户建立个人服务资料库,根据已有的知识图谱查询、使用记录对其需求进行推测,定期进行内容更新和推荐,对用户已储存的知识信息进行跟踪报道,更好地实现学科专业化、个性化服务。

三、知识图谱应用于高校图书馆学科服务的障碍

图书馆自从进入数字图书馆时代,其信息科学技术不断得到发展,信息可视化技术也得到国内关注和重视。但这并不意味着知识图谱在学科知识服务中的应用就不存在障碍。下面对知识图谱应用于学科知识服务的障碍进行介绍分析。

(一)知识图谱使用软件

国内外用于绘制知识图谱的主要软件有:Pajek、UCINET、NetDraw、Bibexcel、WordStat、Wordsmith、Citespace、HistCite 和 VxInsight 共 9 种。这些主要的可视化知识分析软件在国内甚少有相关专业的使用报告和研究结果,对其技术及使用方法都鲜有研究。如果知识图谱的研究方法和手段没有得到发展和提高,那么便会对知识图谱应用于学科知识服务造成困难。

（二）知识图谱的应用推广

知识图谱通常以二维或三维图表呈现，但图形中复杂密集的知识点与关系连线对大部分学科馆员的服务用户来说都不易理解，要经过专门化的培训，才能使其较好地掌握知识图谱的可视化结果分析，运用分析结果满足用户自己的知识需求，这一过程要消耗大量的人力。首先，现今图书馆的专职学科馆员还不普遍，大多是兼职的形式，掌握知识图谱需消耗大量的成本。其次，目前能提供知识图谱学科服务的机构也很少，利用知识图谱的图书馆用户就更少，对其进行集中培训明显很不实际。这样就会在一定程度上对知识图谱的推广造成困难。再次，目前国内对知识图谱的研究还处于起步阶段，其研究成果不多，知识图谱技术与其可视化效果的优化不易在短期内得到发展，这便降低了知识图谱在学科知识服务中被用户接受的可能。

（三）知识图谱的发展水平

知识图谱研究是一个新领域，近期的发展趋势良好，但也存在发展时间短、科研力量分散的问题。许多不错的科研结果多是各国拥有一两项，没有什么特别突出的领导力量。国内近几年也渐渐涌现出研究知识图谱的团队，如武汉大学、中科院、中信所、大连理工大学、南京大学等，但国内研究的手段比较传统。

这一情况可能与知识图谱的相关软件操作具有一定难度、汉化版本少、实验数据获取不易、经费需求大而资助来源少等原因有关。国内整体研究团队的研究水平有待提高,国内学科馆员对知识图谱的利用也尚未普及,学科馆员在为图书馆用户提供服务时会利用原有的、相对成熟、熟悉掌握的技术,这对知识图谱在学科知识服务的平台上得到充分利用形成障碍。

(四)数据质量

知识图谱应用于学科知识服务的障碍还在于获取的数据质量直接影响知识产品的质量。而在专业领域中的高质量数据(可获取并有用的)大都以普通形式出现,这就需要生产出来的数据也必须以相同形式出现。虽然SCI的数据质量较好,但最近一些学者不遵守引用规则,他们通常出于不严谨、学派或利益原因而引用或不引用某些文章,使SCI数据失去一定客观性。这都在一定程度上影响了知识图谱的结果、影响了学科知识服务的服务效果。

(五)评价体系

任何一种机制,如果缺乏相应的质量评价指标,那么就会难以得到优化和发展。在信息可视化方面和学科知识服务方面都没有相应的完善的质量评价指标的情况下,更不必说知识图谱应用于学科知识服务方面的服务质量评价体系了。

相应的质量评价指标缺乏,既不能客观地反映知识图谱对于学科知识服务作用的现状,也不利于对其整体事业建设进行宏观调控、促进其发展,也不能对具体的某一机构的服务进行评估。通过评估使图书馆负责人和学科馆员了解其业务水平、特点和工作差距,才能更好地为其将来的发展订立发展计划和工作目标，以评价的结果改进工作的重点和措施，才能更好地满足用户的需求、实现服务的价值。

四、知识图谱应用于高校图书馆学科服务的对策

（一）协调合作，资源共享

知识图谱的研究需要大量的人力、物力、财力，仅仅一个图书馆、一部分学者进行研究，必然影响知识图谱研究的发展。知识图谱研究领域应与现有其他研究热点结合，带动自身的研究氛围、提高研究水平、展现自身技术与成果优势，使知识图谱逐渐受到重视，在实践中得到提高发展。同时，各研究院校与学者之间经常进行学术科研交流，共享相关资源，这样有利于节省经费，避免信息分散，提高国内知识图谱发展的整体水平。

（二）美化知识图谱图形

知识图谱虽然可以通过可视化技术使某一学科或领域的知识以直观、形象的方式表现出来，但其复杂、多维的图表不是任何普通用户就可以直接理解的，除非用户已理解绘图系统，否则学科馆员即使提供了知识图谱服务，对用户也没有多大用处。所以要重视美化知识图谱图形，使其符合用户的看图习惯，以本地的较经常使用、易被图书馆用户所接受的图形入手，提高用户的知识图谱利用率。

（三）服务社会，扩大受众

学科社会化服务是学科知识服务的必经之路。它一方

面可以使信息接受者增加，学科知识服务从学校、科研机构延伸到工厂、企业，以及社会上其他与该学科有关系的单位，不仅可以为校内、机构内的科研教学人员服务，还可以为社会上有需求的其他人服务，拓宽服务面，增强知识传播效果；另一方面，学科馆员在服务的同时，还可以结合自己具有的专业基础知识，深入实践，在实践中完善理论，更加了解专业发展现状，更好地把握研究趋势和未来研究方向。扩大受众也有利于加快知识流通与更新，从而有效地加快学科知识服务走向社会、面向社会的进程。

（四）提高数据质量

只有数据质量提高，才能真正使学科知识图谱应用的整体质量提高。为了便于数据的利用与共享，数据的标准化就格外重要，否则人们需要花费大量时间将不同格式的信息转化为统一格式，之后再进行利用。而只是统一信息的格式也不能很好完成作为知识图谱基础数据的职责，只有简洁规范的数据才是最佳的基础。这就要求利用专门的数据库，对那些经过加工、整理的数据直接进行利用，这样才会取得最佳效果。

（五）建立相关的评价标准和体系

无规矩不成方圆，建立相关的知识图谱学科知识服务评价标准和体系，有利于学科馆员在为图书馆用户进行服务时有据可循、有利于学科信息资源或资源获取渠道将数据组织整理得更加完备。了解用户的使用率和满意度，才能更好地了解自身存在的缺点，并在之后的工作中改进。

评价也可以作为一个标准,便于各学科馆员为用户提供相近水平的知识服务,学科馆员在进行知识组织、储备和生成的时候也有一定的方向,避免造成重复劳动和资源浪费。

第八章　基于知识图谱技术的高校图书馆智慧化学科服务体系构建

第一节　高校图书馆用户的学科需求分析

一、读者需求分析

高校读者可以分为三大类:教师、学生和教工。教师需要专业性很强的信息来掌握研究领域的现状与发展趋势;学生除了查询专业知识外,还希望得到丰富的课外资料;教工往往来图书馆寻找工作指导或休闲读物。

高校读者对图书馆信息资源的认知与馆员有较大区别。首先,读者认为图书馆的馆藏资源应该是经过图书馆馆员精挑细选之后的优质信息资源,他们来到图书馆往往是因为相信图书馆的信息资源是那些符合读者需求、高质量、高水平的正版资源,相信在图书馆能够花更少的时间获取到更可靠的有用信息资源。其次,读者普遍认为图书馆馆藏资源是容易获取的,只要是在图书馆检索平台能检索到的资源,即使不在本馆馆藏中,通过图书馆的馆际互借和文献传递的帮助,都比自己去寻找方便。最后,读者认为图书馆馆员熟悉馆藏与某领域的信息前沿与内在联系，读者在不能确定信息目标时，希望能从图书馆馆员身上得到帮助。总之，高校读者无论教师、学生还是教工，普遍认为图书馆的信息资源必然是优选的、易获取地、有指导性的。

(一)学术研究中的常用资料类型及获取途径

1. 常用资料类型

学术研究涉及的12种文献类型中，就读者总体而言，使用频率排序得分排在前三位的依次是期刊、图书、学位论文，其次是网络资源、会议论文、统计数据、研究报告，再次是年鉴资源、报纸、政府出版物，而标准、专利排序相对利用率较低[①]。

2. 不同身份读者的文献需求特点

教师和博士、硕士生都属于研究型读者，他们的文献类型需求情况较为接近，主要为期刊、图书、学位论文，其次是网络资源、会议论文、统计数据及研究报告等。但教师读者对学位论文的需求低于博士、硕士生，而对网络资源和会议论文的需求高于博士、硕士生，说明教师读者关注的资源类型更广泛。本科生作为学习型读者，对图书资源的需求是第一位的，其次是期刊和学位论文，再次是统计数据、网络资源，而对会议论文的需求则较少。

3. 获取学术信息的途径

“访问图书馆数据库资源”是读者获取学术信息的首

①郑敏. 用户驱动的图书馆学科服务创新框架研究[J]. 图书馆学研究，2012(16):59-63.

选，其次是“利用Google Scholar等学术搜索引擎”“到图书馆借阅专业图书”“访问免费的网络资源”，再次是“自行购买专业图书”。图书馆应加强与用户之间的沟通，增强主动服务意识。本科生读者访问图书馆数据库资源的频率较教师和博士、硕士生低，而教师读者到图书馆借阅专业图书的频率较学生读者低，自行购买图书频率较学生读者高。一方面教师的经济收入使其有能力购买专业图书，另一方面也说明图书馆某些专业资源不足，应加强专业资源建设，补充馆藏不足。

（二）查找资料时常见问题、解决途径及咨询方式

1. 查找资料时遇到的问题

查找资料时遇到的问题主要是获取原文困难、不清楚有哪些专业资源，以及不熟悉电子资源的检索方法。不同身份读者对于“获取原文困难”和“不熟悉电子资源的检索方法”两类问题的反映较为接近，而对于“不清楚有哪些专业资源”问题，学生读者（博士、硕士生和本科生）比教师读者反映更强烈。表明图书馆还需要加强对电子资源及其检索方法的宣传与培训。

2. 遇到困难时的解决途径

读者在查找资料遇到困难时，尤其是本馆无馆藏或无全文的文献，首选做法是通过网络进行搜索，其次是找同学或朋友帮忙，或通过图书馆馆际互借或文献传递。教师和博士、硕士生读者对馆际互借或文献传递服务的利用明显多于本科生，后者在搜索无结果时更多地选择放弃。除网络搜索外，教师读者更愿意找同学或朋友帮忙，其次才是通过图书馆馆际互借或文献传递。

3.咨询服务方式

针对面谈、电话、电子邮件、图书馆在线咨询、实时通信工具（QQ、微信等）5种常见的咨询服务方式，教师读者更倾向电话、面谈等传统方式，而学生读者倾向于QQ、微信等实时通信的新媒体工具，这表明不同身份的读者在选择咨询服务方式时有不同的倾向性。因此，图书馆需顺应时代发展的潮流，使参考咨询服务多样化，以适应不同身份读者的需求。

（三）读者所期望的学科服务

1.读者希望图书馆提供的学科服务内容

读者最希望图书馆提供的是及时获取图书馆无馆藏的文献全文；其次是及时订购所推荐的专业文献和整合学科网络资源，建立学科资源指南；再次是学科资源及服务利用方法培训，及时提供学科前沿、动态、研究热点等信息。有部分读者同时也希望在申请项目或博士、硕士生论文开题时，图书馆能提供课题查新服务，及时通告图书馆新增资源及服务信息，参与到读者的科研或教学中，为读者资料的搜集、查找提供辅助。少数读者希望图书馆提供开具论文收录引用证明和投稿指南的服务。

教师读者对“开具论文收录引用证明”服务比学生读者需求高出很多。博士、硕士生读者对“在申请项目或博士、硕士生论文开题时，提供课题查新服务”和“学科资源及服务利用方法培训”需求方面明显高于教师和本科生，而本科学生读者对“整合学科网络资源，建立学科资源指南”服务的需求比教师和博士、硕士生需求更强烈。教师和博士、硕士生对于“及时获取图书馆无馆藏的文献全文”和“及时订购所推荐的专业文献”这两方面的需求要比本科生高，说明研究型读者更关注文献的满足程度。不同身份的读者所需学科服务内容有一定的区别，应注重分层次服务。

2. 读者希望图书馆提供的培训内容

根据调查，读者最希望提供的是常用检索工具（SCI、SSCI、EI 等）的检索技巧及深度利用、专业学科资源的查找与获取方法；其次是网上免费资源查询利用，包括馆藏资源与服务介绍、核心期刊投稿指南、文献管理工具（End-note、NoteExpress）使用方法、获取馆外文献资源的方法（文献传递与馆际互借服务的利用）。其中，学生读者较教师读者更关注常用检索工具（SCI、SSCI、EI 等）的检索技巧及深度利用和专业学科资源的查找与获取方法，博士、硕士生较其他读者更关注核心期刊投稿指南和文献管理工具使用方法方面的培训。

3. 读者希望图书馆提供的学科服务方式

根据调查，读者最希望图书馆提供的学科服务方式是在图书馆内提供的集信息服务、设施、信息资源和人力资源于一体的信息共享空间；其次是提供信息订阅或推送服务（如 RSS），为用户提供图书馆的最新动态和个性订阅；然后是希望图书馆加入读者虚拟学术社区(如讨论组、QQ群、学科博客),及时了解读者的需求,走出图书馆,走进读者的实验室、办公室或学生课堂,参与到科研或教学中。

不同身份的读者所希望的学科服务方式有所区别。教师非常关注信息共享空间和信息推送服务。教师较学生更欢迎图书馆学科服务走出图书馆,走进实验室、办公室或学生课堂,参与到科研或教学中。学生比较青睐于信息共享空间、信息推送和虚拟社区服务,并且大多数希望图书馆为他们提供集信息服务、设施、信息资源和人力资源于一体的信息共享空间。

(四)读者关于学科服务的意见与建议

通过对各专业不同用户群体最常使用的数据库资源、还需要补充的专业资源,以及读者关于学科服务的意见与建议的调研,可以了解图书馆资源对读者的满足情况。

调查发现,最常使用的中文数据库共有22个,都是多数高校图书馆已购资源,最常使用的外文数据库35个,大部分是图书馆已购资源,这说明大多数高校图书馆目前的资源建设情况能够满足用户基本需求。关于学科服务的意见与建议,依据内容分为资源利用、资源荐购、宣传培训、服务利用4大类。

除图书馆已购资源外,还需补充的专业资源主要涉及以下几个方面:①图书资源。加强专业图书购买力度,注重选书质量,采选专业图书时要加强与用户的沟通与反馈;加大英文图书购买力度,尤其是各学科领域最新的专业图书；增加交叉学科资料及权威译著；多购置中华书局、商务印书馆、互联出版社等档次较高出版社的学术书籍。②增加社会调查、统计类数据资源。③注重权威专业外文数据库及专业顶级期刊的建设。④增加艺术、法学、外国语言学类专业数据库，在学科指南中增加课程指南等，丰富英语之外其他语种的专业资源，如日文、德文类文献。

二、基于用户需求提升学科服务的措施

（一）注重分层次服务

不同学科、不同层次用户所需文献类型不同，对学科资源的利用程度不同，因而表现出不同的服务需求，既有区别又有共性，应注重分层次服务。如学生读者（博士、硕士生和本科生）较教师用户更关注专业学科资源的查找与获取，而研究生读者（博士、硕士生）较其他用户更关注核心期刊投稿指南和文献管理工具（如Endnote）的使用方法。教师还对学科馆员嵌入其教学或科研项目中表现出很大的兴趣。

所有用户群体都非常关注图书馆资源的利用及满足情况；用户希望学科馆员帮助其及时获取本馆无馆藏的文献全文，及时订购所推荐的专业文献，能主动推送图书馆的最新动态和个性订阅，及时提供学科前沿、动态、研究热点等信息；用户希望获得学科资源的整合与利用方面的指导与培训；用户对图书馆信息共享空间、虚拟学术社区等新兴资源的建设非常感兴趣，希望有学科馆员参与其中，并

提供帮助;用户在咨询服务方式上对传统与新媒体工具均有需要,尤其学生用户非常关注APP功能及微信等互动服务的利用。

不同读者群体的特征不同,需求不同,学科服务目标及服务内容、方式也不同,应注重分层次服务。不同用户群体具体的学科服务需求概括如下:①教师。文献调研、查新、专利分析、学科信息推送等科研支持服务;教参服务、嵌入式教学等教学支持服务;查收查引、文献计量等认证评估服务;文献传递、资源推荐等文献保障服务;深度学科咨询服务;知识库、投稿指导、开放获取等出版服务。②本科生。文检课学习、培训讲座等信息素养教育、资源与服务推介、咨询服务、学习支持、阅读推广、互动等。③研究生兼具教师的科研需求和本科生的学习需求。④管理层则需要战略情报、学科分析、人才评估等决策支持服务。

(二)突出精细化与个性化方向

图书馆应重视基础工作和传统学科服务内容,使其朝精细化与个性化方向发展。

根据调查发现,各类读者仍然存在对图书馆现有的服务不太了解的情况。如,他们在查找资料遇到问题时寻求学科馆员帮助的较少,能够充分利用图书馆的文献传递和馆际互借服务的比例不高,知道并使用过将学科资源整合的LibGuides平台的人也较少。这说明图书馆对一些基础服务宣传不到位,导致用户的知晓度及利用率偏低。图书馆需要改变坐等读者上门的被动服务模式,通过各种营销手段争取用户。北京师范大学图书馆推出了一系列学科服务实践微创新举措，如全程跟踪式的学科资源保障服务、全方位的嵌入式信息素养教育服务、学科服务营销推广微创新等。

针对调研结果的改进措施如下：

1.文献满足方面

网络时代资源发展非常迅速，而图书馆的购买力受经费限制，任何一所图书馆都不可能收全所有资源，应加强资源共享建设。例如，中国人民大学图书馆与国家图书馆、上海图书馆以及CALIS全国高校图书馆联盟等建立了文献传递关系，帮助读者免费获取本馆没有收藏的文献资料，以弥补馆藏资源的不足。但是，上述调查结果同时表明读者对文献传递服务的知晓度和利用率较低，应加强宣传和培训，加强学科馆员与用户之间的联系，让更多的读者了解并利用该服务。

2.服务满足方面

近年来，图书馆不断更新和拓展读者服务的技术、形式和内容，通过馆际互借和文献传递服务免费从外馆获取图书馆无馆藏的文献全文，开通多种资源荐购途径，并引进国外广泛使用的学科服务系统LibGuides整合学科资源，揭示学科前沿、动态、研究热点等信息，通过移动图书馆、微信、微博平台及时通告图书馆的信息和服务动态。但是，学科指南还有很大的改进空间。国内图书馆学科指南以资源指南为主，与用户之间的动态交互较少，普遍缺少课程指南，为此还要加强用户的参与性建设及指南的可持续发展，以适应读者需求，另外需要加强宣传，让更多读者了解并利用。

3. 读者培训方面

调查发现，读者非常关注图书馆培训内容的实用性和专业性。图书馆在组织培训内容前，可先跟用户沟通，了解用户的具体需求，使培训更有针对性。同时，使培训主题多样化，如资源概览型、通用型、专业资源型、工具型等，提倡多组织分众型讲座，并鼓励用户根据需求进行预约培训。

（三）改进学科服务的对策与建议

不同身份的读者由于年龄、查找资料的习惯和科研参与程度的不同对学科服务需求不同。学科服务需要以用户需求为导向，以读者为中心。只有掌握了不同类型读者的具体需求，才能根据实际情况为他们提供更加有效、更具有针对性的学科服务。

影响学科服务深入推进的根本原因在于学科馆员自身素质的差异和兼职弊端。目前，学科服务内容一部分停留在传统服务形式上，学科馆员及用户对学科情报分析、嵌入教学、科研等深层次学科服务缺少一定的信心。因此，一方面，学科馆员应加强与用户之间的联系，主动寻找学科服务切入点；另一方面，学科馆员在不断提高自身情报信息组织能力前提下，将时间精力和工作阵地转移到用户上，对用户有求必应，为其提供个性化、专业化精准的情报分析服务，这样，才能为赢得用户认可、打开局面。此外，在经过学科服务广泛实践后，我们需要对学科服务模式选择、过程、服务内容、方式等重新审视和思考，学科服务需要返璞归真。

图书馆应立足实际情况，重视基础工作和传统学科服务内容，通过服务模式微创新吸引用户，宣传普及，使文献传递、信息素养培训、学科服务平台、学科馆员、虚拟学术社区等成为用户遇到问题与解决问题的首选，使学科服务真正融入用户的学习、教学、科研环境中，并借鉴国内外高校学科服务的成功经验，使其朝精细化与个性化方向发展，努力提高用户的满意度。随着高校图书馆关注点从“增加馆藏”转向“服务与合作”，学科馆员的职责除了继承以往的内容外，还需增加对学术交流与教学科研活动的支撑职责。

第二节　学科文献资源的收集与文献聚合分析

随着高校教育体制改革的进一步深化，高等学校相应调整了专业结构，逐步形成以重点学科为龙头，加强基础学科建设，兼顾调整学科结构的模式。重点学科建设水平是衡量一所高校办学水平、办学质量的主要标志。高校图书馆作为为学校教学、科研服务的文献信息中心，在学科建设中起着重要的文献保障作用，是教学、科研以及学科建设的重要支撑力量。因此，高校图书馆必须适应且配合学校改革，转变观念，积极参与学科建设，根据新时期的办学思路制定本馆文献资源建设方针，特别是要加强对重点学科文献资源、建设的力度，更好地为高校重点学科和特色学科建设与发展服务。

一、重点学科及文献资源现状的分析

（一）对重点学科的分析

重点学科是指在众多学科基础上具有培养硕士、博士能力的专业学科，能够完成国家或省重点科研攻关项目或在某一方面具有地域性、民族性特色的专业学科。一个重点学科的确立，其基本步骤一是分析重点学科的级别，明确是国家级、省部级还是校级；二是了解重点学科门类情况，属文科、理科还是工科；三是了解重点学科研究方向，分析其特色和优势；四是了解重点学科的专业构成、课程体系，以及硕士、博士授权点情况，以便了解学科的内容特色和学科建设重点和倾向。

图书馆通过这种广泛调查和比较分析，基本掌握各个重点学科的研究方向、特色和优势，并以此为基础建立学科档案，从而确定重点学科文献收藏等级，制定合理的文献收藏目标，做到保证重点、带动一般、全面建设[①]。

①董克．数字文献资源多元深度聚合研究[D]．武汉：武汉大学，2014.

（二）对学术队伍结构的分析

重点学科建设的关键是学术队伍建设。了解了学术队伍状况，图书馆的工作就有了指导方向和明确目标。因为学术队伍既是图书馆的服务对象，也是图书馆取得相关信息的主要来源，因此，图书馆要掌握学科带头人和学科梯队的情况，了解学科队伍的职称结构、学历结构、专业结构、年龄结构、研究方向及外语水平，了解他们对重点学科文献类型、情报服务方式和服务质量等方面的需求状况，分析他们阅读和利用文献的规律，做到心中有数，进而及时调整藏书结构和计划，确保重点学科文献的收藏。

（三）对文献收藏现状的分析

加强对重点学科文献类型、收藏方式、收藏数量、收藏质量等方面的调查分析，找出文献收藏的优势和劣势，查明现有藏书的实际水平和实际级别，对制定科学合理的藏书建设计划是非常重要的。

1. 对收藏文献管理方式的分析

收藏管理方式主要体现在重点学科文献资源的布局上，是校图书馆、资料室分散布局还是校图书馆集中布局。由于高校的性质、规模、学科、教学、科研，以及文献资料管理方式等实际情况各不相同，各校的文献收藏管理方式也不尽相同。

收藏方式大致可分为两种，分散式收藏管理和集中式收藏管理。从目前来看，分散式收藏管理是各高校重点学科文献收藏的主要方式，这种方式由于对文献采访和收藏缺乏统一的协调和管理,不仅造成重复采购,而且不便于用户利用。集中式收藏管理实现了对文献的集中收藏集中管理或分散收藏集中管理,有利于对文献的统一协调和用户的方便利用,它是传统文献布局模式改革的产物,目前有些高校已开始采用。各高校可根据自己的办学特点选择适合本校重点学科发展的文献收藏管理模式。

2.对收藏文献数量和质量的分析

要全面统计校图书馆、院系资料室等所有部门收藏图书资料的数量,分类统计出中文图书、外文图书、报刊、电子资源等各类型文献的种数、册数及其占文献入藏总量的比重,重点是对馆藏重点学科的各类文献资源的种数、册数进行科学的分类统计和分析比较,并计算出各类文献的占有率,即学校某一重点学科图书文献数量占该学科出版数量的比例。

一般认为,学科文献占有率在60%以下的是不完备级。在此基础上,根据文献复本率、利用率、占有率等多项指标,再结合其他各种数据,综合分析重点学科文献信息收藏的质量与数量水平,了解漏缺,从而准确评价文献收藏的级别并确立文献收藏的原则,对资料不全、不新、连续性不强、达不到较高查全率的重点学科文献要进行重点补购,保证重点学科文献服务。

随着网络化、数字化资源的涌现,在馆藏建设中不仅要强调传统的纸质书刊收藏,更应重视灰色文献、电子文献、网络文献以及各种数据库的采集,以资源的多元化优势满足重点学科建设对信息的要求。

二、学科文献资源聚合与知识图谱构建

(一)学科文献资源聚合模式

为了在学科文献各类资源间尽可能地建立更多关联,接下来讨论从多种角度对资源进行聚合,包括以学科为角度的聚合、以科研人员为角度的聚合、以科研团队为角度的聚合和以科研成果为角度的聚合等。

1. 以学科为角度的聚合

学科是学科建设的功能单位,是对高校教师教学、人才培养与科研业务隶属范围的相对界定。学科档案在进行归档时,一般都是按照学科来进行区分整理的,学科是学科档案存在的基础,是学科建设的主要对象,是科研人员、科研团队、科研成果等形成与存在的重要支撑。

以学科为角度的聚合,也就是把具体的某一学科作为主体,将与之相关的所有学科文献资源,如学科研究方向、学科带头人、学科队伍等,进行语义关联。其能够实现在访问某学科时,同时呈现该学科文献的所有相关信息,可清晰掌握该学科发展情况,从而促进学科建设、学科评估等工作的开展。

2. 以科研人员为角度的聚合

学科文献中的各类资源,如学科带头人、科研团队、科研成果、人才培养等,都与科研人员存在联系。由此,以科研人员角度进行聚合,可将学科文献各类资源都关联在

一起。

该角度的聚合所实现的效果是,在以某科研人员为主题进行查询时,能够查询到与该人员有关的所有学科档案信息,包括所属科研团队、学术头衔、学科领域、参与项目情况、科研成果、所获荣誉和指导学生情况等,从而通过这些信息,再关联到其他相关信息,最终实现该学科所有文献资源的聚合。

3. 以科研团队为角度的聚合

学科文献资源中的各项科研成果,很大部分来源于科研团队。团队科研水平往往比个人水平要高,科研水平直接影响着学科建设水平。科研团队也是学科建设中的重要组成成分。

以科研团队为角度的聚合,所要实现的是,在以某学科科研团队为主体进行查询时,能够链接到与该科研团队有关的所有学科文献信息,包括团队主要研究方向、学术带头人信息、团队成员信息、团队成果等。同样,也可以通过检索呈现的资源信息,再关联到其他相关信息,最终实现该学科所有文献资源的聚合。

4. 以科研成果为角度的聚合

科研成果是在校人员,如科研人员等,通过从事科学技术研究项目或课题研究而形成的具有学术意义和实用价值的创造性结果,是在校人员科研能力的体现,也是整个学科水平的体现。

与科研成果直接相关的实体资源是科研人员,由此,以科研成果为角度的聚合，主要是以科研人员为切入口进行的关联。简单来说，就是以某科研成果为检索点，访问到相关信息，如题名、作者、摘要、关键词等，然后再通过作者关联其他资源，以实现该学科所有学科文献资源的关联聚合。

（二）知识图谱与学科文献资源聚合

知识图谱早在1991年就被定义为一种可视化形象。研究学者利用专门软件对大量反映知识结构及发展脉络的数据进行自动处理，生成可视化的知识图谱，如陈超美、K. K. Mane和K. Borner、S. Lawrence和M. Henzinger等。由于知识图谱可辅助学者多角度地直观审视研究领域的主题，近年来有关知识图谱的发文量持续增长。

广义来说，凡是在网络上跟高校或科研院所教学科研工作相关的信息资源都可归纳到学术信息资源的范畴。国内外学者提出了许多学术信息资源的聚合方法，包括以知识为研究对象的社会网络分析方法、以文献引文为研究对象的引文分析方法、以知识内容为研究对象的关键词共现分析方法等。在网络环境下，绝大多数的聚合是指互联网各种信息的集合，而网络文献资源聚合在本质上是对数字文献资源的聚集与整合，其最终目的是实现知识服务。从应用的对象看，学者王丽萍等针对图书馆服务进行了聚合研究、学者贺德方等对馆藏资源进行了聚合模式研究、学者苏金燕等针对地理空间进行了集聚研究、学者邱均平和王菲菲针对文献资源进行了聚合研究；从理论研究看，现阶段有关选择性计量学的研究越来越多。

选择性计量学将开放存取平台和学术社交网络看作引文网络，对平台上论文的使用情况和评价进行研究，知名度、热点、合作注释、标签密度等评价指标大有效用。换言之，选择性计量学集中对学术论文影响力的信息进行聚合，并且形成一套行之有效的量化指标。在国内，学者刘春丽等很早就对选择性计量学进行了研究，学者王贤文等也指出在社交网络环境下，新的传播方式要求对论文采用新的评价指标和计量方法；在国外，H. Piwowar 指出选择性计量学为所有科研产出提供可度量的指标，不过 M. Thelwall 通过实证研究测量 11 种选择性计量学指标，发现指标的实用性并不明显。

知识图谱的构建方法多种多样，其中最重要的方法是共现分析。传统共词分析是指对一组词中两两词语出现在同一篇论文中的次数进行统计，并通过聚类方法分析这些词的亲疏关系。词的选择类型多种多样，包括关键词、主题词、作者、题目、期刊、机构等。

在网络环境中，传统的文献范畴也有所延伸。如果从文献的基本属性出发，可以将网络文献定义为“所有以网络为载体的包含知识内容的信息单元”。因此，凡是能被计算机识别并处理的“任何研究者关注的有实义的字段”都可以进行共现分析。利用两个关键词在网络上的同一区域里共现的次数来度量它们之间的亲疏关系，可以分析出关键词所代表对象之间的关系特征。

从早期J. Law和J. Whittaker研究环境的酸性，R. R. Larson分析地球科学、地理信息系统、卫星遥感等学科的相互关系以及发展趋势，到E. Romero-Frias等探索媒体与政党的关系，M. Thelwall等运用URL共引和标题提及印证共链网络，L. Vaughan等采用网络学术和商业数据比较3种数据来源，共现分析方法已得到了广泛的应用，在众多研究中发挥了重要的作用。

随着网络学术交流的日益普及，网络平台为知识图谱和知识发现研究提供了新的更为丰富的信息源。但在以往的研究中，尽管有学者对网络学术信息的综合应用进行了理论探讨，但同时使用传统网络数据库（如CNKI等）和新型网络学术信息平台（如图书馆领域的图林博客等）进行信息聚合实证研究的还不多见。

此外，尽管有一些方法已经被用于网络学术信息的挖掘中，包括作者分布规律、链接结构、地理空间和评价等，但这些方法均存在不同程度的局限性。可以认为，以共现分析和信息聚合为方法论基础，对不同来源的数据加权，构建知识图谱，是一种可行的思路。

1.数据收集与预处理

（1）数据来源与收集方法

通过两类信息平台获取研究数据：一类是传统网络数据库，选择的是国内影响力最大、应用最广泛的CNKI中国知网资源总库和万方数据库作为数据来源，以CSSCI收录的图书情报学科领域核心期刊为研究样本。另一类是新型网络学术信息平台(学术博客、学术论坛等)。经过细致调研,最终选择目前在国内学界影响力较大的CNKI学术论坛的图书情报与数字图书馆作为数据来源。

对于传统网络数据库,可通过内置的检索功能获得结构化的原始数据。相关检索限定条件为:主题为"图书馆",时间范围为跨度为两年。

新型网络学术信息平台的数据大多为非结构化数据,需要采用专用的工具进行采集。经过比较,笔者最终选择LocoySpider软件来抓取原始数据。在CNKI学术论坛方面,选取电子技术及信息科学目录下的图书情报与数字图书馆进行数据采集。经浏览发现,帖子是经过精心编辑的,质量较高。

(2)数据预处理

考虑到研究的实验限制,共词矩阵研究针对前100位关键词进行,未经加工的共现数据不一定可以准确地测量两个研究对象之间的关系。例如:如果两个词分别出现频次都是6,其共现频次是5,就可以表示出它们具有很强的相似性,而如果两个词分别出现频次都是100,那么即使其共现频次是10,也不能说明两者之间有很强的相似性。大多数研究者会选择将多值共现矩阵转化为相似矩阵或相关矩阵。

为消除多值共现矩阵中频次悬殊对统计结果造成的影响,可以构造相关系数矩阵。常见的Pearson相关系数将多值矩阵转化为元素值在[-1, 1]区间取值的相关系数矩阵,代表矩阵元素间的线性相关性，定义为两个变量之间的协方差和标准差的商：

$$r = \frac{\sum_{i=1}^{n}\left(X_I - \overline{X}\right)\left(Y_i - \overline{Y}\right)}{\sqrt{\sum_{i=1}^{n}\left(X_I - \overline{X}\right)^2}\sqrt{\sum_{i=1}^{n}\left(Y_i - \overline{Y}\right)^2}}$$

结果可按3个级别划分：$|r| < 0.4$ 为低度线性相关；$0.4 \leqslant |r| < 0.7$ 为显著性相关；$0.7 \leqslant |r| < 1$ 为高度线性相关。

对文献题录数据进行整理，方法如表8-1所示。

表8-1　数据获取及处理方法

数据平台	类别	工具	数据搜集方法	处理方法
传统网络数据库	网络数据库	SATI、Excel、SPSS	文献题录、下载	1. 整合txt文档 2. 生成标准化矩阵
新型网络学术信息平台	学术博客、学术论坛	SATI、Excel、SPSS、LocoySpider、Eclipse	Spider采集	1. 数据标准化 2. 整合txt文档 3. 生成标准化矩阵

2. 单源学科文献资源知识图谱的构建和比较

在得到100×100关键词相关矩阵后，利用SPSS统计分析工具对矩阵进行因子分析、聚类分析和多维尺度分析，从而构建不同来源的关键词知识图谱。

首先,因子分析能帮助降低分析变量个数,通过尽可能少的因子来描述尽可能多的指标关系;其次,聚类分析依靠确定的因子数目,将同一类的关键词聚类;最后,在得到因子个数及聚类信息后,多维尺度分析可以观察到类别间的关系及个体类别元素的特性,从而得到图书情报领域知识图谱。

以下,对基于不同数据源所构建的知识图谱进行比较分析。

(1)网络数据库关键词知识图谱

根据知识图谱构建步骤,得到根据各元素坐标绘制的公共空间二维图。结合因子分析和聚类分析的结果,按照划分的10个因子,最终绘制出图谱A1。

在A1中,图书情报学的研究主题可分为A图书馆机构、B图书馆期刊、C知识管理、D图书情报学、E图书馆信息与技术、F信息资源共享、G高校图书馆、H地方图书馆与种类、I移动图书馆、J图书馆系统10个大类。

(2)博客文章关键词知识图谱

根据知识图谱构建步骤,得到根据各元素坐标绘制的公共空间二维图。结合因子分析和聚类分析的结果,按照划分的6个因子,最终绘制出图谱A2。

在A2中,图书情报学的研究主题可分为A图书馆成员与管理、B图书馆学、C读者服务、D数字图书馆及其建设、E研究与评价、F古籍保护及参与人员6个大类。

(3)论坛帖子关键词知识图谱

根据知识图谱构建步骤,得到根据各元素坐标绘制的公共空间二维图。结合因子分析和聚类分析的结果,按照划分的8个因子,最终绘制出图谱A3。

在A3中,图书情报学的研究主题可分为A图书馆联盟与信息管理、B图书馆服务、C信息资源共享及其建设、D网络技术与数字图书馆、E信息检索、F信息资源、G图书阅读方式、H古籍保护8个大类。

(4)单源知识图谱的比较分析

根据以上知识图谱显示的结果,可得到图书情报领域不同的研究主题分类。

第一,从各自的分类数目来说,图谱A1为10类,图谱A2为6类,图谱A3为8类。因为论文发表的人数众多,研究思路和习惯各不相同,图谱A1的关键词分类更细,所以类目更多;图谱A2因为其网络性质,经常参与写作的人数已经固定,研究内容的相似性更为统一,所以类目较少;论坛则可以理解成一个学术圈子,研究类目适中且类别较分散。

第二,不同研究对象的核心类别也不尽相同。

图谱A1研究分类中,类别“J图书馆系统”的关键词占所有关键词的比例最高,其次是类别“H地方图书馆与种类”,其余的占比均较低,揭示出该平台数据研究领域集中在图书馆系统和地方图书馆种类,具有全面性,起到总纲领的作用。

图谱A2研究分类中，类别“A图书馆成员与管理”“D数字图书馆及其建设”“C读者服务”“F古籍保护及参与人员”的关键词占比都超过10%，集中度比较平均，同时揭示了该平台研究领域的视角集中在图书馆成员和读者身上，对古籍保护的研究也更多。

图谱A3研究分类中，类别“A图书馆联盟与信息管理”“B图书馆服务”“C信息资源共享及其建设”“D网络技术与数字图书馆”“E信息检索”的关键词占比都在10%以上，研究涉及多方面，也颇具有针对性，同时揭示了研究领域集中在图书馆服务、信息资源共享及数字图书馆，这些方面跟图书馆用户息息相关。

第三，对不同来源间相似类别进行分析，传统网络数据库与新型网络学术文献信息平台的关键词重合度平均后大概在24%，存在相关性；新型学术信息平台中论坛与博客相同关键词重合比例高达65%，相关性更明显。

通过以上分析可知，3个来源的知识图谱有如下特性：①传统网络数据库关键词类目分类更细、更多；研究领域集中在图书馆系统和地方图书馆种类，具有全面性，起到总纲领的作用，对学术研究起到主要推动作用。②新型网络学术平台信息关键词类目少，研究内容更为统一；类别集中在图书馆服务和读者上，与图书馆用户息息相关。③两种来源的关键词存在相关性，类别也有明显的共同特征。

3. 多源学科文献资源聚合的知识图谱分析

(1)无权信息聚合

无权信息聚合就是直接将关键词信息合并到一个数据集中,形成无权的多源平台信息聚合。参照前述实验过程,构建基于多源数据的知识图谱,得到图谱B0。

在B0中,图书情报学的研究主题可分为A数字图书馆系统、B图书馆机构与馆员、C古籍保护及文化交流、D图书馆联盟、E图书馆服务5个大类。通过图谱B0与图谱A1、A3的比较,B0的研究内容比各自来源的研究内容更加集中、概念与概念之间的联系更加紧密、分类边界更清晰、结构更紧密,揭示了无权的多源信息聚合图谱的研究主题分类表现在单源知识图谱更为优秀。

(2)含权信息聚合

在构建上述多源知识图谱的过程中,未考虑不同信息源的差异,而直接将不同数据进行合并考虑。事实上,无论是数据的质量、数量还是在平台的自身特点,不同数据来源均有明显的差异。在进行多源信息聚合时,必须考虑这些差异性。

研究按照两种不同的原则,为不同的数据源设定权重系数——作为来源平台的文章数目的乘数。因为最终知识图谱的构建依靠的是相关矩阵,所以乘数的引入只会影响多值矩阵而并不会影响相关矩阵,即系数的引入不会对知识图谱的构建造成不良影响。

需要进一步说明的是,设定原则的基础在于数据源的差异，根据这样的性质结合文章数目、来源重要程度进行原则划分。以下采用两种原则，分别设置两个实例，以探讨聚合后知识图谱的特征。

在原则一中，系数的作用在于平衡不同来源的文章数目，使其大约相等，此处将不同来源的权重视为相等。设定的情况有两种："权重 B-1"视 3 种来源的权重为等同；"权重 B-2"视传统来源平台和新型来源平台的权重为等同。

在原则二中，系数的作用在于赋予不同来源权重，此处将不同来源的权重视为不相等。设定的情况有两种："权重 B-3"将网络数据库视为重要，学术博客视为较重要，学术论坛视为次重要，系数则按重要程度赋值，重要程度越大，系数越大；"权重 B-4"系数设定方法如"权重 B-3"。

参考关键词知识图谱构建过程，得出含权的多源信息聚合知识图谱，结合无权的多源信息聚合知识图谱，得到图谱 B0、B4 的比较。

无权的知识图谱与含权的知识图谱主要关键词差别不大，无权的知识图谱与"权重 B-3"知识图谱中，主要关键词甚至几乎相等。但是无权的知识图谱与含权的知识图谱的聚类构成还是有很大不同的。从聚类数目来看，"无权重（权重 B-0）""权重 B-1"和"权重 B-4"知识图谱分为 5 类，"权重 B-2"知识图谱分为 8 类，"权重 B-3"知识图谱分为 6 类；从聚类情况来看，"无权重（权重 B-0）""权重 B-2"和"权重 B-3"知识图谱中，类别与类别之间的界限更加清晰，各类别的构成也更为紧密，含权的两个知识图谱分类更多、更细，较之“无权重”知识图谱更能识别出热点研究领域。

究其原因，“权重B-2”系数设定原则为“传统与新型来源权重等同”，揭示了新型学科文献信息来源对于研究热点识别有相当高的学术价值，应给予其与传统来源等同的重视。“权重B-3”系数设定原则为“按重要程度对不同来源设定不同权重”，对于传统的学术论文来说，其学术价值最高，所以赋予最高权重；学术博客与学术论坛两者相比较，学术博客因出自学者之手，其学术价值和严谨性也就应当比论坛这种社交平台更高更强，所以赋予学术博客的权重更大。

多维尺度分析图的效果除了依靠信度和效果估计值去界定之外，还可以根据图谱的边界是否清晰、构成是否紧密来进行比较。结果表明，5种图谱的信度和效果估计值都在同一个水平级别上，而图谱的边界、构成则有显著差别，即权重B-2、权重B-3效果比无权重（权重B-0）要好，而无权重（权重B-0）又比权重B-1、B-4要好。显然，图谱B2和图谱B3的拟合效果更佳。

经上述分析，原则一及原则二中各有一权重系数的设定（即权重B-2和权重B-3）使图谱（即对应的图谱B2和图谱B3）拟合的效果更佳，而且其他图谱没有出现极端情况（即图谱异常完美或者图谱异常失真），这表明，权重系数的引入产生了积极的效果。

在原则一中,来源文章数目设定为大致相等,并没有使图谱中各类别的形状大小雷同、难以区分。而在原则二中,对平台的重要性做倍数递减划分,并尝试用两个权重实例形成图谱以观察其特性,虽然存在一定的主观性,但分析结果已经充分表明了合理的权重设置有利于生成效果更佳的知识图谱。至于最优的权重设置,则需要在实际应用中根据具体的情况进行更多的测试。

高校图书馆要为重点学科提供有效的文献保障,就要根据本校的学科设置特点,建设其特色化的文献资源。特色化建设是建设数字化图书馆的重中之重,也是实现资源共享的重要基础。图书馆要利用本馆的馆藏资源、技术水平,采用因馆制宜、因地制宜的原则,根据重点学科优势建设具有地方特色、学科特色、专题特色的特色文献资源体系进行自身的建设。为了使特色化建设能真正发挥作用,图书馆不能拘泥于旧形式,要利用传统馆藏的优势,自然向智能图书馆过渡,建立实体馆藏和电子资源特色数据库,努力构建高水平、多载体的文献资源保障体系,提供优质高效的特色学科服务,真正的成为学校教学与科研的重要文献保障。

第三节 建立高校图书馆智慧化学科服务体系

一、构建高校图书馆智慧化学科服务体系的指导原则

（一）以用户为中心的原则

信息技术所创造的图书馆新环境，使高校图书馆的服务重心从开发馆藏向图书馆资源使用的转变，意味着服务理念从“书本位”向“人本位”的转移。构建学科型、知识型服务体系的目的就是为用户提供最佳的信息服务，因此无论是在调研用户需求方面，还是在服务项目的设计过程当中，首先考虑的应是图书馆的用户的信息需求，如何为他们提供最便捷最到位的服务。只有以用户为中心来构建服务体系，才能顺应新时代图书馆的发展要求，才能使这一新型服务模式顺利、有效地推行下去。

智慧化学科服务体系应是一种用户驱动型的资源建设与服务模式，关注用户体验，以用户的需求来指导服务内容，让用户参与图书馆资源建设，是以用户为中心原则的具体体现。

（二）重点建设原则

重点建设原则，是指在实施学科服务的过程中，由于资源和人力的限制，可以选择学校的重点学科作为开展学科

服务的主要学科对象。高校图书馆,尤其是综合型高校图书馆在开展学科服务时,不可能对学校的所有学科提供规模、水平相同的学科服务。建议在学校的所有学科中选出学校发展的优势重点学科,作为开展智慧化学科服务的第一梯队,开展有效的学科服务,再逐步将服务向更多非重点学科延伸。

(三)互动性原则

协作互动原则,是指开展学科服务,应该加强学科联络、注重用户参与,使学科馆员与学科用户之间形成双向循环信息流,形成空间互动、人员互动、信息互动。智慧化学科服务不再像图书馆传统服务那样是馆员执行的单向行动,学科服务的顺利开展与可持续发展需要来自用户的积极响应与反馈,只有双方在服务过程中产生良性、和谐的互动关系,学科服务才能真正产生效果[①]。

(四)开放性原则

开放性原则主要着眼于智慧化学科服务的技术实现层面,特别是在网络环境下,在智慧化学科服务的技术实现层面需要更多遵循开放性的原则。使用开源软件或对外开放数据转换接口,甚至分配给一些高级用户部分管理员权限,这些都是开放性原则的具体体现。因为学科用户既是学科资源消费者,又是创作者,构建一个开放性的系统,允许用户自由地写入或者导出,有利于学科信息的交互和共

①胡桂梅. 基于媒体融合的高校图书馆智慧服务体系构建[J]. 图书馆学刊,2018,40(05):70-73.

享,符合以用户为中心的核心原则。

(五)可持续性原则

构建智慧化学科服务体系是一个持续的系统发展过程,需要参与构建体系的各方因素相互配合和协作,才能保证整个体系的协调发展。不仅要考虑多方面的因素,要考虑到系统内每个因素的协调发展。

系统发展的原动力主要是来自于用户驱动和需求驱动,因此,系统在面向用户需求、注重特色、提供丰富的个性化知识服务的同时,需要不断地改进系统、不断地进行动态的调整和更新,提高服务意识、改善服务、增强协作,确保不断提高用户满意度,使系统能够始终保持良性循环,从而保证智慧化学科服务体系能够持续有效的运行。构建的智慧化学科服务体系必须是具有可持续发展能力的。

(六)规范化原则

以规范化原则来构建智慧化学科服务体系,能够为学科资源建设、技术开发及体系的管理维护等方面提供标准的、可遵循的规范制度。相关规范标准的完备程度,是影响智慧化学科服务体系能否持续发展的基本因素之一。因此高校图书馆在构建智慧化学科服务体系起步阶段,就应该制定出一系列统一、标准的规范条例,如对学科资源的共建共享及服务的体制,体系内被服务学科、被服务对象的权利和义务、经费保障、利益协调等方面,进而为服务体系的有效运行营造良好的规范化的环境。

二、体系构建的前期规划要素

在构建高校图书馆智慧化学科服务体系过程中,为了减少盲目性、提高成功率,首先需要做好前期规划工作。规划工作应从馆员、学科用户、学科服务技术、学科信息资源四个关键要素着手。

(一)馆员因素

构建智慧化学科服务体系的首要因素就是馆员因素,学科馆员作为开展学科服务的主体,学科馆员队伍的建设必须进行科学的统筹与规划。应该注意的方面有:学科馆员应该具有一定的数量,数量要适度,有数量才能产生一定的规模效应;学科馆员的工作应该循序渐进,从基础做起;学科馆员应加强团队建设,以团队形式开展工作;学科馆员开展工作应得到管理者的有力支持和其他部门的积极配合;学科馆员应站在用户的立场上,以用户的视角看待图书馆、资源和服务;学科馆员应在普遍服务与深度服务之间寻求平衡;要加强以用户满意度为核心的学科馆员服务绩效考核;在学科服务工作中要注意保护学科馆员的工作热情与活力。

(二)学科用户要素

学科用户包括了高校内各个层次的人员,包括本科生、硕士和博士研究生、教师、科研人员及对学科信息有兴趣的其他人员。用户的层次差别决定了服务的差别性,应根据不同用户的特性,开展内容和形式有所差别的学科服务。对于本科生和硕博士生可开展以普通参考咨询和信息素养教育为主的学科服务,对于教师和科研人员可以进行融入一线的嵌入式深层学科服务,开展课题信息服务和有针对性的学科知识服务等。

(三)学科服务技术要素

开展学科服务,特别是"互联网+"环境下的学科服务,在技术选择、硬件基础、成本核算等方面都需要进行科学合理的规划与论证。每一种新技术各有其特点,也需要不同的运行环境和技术力量,高校图书馆在构建智慧化学科服务体系时应该根据自身情况,有选择地选取和利用,不能追求一步到位,也不能空炒概念,应该真正把技术力量用到实处,丰富学科服务的手段,取得真正的服务效果。

(四)学科信息资源要素

学科信息资源包括传统的馆藏纸本资源、馆藏电子资源和网络开发获取资源,在规划过程中应充分考虑不同资源的特性,根据不同资源的特性开展不同形式的学科型服务模式。如对纸本资源可以考虑开设不同学科的学科分馆;馆藏电子资源做好学科导航和用户培训服务;开发获取的网络资源可以考虑在运用学科导航的基础上,运用互联网技术增加用户的参与和维护,取得更好的服务效果。

三、智慧化学科服务体系构建的主要策略

(一)先期调研与分析

构建智慧化学科服务体系首先需要进行充分的前期调

研与分析工作。只有进行充分的前期调研和分析工作，才能保证整个构建方案的可行性与合理性。这个阶段的工作包括以下四点。

1.现状分析与发展方向预测

运用文献调研法和网络调研法对国内外学科服务的理论和实践活动进行前期调研，了解和把握学科服务的发展现状和发展水平，并对国内外典型实践案例进行分析评价，总结归纳适合自身情况的服务模式和服务手段等，对学科服务整体的发展趋势与前景进行预测，确定适合本馆的发展方向。

2.用户需求调查分析

通过问卷调查、座谈、电话访问和直接访问等方式对学科用户的学科型服务需求进行调研，重点考察用户的信息使用行为、使用偏好、科研学习需求等信息特性和用户对学科信息服务的个性化要求等，并根据第一手的用户需求分析，从而确定学科服务的切入点和重点。

3.服务基础要素分析

对馆内的馆藏信息资源、人力资源状况、组织结构、软硬件设施、服务环境等要素进行系统的分析评价。可以考虑运用管理学上的SWOT分析法，辨析开展学科服务已有的基础和存在的不足，即开展学科服务的优势与劣势、机会与挑战，作为整体规划和决策工作的重要参考。

4.制定调研分析报告

将前期所做的调研及分析结果进行汇总，形成完整的调研分析报告，为后续规划工作提供依据。报告除了要包含前期对发展背景、同行经验及用户需求进行调研的客观记录和分析外，还应该提出发展模式建议，供制定正式方案参考。

（二）制定目标与方案

为确保学科服务的有效开展与实施，必须在开展服务伊始明确制定服务的目标和方案，做到有章可循、有的放矢。学科服务的目标可以分不同层次制定，包括整体目标、部门目标、项目组目标及个人目标等。目标的制定应当从实际出发，循序渐进，应该避免过于远大空泛，失去了现实的指导意义和激励作用。在目标的指导下应该规划制定具体的学科服务方案，方案应对学科服务的框架、服务模式、政策规范、人力资源、组织结构、管理方法等内容做出明确的设计和规定。

（三）方案的实施

方案的实施过程也是开展学科服务最核心的服务实现过程，是构建智慧化学科体系的实现阶段。图书馆必须进行有效的组织管理，自上而下对构建服务体系的目标和方案达成共识、有效协作、开展工作，利用已有发展目标和设计方案指导和控制各项工作，保证构建学科型服务体系的各项工作能够不偏离已有目标和方案，能够科学系统地推进与发展。

（四）服务效果评估

构建智慧化学科服务体系对用户来讲，最重要的不是过程，而是效果。因此在开展学科服务的过程中，应该建立一套第三方参与的、更客观的、由用户主导的、侧重于效果的服务评价体系。评估手段可以借助系统平台的统计功能量化进行，也可以以定期开展用户调查等获得直接的反馈，作为评估的有效依据。因学科服务的互动性特点，在服务过程中应该嵌入对服务效果的反馈和评估机制，保证服务质量和服务水平的不断提高。

四、体系构建中的相关保障制度

（一）不断改善服务方式与服务内容

构建智慧化学科服务体系是高校图书馆近年来开展的一项创新服务，所以必须在实践中不断改善、修正服务内容和服务方式，确保构建学科型服务体系这一项目的可持续发展，并且要将这一项目视为一种长期的系统工程，建立后续的评估制度，根据用户的反馈和意见，不断地进行改进与完善，确保学科服务的有效性和实用性。

（二）建立用户评估机制

构建智慧化学科服务体系并不是图书馆的单向工作，用户的反馈和评估是服务有效开展的基本保证。可以说，没有用户的反馈与评估，这项工作就失去了意义。

因此，高校图书馆在构建智慧化学科服务体系初期，就应该建立用户评估机制，对服务的质量和有效性进行及时的评估和反馈，了解用户的需求和兴趣，及对服务的满意度等。

（三）建立用户激励和管理机制

在“互联网+”环境下构建智慧化学科服务体系，需要用户的广泛参与反馈。高校图书馆可以针对用户的参与情况，在积极开展创新服务的同时，建立一定的用户激励与管理机制，使用户在学科服务中感觉服务是有效的，学科服务的内容是有价值的，并且愿意积极参与学科服务，分享自己的学科知识和学科信息。高校可以考虑为参与度等级高的用户提供更多的系统开放权限，如建立微博、微信公众号，建立群组，提供虚拟空间存储学术成果等。

（四）推广与宣传

高校图书馆在开展学科服务时，推广与宣传是必须开展的一项重要任务。借鉴现代营销学观点，图书馆作为非营利性机构在新的信息时代，要让用户认识到图书馆特有的信息价值，并且愿意使用图书馆所提供的各种信息服务，必须开展必要的营销活动。

高校可以应用校园网、校园论坛、微博、微信等渠道推广和宣传服务，使用户感到方便、亲切，乐于体验并接受新型的学科服务。只有配备效果良好的推广与宣传，学科服务的实施才能获得令人满意的效果。因为高校图书馆开展的一切服务工作，必须以用户为中心，没有用户的了解和使用，任何创新服务都失去了存在的意义。

学科服务作为高校学科建设工作的重要支撑，高校图书馆应将这项工作视为一项长期和系统性的项目。在实施过程中,需要将信息资源建设、技术平台建设、人员素质建设有机的结合起来,才能保证构建智慧化学科服务体系预期目标的实现。

第九章　高校图书馆智慧化学科服务的应用趋势

第一节　数字图书馆与学科服务

从20世纪90年代以来，计算机、网络和通信技术飞速发展，在这个背景下，为适应处理大量的数字信息资源的要求，提高网络信息资源的有序发布、组织加工和传递速度，提高用户查询、检索和获取信息资源的效率，数字图书馆理论与技术应运而生，成为了传统图书馆的目标和发展的方向。

数字图书馆理论与技术的出现，为传统图书馆提供了广阔的发展空间和革新的契机，同时，也提出了严峻的挑战。在这种状况下，以数字图书馆为目标，传统图书馆如何面对挑战、充分应用现代信息技术，在日趋激烈的信息服务领域的竞争中立于不败之地，便成为当前和今后研究和解决的课题[①]。

随着信息技术的不断进步，图书馆的外围环境和内部

①董颖，孟德泉，方敏，等. 数字图书馆动态组合学科服务模式研究[J]. 大学图书馆学报，2015，33(04)：85-89.

环境都发生了巨大的变化。从以图书馆自动化管理系统为核心的图书借阅服务到信息共享空间,从原来的单馆模式到现在的网络化的区域联合。尤其是近几年,国内外图书馆从以前的以馆藏为主,发展到以使用发现为主、以用户为中心的服务模式。为了更好地满足用户不断提高的需求,提升部门的管理和服务水平,人们对如何利用新技术、如何提升用户的信息使用环境、如何提高信息资源的可用性进行了不断的研究。因此,了解有关数字图书馆的发展变化技术构成,对开展知识服务具有积极的意义。

一、数字图书馆的特征和功能

(一)数字图书馆的特征

数字图书馆虽然称为图书馆,但已不同于传统意义上的图书馆,它通过利用新技术,以新的方式执行图书馆的功能,并表现出不同于传统图书馆的特征:

1. 文献信息资源数字化

数字图书馆将传统图书馆中的信息资源数字化后存储到其数据库中,这是数字图书馆与其他形式图书馆的本质区别。数字化信息的形式是多种多样的,如图片、文本、音频、视频、数字数据等形式,即多媒体信息。这些信息都是被转化成0和1这种计算机可以识别的语言进行存储,并且通过通信网络进行发送和接受。

数字图书馆是基于计算机技术和网络传输来实现这些数字化的信息资源的存储和传输。如果没有这些数字信息资源的话，数字图书馆就只是设想，根本不能实现横向的跨库连接的访问和存储服务，信息增值服务更无从说起。

数字化信息源还有电子出版读物，主要包括电子期刊读物及电子图书读物，图书馆技术人员将图片、文本、音频、视频等信息资源经过加工处理后以数码方式存储在存储介质上面，并通过计算机等设备进行有效的读取，实现思想表达、知识传播及文化积累等功能，这些信息同时可以复制、出版、发行。

随着21世纪这个数字化世纪的到来，我国网络信息资源膨胀式发展，这为数字化图书馆的建设提供了巨大的电子信息资源。与此同时我国数字化图书馆建设也存在着不可忽视的问题，目前网络和数据存在大量低水平重复建设，使信息网络共享难以实现。信息资源开发相对于技术的滞后性，让信息孤岛现象大量存在。

2.信息资源网络存储

如果把数字信息资源比作“车”，那么网络就是承载这些车的“道路”，数字图书馆就是建设在这些“道路”上的驿站，把全球的数字化资源联合起来就形成一个有很大拓展空间的巨型图书馆。

随着现代生活节奏的加快，人们很难花大量的时间在一个固定的地点收集信息，这就改变了以前的信息获取方式。人们更希望能随时随地以自己喜欢的方式来获取自己所需的信息，数字图书馆正是迎合人们的需求而出现的。

目前全球的数字图书馆组成的虚拟联合体已经向全人

类开放，打破了地域、时间的界限，在线读者可以在数字图书馆中饱览群书。数字图书馆的信息资源共建共享的深度和广度方面表现出来的优越性是传统图书馆无可比拟的。

数字图书馆联盟的信息共享模式正在加快发展，突破了地域之间的信息壁垒，从而缩小了发达国家与发展中国家之间、知识水平不同的人与人之间的“信息鸿沟”。目前中国数字图书馆联盟已经成立，他们秉承“资源共享联合建设、优势互补、自愿参加”的原则，“整体规划、统一标准、联合建设、共享资源”宗旨，使得大小信息资源单位都能参与中国数字图书馆建设，并让各大数字图书馆在建设、技术更新、服务等方面形成有机的整体，提供质量更高的服务。

3.信息服务增值化

信息技术逐渐成为国家经济的支柱，我们正在“信息时代”里飞速迈进。和其他时代一样，信息时代主要是强调信息自身的增值从而带动社会的发展。信息资源的增值途径就是在信息的海洋中甄别、加工、处理、挖掘所需信息，并把这些信息快速、准确地传递到需要者手中。

目前，全球上网者都被信息资源海量化的问题所困扰，有用的信息都被淹没在茫茫信息海中，这就使得知识发现更加的有用。人们正在开发智能化技术，对目前存在的大量信息进行知识挖掘，更有效地揭露信息背后的知识，这是知识时代或者知识经济对信息工作者提出的要求。数字图书馆在这种条件下应运而生，它借助自身的自动标引、元数据、主题检索等专业技术对众多的图像、声音、视频等多媒体信息进行多维挖掘和非线性处理,通过先进的计算机检索系统向本地或远程终端用户提供优质的信息服务。

数字图书馆以创造信息环境来提供获取分散存储着的信息的智能途径,这种环境远不止提供通过电子途径去获取原始数据的功能,它提供更高级的智能途径,即获取电子收藏中所含的更全面的知识和意义的途径。

(二)数字图书馆的功能

通过对数字图书馆产生背景、概念、特征的讨论,我们对数字图书馆的功能有了一个大概的了解。这里我们将从数字图书馆的业务内容的角度,归纳并进一步探讨数字图书馆的基本功能,在此基础上探讨其基本功能的社会实现形式——社会功能。

1.数字图书馆基本功能

数字图书馆包含的内容及特征可以从其主要功能中反映出来。数字图书馆联盟(Digital Library Federation)起初确定数字图书馆的功能有3个,后经IBM细化为5个。我们将这5个功能描述为:数字化信息的采集、数字化信息的存储与管理、数字化信息的访问与查询、数字化信息的传送与发布、数字化信息的权限管理,并且认为这5大功能是数字图书馆的基本功能。

(1)数字化信息的采集

数字化的信息资源是数字图书馆的要素之一,只有数字化信息资源发展到一定规模,才有可能产生数字图书馆。信息资源数字化的建设是数字图书馆的重要功能,是利用现代信息技术和网络通信技术,将各类传统介质的文献进行压缩处理并转化为数字信息。

数字化的信息资源打破传统的空间概念,在因特网上传输,为远程读者服务,实现信息资源共享。信息资源数字化是前提,信息资源共享是目的。目前数字图书馆的馆藏来源有3种途径:

第一,把大量现已存在的、以不同形式和载体存储的信息资料,如纸制品资料、图片、声像资料等转化成数字形式存储起来。直接用于该任务的技术包括文字图像扫描处理、图像和语言的识别,以及对数字化初始信息的各种再加工技术。

第二,提供直接生成的数字化信息以便计算机直接使用,如购买电子出版物,图书馆自动化建设中直接形成的MARC格式的馆藏目录数据库,以及一些专题数据库等。在信息处理过程中,为便于信息的存储,降低信息传送成本,还应利用相应的数据压缩与转化技术。

第三,连结外部信息源。数字图书馆通过数据库系统、联机信息检索系统把外部信息连结起来,而因特网作为数字图书馆的网络环境,其网上资源也是数字图书馆连结的外部资源的主体。网络环境下图书馆应利用各种电子出版物和网上信息资源,选择与图书馆服务对象有关的品种和网站,重点掌握可免费获得并具有全文的电子期刊,建立便于读者利用网上资源的导航系统。

(2)数字化信息的存储与管理

与传统图书馆不同,数字图书馆的信息资源是存储在计算机、磁带、磁盘或光盘中,信息存储量是以存储多少GB字节来计算的。对数字图书馆来说,其存储量应该是几百个GB,几千个GB或者更大,即海量信息。随着信息量的剧增,存储规模也越来越大,已用万亿字节来表示。存储这些海量信息主要涉及存储设备的容量、硬件随机读取的速度,以及信息的组织与管理方法等存储技术。

当前,数字图书馆大多数采用客户机/服务器模式,客户、图书馆服务器和对象服务器构成信息传递的核心结构。图书馆服务器主要管理数据的目录、索引和查询,而对象服务器用于管理数字化的对象客户向图书馆服务器提出要求,图书馆服务器将客户申请转发给对象服务器,最后由对象服务器将检索到的数据送发给客户机。

这种模式的好处在于:随着信息量的增加,存储规模的扩大,在需要时可随时随地增加对象服务器和客户机,而整个系统的工作并不受影响。如IBM数字化图书馆用对象服务器扩展的Media Server来存放大量的图形、图像文件,Video Charger来存放大量的动态视频信息。

海量信息的存储方法是人们最关注的问题。在存储这些数字化信息时,要考虑到计算机硬件和软件应具有广泛的接口来保持它们的有效性,因为数字信息是依靠硬件和软件来使用它们的,还要考虑到检索信息时的响应速度,应该具有按使用频率调动存储位置的能力。

全文存储是目前数字图书馆存储的主要方式。全文存储包括文本信息和图像信息混合的电子全文信息，以建立SGML、XML等电子文本格式基础上的全文存储为重点。

(3)数字化信息的访问与查询

有效的文本数据库查询和多媒体资料的查询策略是数字图书馆的重要技术。由于信息的多样性，原有的文本类型的文件检索、传统的基于关键字索引，以及通过布尔表达式的查询方式已无法满足用户的查询要求，现在正向全文检索方向发展。

新型的全文检索主要有3种实现方法：一是自由文本查询，即用自己指定的关键字字符串直接与全文文本的一次数据高速对照进行检索，它的查询结果是一个按序列值排列的文件列表；二是对文本内容中的每个词进行位置扫描，然后排序，最后建立以每个词(字)的离散码为标目的倒排文件；三是采用基于HTML语言的超文本模型建立的全文数据库，使用户便捷地查看到查询结果。

为多媒体信息建立索引，便于用户快速和简便地对声音、图像等信息内容进行筛选和确定，这是当前研究的热点问题之一。直接针对图像、声音建立索引，可以根据颜色、形状、纹理等在图像中的位置对图像进行查找，例如用颜色分布来索引纺织品的图案、利用平均色特性来查询图像中的主导色、按音乐的曲调旋律进行查询问题，等等。用同样的方法对数字化的音频、视频信息内容进行查找，是访问数字图书馆的关键技术。

用户访问和查询数字图书馆信息是通过用户界面来进行的。一个标准而友好的用户界面使读者不需要特殊训练就能应付各种信息源的检索操作,最快最好地获得信息。

(4)数字化信息的传送与发布

数字图书馆的信息资源是通过网络系统传送到用户面前,从而实现信息的发布。当前的Internet就是数字图书馆现实的网络环境,它是一大批共同遵循TCP/IP协议的计算机网络互联而成的庞大网络。今后的网络和通信环境是各国的NII(国家信息基础)和全球的GII(全球信息基础)。

数字图书馆的传送主要涉及网络技术的应用,重点关注对图像、声频和视频等多种媒体信息的传输。多媒体信息传送要求较大的带宽,在实际中,至少单向1.4 Mbps的音频、视频总带宽进行传输,才能看到质量较好的视频图像;还有最大的传输延迟为60毫秒,两个人之间的正常对话才能维持。其中实时音频和视频传送不仅对网络的速度有很高的要求,同时对提供信息的相关服务器的共享性也有很高要求。

(5)数字化信息的权限管理

由于数字图书馆的主要结构原则是对不同类型开放环境的操作能力,为用户共享信息资源、获得信息服务提供了极大的方便,因此对数字图书馆来说,安全性显得非常重要。数字图书馆具有一般计算机网络系统的管理功能,旨在对访问权进行控制,该问题在利用原有计算机读取管理技术以及域名管理技术的基础上已得到了较好的解决。

数字图书馆安全性更重要的是对知识产权的保护,通过采用技术手段来防止未经授权使用版权人的资源,用来保护信息拥有者和最终用户的利益。目前国际版权组织正式成立一些小组研究有关数字化作品侵权控制和赔偿的办法。

2.数字图书馆的社会功能

数字图书馆的社会功能则是数字图书馆与外界环境相互作用的产物,是其基本功能的社会表现形式。从系统论的角度上看,数字图书馆的社会功能只有在其本身与环境的相互作用过程中才能得以发挥,其功能必须适应环境的变化,同时,环境也会对系统功能进行选择。数字图书馆是传统图书馆的创新和发展,是传统图书馆自动化发展的最高阶段,其社会功能不同于传统图书馆的社会功能,包括以下几个方面。

(1)保存人类信息资源

传统图书馆中,保存人类文化遗产是其根本的社会功能,而在数字图书馆,应该是保存人类信息资源。因为人类文化进化所需的载体有脑载体、实物载体、文献载体3种,图书馆只是最广泛、最完整地保存着记载人类文化进化的文献载体。对于数字图书馆而言,其保存的文献载体已是数字化的信息资源,而保存实物载体,数字图书馆不具备这一功能,而是交由博物馆、纪念馆、档案馆等机构承担。

(2)开展社会教育

数字图书馆与传统图书馆最大的不同在于传递手段的

数字化、网络化，即现在流行的网上教学、远程教育。数字图书馆存贮的知识信息，从横向看，几乎包括所有的学科专业；从纵向看，包括不同深度的内容。数字图书馆能满足各种专业、职业、各种文化程度的读者需要，且不受时空限制，这是任何其他教育机构所无法比拟的。

只要与数字图书馆网络连接，世界上每个角落每个人都享受同等的教育机会，这使数字图书馆真正成为无围墙的大学。数字图书馆不仅是一种重要的社会教育机构，也是学校教育的重要组成部分，还将成为人们接受终身教育的理想课堂。

(3)传递适用信息

数字图书馆收藏的各种各样的信息，通过便捷的通信网络技术传递，且传递速度快。数字图书馆在传递信息的内容上十分广泛，包括政治、经济、文化科技及生活等一般信息，还可通过对数字图书馆中的信息加以整理，开发信息产品，传递以下信息：面向领导机关的决策信息；面向生产技术、科研单位的科技信息（含工艺标准、专利、图纸）；面向投资、营销企业的市场信息；面向城乡居民的投资、消费、商品质量的信息；面向农村农业发展、种养与加工技术信息。

(4)提供文化休闲

兴趣是驱动人们利用图书馆的重要动力。数字图书馆中的各种知识，可以满足各方面的兴趣。文学艺术类知识可以使人们获得审美效果，获得精神享受。用户还可利用数字图书馆听听音乐，使读者获得精神愉悦。

(5)开发智力资源

数字图书馆收藏的信息资源是人类智慧的结晶，是一种智力资源。最详细、最全面地将各种知识信息充分揭示出来，为每一需要者提供准确快速的服务，这是开发图书馆智力资源最好的方法。数字图书馆通过其信息服务，提高读者的知识水平、改变读者的知识结构、开阔读者的视野、培养读者的技能，这也是对读者智力——脑力资源的开发的最好途径。

(6)开展网络导航

当数字图书馆的信息资源通过网络连接千家万户以后，对于终端上的用户来说，他们关心的是如何获得自己所需要的信息，而不在乎是从哪里获得。用户需要通过多次复杂的查询才能从浩如烟海的信息资源中获得所需的知识，因此，必须要有网络指南以方便用户查询。数字图书馆帮助用户在浩瀚的信息网络中迅速寻找到所需的信息，起到了网络导航的功能。

二、数字图书馆与学科服务

在我国，图书馆学科服务主要表现为构建文献资源保障体系、提供文献检索与传递、提供科技查新报告、推送科技简报、在线参考咨询、学科定题服务、学科导航等形式，大多数文献机构的学科服务存在模式单一问题。

目前数字资源呈指数增长，如何从海量信息中发现所需资源，如何从众多的科研成果中找到创新突破口，如何梳理及挖掘一个学科的来龙去脉、发展趋势及研究热点，这一切都要求图书馆提出新方法、新方案、新技术，为科研人员提供必要的知识服务支持，为科学研究和技术研发提供科学的参考依据。

学科与知识服务的数据来源广泛，既有互联网上每日更新的科学研究新闻与报道，也有日益增多的开放获取的学术成果，还有定期更新的期刊论文、会议论文等各类型文献数据库；同时，与学科服务相对应的信息分析技术、工具、系统和平台的功能也是多样化的，既有各个图书馆自己开发的服务系统或软件，例如中科院文献情报中心的科技监测系统，也有数据库厂商研发的信息分析工具，典型代表有汤森路透公司开发的Thomson Data Analyzer等，还有图书情报人员开发的开源免费工具，例如HistCite，Citespace等。这些工具与不同数据源结合，应用于不同的学科，可生成丰富多样的学科服务报告。

数字媒介环境下，学科服务面临着服务对象需求层次多样化、数据来源动态化的特征，而学科馆员越来越迷失在千变万化的信息分析工具和海量的数据源中，学科馆员要学习的分析技术以及需要掌握的工具越来越多。学科馆员要根据用户需求多样化、数据动态化的特征，建立学科分析工具的组合性研究模型，充分调动人、技术和数据的组合性，发挥三个因素的最大效用，学科服务也必须打破传统的单一模式，提升服务的动态性和组合性。

(一)基于动态组合的学科服务模式特征分析

数字图书馆的文献资源类型多样,相应地,服务技术和分析方法也在不断发展,可以说学科服务技术和数据已经足够了,怎样去发挥他们最大的效用才是要解决的问题,不能单纯从技术角度研究学科服务,要从学科服务模式上进行创新。

这里提出基于现有多数据源和多样化的信息分析技术的动态组合服务模式,以满足不同层次用户的知识需求。

1.动态性分析

从实践角度来看,在数字图书馆知识服务领域,数据来源广泛,相对应的信息分析工具、技术及其功能也是多样化的,所以结合数据库资源和信息分析技术,如何针对不同层次的用户和不同用户的需求提供动态服务,是基于动态组合的学科服务模式的重点所在。在该模式下,学科服务的动态性体现在以下两个方面。

(1)学科服务数据采集和监测的动态性

任何一个学科领域的科研数据都在时时更新和变化,数据的动态性要求学科服务必定不是短暂的行为,要保证知识服务的周期性、预测性、追溯性,甚至历时性。周期性和历时性是动态增长和变化的数据对学科服务的基本要求,如何在此基础上实现学科服务的预测性和追溯性则是对基于动态组合的学科服务模式提出的新要求。

这里以h指数为例,各高校或科研机构在引进人才时通常用h指数来评价学术影响力,大多以现有h指数为主。

任何科研人员都有不同的科研经历，其成长规律也不尽相同，我们更加看重其未来学术能力和发展空间。如果能够追溯该科研人员历年h指数数据，并能够预测其未来h指数取值，则使得学科服务更有意义。科研人员可能通过数据库平台直接检索获取个人h指数，但如果要计算个体历年h指数，需要分别计算历年发表的论文数量和每篇论文历年的被引次数，由于数据获取的复杂性，不容易提取历年h指数，这就更需要专业的学科服务机构提供该数据。

(2)学科服务信息分析的动态性

强调信息分析方法和过程的动态性，大多学科服务以提供各学科现状的数据和信息为主。以学科评估为例，学科服务部门经常为高校管理部门(包括校长)提供学科分析报告，对学校目前的学科从论文数量、论文被引次数、篇均被引次数等指标进行评估，并将评估结果与兄弟院校进行比较，而对于究竟是哪些原因导致在学科评估中领先或落后并没有进行充分分析。如果进一步深入，学科服务必须把学科历年的数据进行采集和分析，找到过去一段时间内各学科论文数量、被引次数等数据动态变化的趋势，分析哪些环节出了问题。

2.组合性分析

数字图书馆动态组合学科服务模式的另外一个特征就是组合性，结合不同学科馆员掌握的不同信息分析技术，面向不同用户的各种需求，动态地组合资源和分析技术，满足用户需求，这既包括理论层面的新型服务模式的探索，也包括技术层面的服务方式的分析。学科服务的组合性包含人、技术和数据三个要素之间的组合。

(1)技术的组合

现有的学科服务分析工具、平台多样化，基本包括以下5类:学科服务机构购买的专门工具;科研数据库自带的分析功能;开源免费的工具;学科服务机构自己开发的工具;通用的信息分析工具。现在的学科服务不再单一使用一种工具，而是根据用户需求综合使用各种工具提供服务。这就要求把学科服务机构所掌握的工具进行模块化分解，对不同功能模块能解决的问题和实现的功能进行详细说明，根据用户需求酌情组合不同的功能模块开展信息分析。

(2)数据的组合

国内学科服务现状中数据来源单一的问题尤为突出，导致学科服务工具的使用具有局限性，如网络平台处理网络数据、专业分析工具处理文献数据库，有的工具只能处理外文文献、不能处理中文文献等。如果能在数据层进行组合，融合不同来源的数据，必将提升学科服务结果的客观性和准确性。以合著网络为例，现有的研究成果多是基于某一文献数据库，比如SCI或CNKI。每个研究人员的科研成果的表现形式都是多样化的，可能包含论文、专利、报告、科研项目等，如果单纯从一个数据源构建其关系网络，会导致网络结构关系的局限性，难以从中发现真正的合作关系。如果融合异构的数据源，就要求学科服务机构在数据处理层面投入时间和技术。

(3)人、工具、数据的组合

人的因素既包括学科馆员也包括用户。用户的需求是多样的,学科服务的主体是学科馆员,信息分析技术是掌握在学科馆员手里的。动态组合的学科服务模式要求打破传统的学科馆员各管一摊的模式,组织团队,调动起自己手里的工具,针对不同的用户需求,结合数据,采用不同的工具模块提供服务。

(二)数字图书馆动态组合学科服务模式的内容

1.将动态组合技术引入学科服务

动态组合技术要解决的首要问题是如何处理多种来源异构的数字资源,从中发现新知识、掌握科学发展动态。学科服务注重的是对检索得到的数据进行分析,包括引文分析、文本挖掘分析等。所使用的数据主要是SCI、SSCI、EI等学术资源数据库,这些数据库都是学科服务机构购买的主要资源。网页上的学术和科研信息资源也越来越多地被应用到学科服务中,其动态性的特征要求在数据层面解决动态组合学科服务模式的数据处理问题。

服务动态组合技术的另外一大挑战为数据、信息和知识分析软件。动态组合要求学科馆员掌握一些操作简易的分析工具、平台,例如文献数据库自带的具备统计分析功能的软件,但这些附带工具的功能往往并不全面,因而也要求学科馆员能够使用一些功能丰富的专门工具。有学者已经开发出诸多可用于文献(数据)分析的软件,如HistCite等,能够处理大量的文献数据集,并根据文献引用关系进行学科动向、学科热点分析。

2.构建学科服务层次

动态组合服务模式的基础是针对不同用户,对服务内容进行层次分析,依据不同层次开展不同服务工作。学科知识服务层次可比喻为底宽上窄、不断升高的阶梯。最底端代表基础资源,包括本馆数据资源、网络免费资源。阶梯一提供“数据资源”服务,阶梯二提供“学科(专业)概貌分析”服务,阶梯三提供“专业信息梳理”服务,阶梯四提供“学科热点分析与前沿探索”服务,阶梯五提供“创新点挖掘”服务。学科馆员需重点分析每个梯队服务层次的数据源、信息分析技术、服务方式和服务内容。

3.动态组合学科服务模式框架

动态组合学科服务模式框架主要由3个模块构成:“资源构建”是执行学科服务工作的基础模块,“用户分类”和“服务内容分类”模块针对不同类型用户的知识需求,可采取不同策略来满足。

从理论上说,通过新型学科服务模式的构建,尤其是针对不同用户需求提出的阶梯型学科服务层次模型,勾勒了学科服务研究的框架。

从技术上来说,实现学科知识服务的动态组合,系统梳理数字图书馆海量资源,分析现有学科服务技术、工具和系统,这既是技术思想的创新,也是实践层面的探索。

从实践来说,针对不同层次的服务需求,需动态组合不同的数据和技术,满足用户的需求,从而实现知识服务的目标。例如针对“学科概貌”需求层次，主要原理是“主题抽取、特征词遴选、组合词遴选，分析引文等”；同样地，针对“专业梳理”需求层次，可以选择的支持手段有词频分析和引文耦合分析，主要原理是“共现矩阵、词间关系、复杂网络理论等。对于不同的学科服务层次，需重点研究对应的服务技术有哪些，而对于不同的知识需求层次，要研究可以实施哪些服务并确定可能的参与者。

第二节　泛在图书馆与学科服务

高效图书馆学科化服务是在学科馆员服务基础上不断发展和创新的服务模式。近年来，随着网络技术的深入发展以及泛在网络的提出，一种新的信息环境——泛在图书馆环境正在形成。在该环境下，高校图书馆学科化服务正朝着以用户需求为中心，嵌入用户环境，并与用户亲密合作的嵌入式馆员服务方向发展。

一、泛在图书馆的提出

泛在图书馆（Ubiquitous Library）一词出现在20世纪末，其中“Ubiquitous”表“无处不在”之意。目前，国外图书馆学、情报学领域还没有建立一个清晰的“泛在图书馆”概念体系。许多学者试图从各个角度去阐释这个新的词汇。

1999年，美国斯坦福大学图书馆馆长迈克尔·凯勒（Michael A. Keller)用“泛在图书馆”一词来描述对重要内容的网络检索。2003年,韩国学者李恩奉(Lee Eung Bong)认为,泛在图书馆是用户能应用信息设备随时随地获得所需信息的数字图书馆,并且能够通过集成的有线或无线宽带迅速提供相关信息。同年,这一术语在校园里得到广泛传播。2005年,澳大利亚蒙纳士大学信息技术网发布了一个“泛在图书馆”的研发计划,旨在使用户能在图书馆的任何角落检索和返回各种文献①。

特别值得一提的是,查尔斯·劳里(Charles B. Lowry)博士于2005年专门撰文阐明“泛在图书馆”的概念,指出“泛在图书馆”是一个比虚拟图书馆、数字图书馆、电子图书馆更加贴切的未来图书馆的专业术语,并且强调拥有这样一个具有特殊意义、能够与时俱进、若不过分使用则显亲近的术语去描绘图书馆的现在和未来是非常重要的。他认为泛在图书馆的特征是信息在线获取、可获取各种信息资源、全天候的咨询服务、资深馆员参与服务、便捷的用户接入、文献传递以及馆际协作。

“泛在”一词的使用传达了这样一个信息:今天的先进技术,如数字服务、无线技术正在把传统图书馆变成所有的信息服务都能在用户的指尖敲击中得到利用的泛在图书馆。

①曹云珊.面向用户的泛在图书馆与高校图书馆学科化服务[J].图书馆学刊,2010,32(04):72-74.

二、泛在图书馆的概念及特征

泛在图书馆是一种全新的图书馆理念，国外也有人将泛在图书馆称为渗透性图书馆（Pervasive Library）或弥散式图书馆（Diffuse Library）。虽然称呼不同，但就其本质来说它们都体现了图书馆的无所不在和图书馆服务的泛在化，即任何人无论在任何时间、任何地点都可以获取图书馆的信息资源和服务。

泛在图书馆的重要意义在于它突破现有物理图书馆和数字图书馆的藩篱，打破人们对图书馆的传统认识，真正从用户及其需求出发，遵循用户新的需求、适应用户的行为变化，将图书馆的服务融入用户科研和学习的一线，嵌入用户的科研和学习过程之中。用户在哪里，服务就在哪里，拉近与用户的距离，消除与用户之间的隔阂，模糊和淡化图书馆与用户之间的边界，创造图书馆服务与用户空间和过程有机整合的一种新的平衡状态，为用户提供一种到身边、到桌面、随时随地的服务。

可见，“泛在图书馆”的意义不在于提出了一个新概念，而是揭示了图书馆存在的本质和发展前景，其意义是深远而非同寻常的。它彻底改变了图书馆用户服务范围的限制，无缝、动态、交互地融入用户日常行为过程之中，将服务的范围延伸到一切有用户存在的地方，真正体现了图书馆的服务本质和社会使命，是未来知识型社会中的数字化信息基础设施的重要组成部分。

根据以上观点，泛在图书馆的特征可概括如下。

(一)以人为中心

以人为中心,真正实现从资源网络到知识网络的演变。所谓知识网络,就是为实现服务价值,对服务活动所涉及的人(包括服务者和服务对象)、资源及其相互关系进行合理分析与架构,从而有助于实现知识创造和传递的网络,其基本要素是人、资源及其相互关系。知识网络所强调的是借助于网络所形成的关联关系和以人为导向的知识流动,目的是实现网络中的参与者之间知识的传递、共享、创造和应用。

泛在图书馆实现了数字信息服务基础建构由以数字化资源为核心的资源网络转向以人为核心的知识网络,使"人"位于服务环境的中心,各种系统、功能和服务都是由人的需求驱动和设计的,能够对他们的偏好和行为进行跟踪、分析,并进行相应的反馈,帮助他们顺利完成学习和工作。

(二)高度智能化

高度智能化以灵活实现用户信息自组织和知识空间构建。泛在图书馆与泛在网络、泛在学习等新生事物一样,是泛在计算、泛在智能技术发展应用的产物,是硬件、软件、系统、终端和应用的融合,因而高度智能化是其重要特征。

泛在图书馆重视信息和知识的"语境",重视对知识、知识元之间的关系及语境进行描述,关注知识创建、获取、传播、组织和利用的整个生命周期。泛在图书馆在为用户提供知识服务时，对于用户而言是“透明”的，不易被用户所察觉。它能通过传感器和终端设备与外界进行信息交流，并结合网络技术、语义技术对原始数据进行语义抽取，构建基于行业或学科的宏观知识空间和基于用户特定需要的微观知识空间，以动态、无缝的知识组织方式，使不同格式、不同类型、非结构化的相关信息能够有效地组织起来，最大限度地实现知识和信息的重复使用。

泛在图书馆网络资源库中的每一本书、每一份文献都不再是“孤岛”，它们的内容不再相互隔离，而是成为由一系列相互链接的概念所构成的灵活、流动的组织——每一本书中的每一个词都被互相耦合、串接、引用、摘录、排序、分析、注释、混合、重组，并且被融入比以往更深的知识空间结构中；每个页面都读懂了其他的页面（包括音频、视频、图像、虚拟现实等不同媒体形态的资源），每个比特（Bit）都影响着它的伙伴，从而形成一种全新的、“傻瓜化”的共享信息环境和知识空间。

（三）“无所不在”性

“无所不在”性，即随时随地、灵活多样的用户接入服务。泛在图书馆的基本理念是为用户提供一种到身边、到桌面、随时随地、无所不在的服务，有用户的地方就应该有图书馆的服务。服务可能在物理的图书馆，可能在用户的实验室、旅行途中，也可能在用户的虚拟社区，它是一种动态的、无缝的、交互式的信息传播与利用方式。用户的最大感受是方便、快捷、无障碍。

泛在图书馆通过多种载体形态、多种动态渠道为用户提供信息服务，服务获取终端不仅可以是传统的台式机、笔记本电脑，还可能是平板电脑、掌上电脑、高清晰度电视和手机等一切存在于人们日常生活中的装置或设备，极大限度地体现用户信息获取途径的泛在性。

除此之外，泛在图书馆还有许多与传递信息和学科馆员参与教学和科研相关的特征。

第一，学术检索。学术信息日益增长的趋势将使其在网上可以获得全文检索。

第二，资源。泛在图书馆信息应用程序将为用户提供经许可的资源和网络免费资源，以使用户能够将这些杂乱无序的资源进行整合、有序化。

第三，专家咨询。用户通过网络参考咨询服务可与专家馆员取得联系。

第四，馆员作用。馆员的作用尤其是在信息素养的培养和构建同步和异步学习能力方面引人注目。

第五，设备更新。旧的设备需要加大关注的力度，一些设备需要更换或重新设计，以适应泛在图书馆新技术发展的要求。

第六，复本存取。图书馆将根据各种资源的使用率创建资料的复本，同时通过国家和地方的呈缴本制度维持“最终复本”的存取。

第七，机构合作。本地和其他地区为共享资源而产生的合作和以此建立的共享网络将在未来发生很大的作用。

第八，数字图书馆项目。数字图书馆将提供独一无二的特色馆藏，并将使离线检索成为可能，一些数字化的努力将瞄准保护现有公共领域免遭商业利益的侵蚀。

第九，领导地位。图书馆将通过计划、数字仓库、数字档案等方式提升高校教师学术成果的检索效率，占据机构领导地位等。

三、泛在图书馆与学科化服务

学科化服务是图书馆为适应新的信息环境、以用户的需求为中心而推出的一种贴近用户一线的新的服务模式。它打破了传统的按照文献工作流程组织科技信息的方式，而是按照科学研究的学科、专业、项目、课题等来获取、组织、检索、存储、传递与利用信息资源，从而使信息服务学科化，服务内容知识化。

学科化服务以新一代的学科馆员为纽带，通过网络、电话，和到研究所、到课题组、到现场、到社区的服务方式，将图书馆的服务延伸到用户群中，融入用户的科研过程中。学科化服务体现出泛在图书馆的理念，从这种意义上，学科化服务就是在创建泛在图书馆，是泛在图书馆功能的体现。其具体表现如下：

（一）从图书馆的学科馆员到用户的学科馆员

传统学科馆员的服务往往是从图书馆的业务出发，工作重点常常是某一或某几方面的服务，如收集、整理、评价某个学科的网络资源并建立链接导航，或为对口用户提供利用图书馆资源的培训,帮助对口用户进行相关信息的文献检索等。他们的服务通常是以"本地化"的到馆服务为主,是一种单向被动的信息服务模式,因此称之为图书馆的学科馆员。

泛在图书馆环境下,学科化服务的主要目标是使信息服务从基于图书馆端的系统过渡到基于用户端的系统,从作为第三方系统过渡到成为具体科研活动的有机组成部分。学科馆员的服务定位与服务模式发生转变。学科馆员面临的挑战是如何面对大量的、散漫的信息,将其整合成知识体系,如何将用户从"信息富有"却又"知识贫乏"的状态下解脱出来,主动地深入科研用户之中去,伴随在科研用户左右,随时为科研用户提供及时准确的服务。

学科馆员以满足科研用户的需求为最终服务目标,通过泛在的服务方式为科研用户提供学科化的知识服务。

(二)从以利用图书馆为目标到以利用信息和知识为目标

在数字化网络的信息环境背景中,科研用户的信息行为已不再是纯粹地以图书馆提供的各种信息资源为目标,他们更需要的是从不同渠道、利用不同方式获取各种载体之上的不同类型、不同形态的信息与知识。他们的信息行为从单一的以利用图书馆为目标转变到以利用广泛存在的信息和知识为目标。传统意义上的图书馆界限越来越模糊,取而代之的是泛在图书馆这样的超越时空的服务机制。

从学科馆员的角度来讲，作为用户信息服务的第一责任人，学科馆员不能单纯地从图书馆角度出发，将某一个图书馆所拥有的信息资源简单地推介给用户。学科馆员的任务不是推销某一个图书馆，而是要将泛在信息系统化、知识化，并通过无所不在的服务模式帮助用户构建用户需要的信息环境。

例如，中国科学院国家科学图书馆在重视到馆的服务，为用户建立“研究生学习交流室”的集成的学习科研环境的同时，还为不到馆的用户提供“服务到人”的学科馆员服务，同时还将用户培训的课件放到“空中课堂”，在“科苑星空”建立图书馆专版等。

（三）从各自为战到协同工作

传统学科馆员的信息服务模式决定了他们基本上是各自为战，独立服务于各自的学科领域。随着科学的发展，学科间的交叉与渗透越来越明显，信息环境也变得越来越复杂，科研用户对专业化服务的要求也越来越高。显然，这种各自为战的工作方式已经很难满足用户深层次、跨学科领域的信息需求。

以信息环境为背景的泛在图书馆的服务模式应该是一个具有新的组织结构、在功能上相互协作的团队式工作模式，只有这种工作模式才能形成以各种类型人员和部门结成的服务网络，体现泛在图书馆 7×24 的服务特征，体现在任何时间、任何地点都能为科研人员提供跨地区、跨学科领域的系统化、深层次的学科服务。这种团队式的工作模式包括学科馆员之间的协同、不同部门间的协同、不同图书馆间的协同、总分馆间学科馆员的协同,以及不同学科领域之间的协同。例如,中国科学院国家科学图书馆为用户提供的原文传递服务、实时参考咨询服务、馆际互借服务等。

(四)从信息中介到科研合作伙伴

传统的学科馆员扮演着信息与用户之间的中介的角色。他们在图书馆所拥有的资源与用户的需求之间建立起沟通的桥梁,起到图书馆与用户之间联络员的作用。

泛在图书馆环境下的学科化服务要求学科馆员仍然要保持信息中介的角色,并将广泛存在的、无序的信息进行提炼、组织、加工,提供给用户使用,但同时更要以科研合作伙伴的角色深入科研一线,面向重点科研用户,主动与科研用户保持密切联系,了解学科需求,密切跟踪学术研究动态与学术前沿,利用信息分析工具,对学科发展现状、比较研究和发展态势等进行定量和定性分析,并提供给用户,作为其确定科研战略的重要依据。

(五)从提供资源利用的指导到充当用户的信息环境顾问

提供对资源利用的指导,开展用户信息素质教育,一直是学科馆员的主要任务之一。学科馆员花费大量的时间和精力用于向用户讲解图书馆使用方法、文献检索与利用技巧等。在信息资源数量剧增、信息环境变得日益复杂的形势下,用户常常是不知所措、无能为力,学科馆员作为专业的信息服务人员,应充当用户信息环境顾问的角色,为用户应对信息环境的变化和更好地驾驭信息环境出谋划策和提供指导。这是学科馆员和图书馆的新职能,它超越了传统图书馆服务的界限,但它是用户所需要的,也是学科馆员无可推卸的责任。

第三节 智慧图书馆与学科服务

百年来,智慧与服务一直是图书馆学研究的重要课题。面对我国图书馆的百年发展,真正应该关注的是它背后的生长逻辑。尽管新技术是图书馆创新的杠杆,但很明显智慧与服务才是保持事业发展活力的基因。图书馆只有在汹涌袭来的社会发展潮流中,坚守启迪智慧、服务大众的社会责任,才能保持强劲的生命力。

智慧与服务的核心价值不在于哲理论证有多么充分、完美,而在于以滴水穿石的精神进行研究,克服现实困难,从而展现光芒。开放的新环境在延续智慧与服务理念的同时,也使其概念体系变得更丰富、更包容,不主观、不绝对、不固执、不自以为是的态度则是确保研究主体不迷失、研究目的不错位的关键。

一、智慧图书馆学科服务

随着信息技术的普及,高校的图书馆建设越来越向着智能化方向发展,图书馆采纳了多种智能设备及工具,提升了图书馆服务的智能化和现代化水平。尤其是互联网技术的快速普及和发展,使得读者需要面对海量的数据信息,这些数据杂乱无章需要整理,所以需要图书馆学科馆员对这些信息进行分类整理,应用信息技术进行深加工,从而为读者提供个性化的信息产品。在开展智慧图书馆服务过程中,不仅需要提供文献的研究和服务,还需要提供相关的决策咨询、建议或报告。在建设智慧化图书馆发展过程中,要在学科、情报和智库服务等方面不断进行创新和发展。

提供学科服务是高校图书馆的重要的职责之一,最初是提供信息咨询服务。随着信息技术的发展,图书馆学科服务开始变为为科研提供各阶段的嵌入式的学科服务。图书馆根据读者的不同需求,提供相应的各类学科文献检索服务,以及学科的前沿动态信息服务等,同时还可以定期为用户提供学科文献调研报告。信息及网络技术的应用也使得服务打破了时空的限制。

二、智慧图书馆系统支撑学科服务的优势

(一)资源组织

1.资源组织是图书馆的核心竞争力

图书馆核心竞争力是建立在图书馆各种资源基础之上的获取、开发、整合资源的特有的能力,不在于拥有多少资源,而是对文献信息资源的集藏和整序能力,并在此基础

上为读者提供专业化、个性化的知识服务，从而最大限度地满足用户需求。

一直以来，学科馆员只能通过OPAC的后台管理系统对纸本资源进行统计和整理，编制专题书目推送给读者，而对于数字资源无能为力。但是，智慧图书馆系统能帮助学科馆员精准把握本馆的学科资源分布，对具体学科、具体专业的支撑文献能够准确地把握，在学科服务的具体工作中有的放矢。

2. 实现对数字文献资源的组织和盘存

长期以来，图书馆无法对馆藏数字资源进行组织和盘存，因为学科馆员在对数字馆藏进行盘存时，往往只能用“个”或“TB”为单位来对数据库的个数或资源容量进行描述，而对资源的内容进行梳理、归纳并向读者推送进行个性化的学科服务根本无法实现。

随着各图书馆尤其是研究型高校图书馆在采购资源时纸本复本的减少，以及数字资源采购力度的加大，图书馆对数字资源进行组织和盘存的需求越来越迫切。智慧图书馆系统对资源的揭示打破了传统以“库”为粒度的粗放型的产品陈列模式，通过对以“篇”为单位的纸质文献和数字资源进行整理和归类，完全可以实现对数字文献资源的组织和盘存。

3. 资源组织的形式多样化

由于智慧图书馆系统建设中会将馆藏的每一篇数字和纸质的文献都进行整理编目，学科馆员可以通过多种方式和主题来组织文献，如方志、标准、名家大师等。大学图书馆学科服务的主要内容是支持教学、科研和学科建设，通过智慧图书馆系统，可以用多样化的资源组织形式来完成不同内容、不同层级、不同需求的学科服务：如课程图书馆可以服务教学，研究专题图书馆可以服务科研，可以虚拟专业分馆服务学科建设等[①]。

（二）文献管理

读者对文献的管理也是对个人知识的管理，对文献的有序管理可以提高读者学习和科研的效率。智慧图书馆系统可以无缝链接平台内所有纸质和数字资源，包括阅读记录、文献订阅、收藏书架、检索档案等功能模块。读者不仅可以对学科前沿进行订阅跟踪，还能在阅读文献的同时直接对文献进行标签、收藏、分组，以及参考文献管理，省去了在不同数据库、不同平台、不同文献管理软件之间的格式切换和数据处理。此外，智慧图书馆系统的文献管理提供以用户账户为管理单位的云平台服务，支持PC间文献信息的同步管理。

三、智慧图书馆系统支撑下的学科服务思路

（一）整体架构

智慧图书馆系统构建在文献元数据存的储上，可以管理全媒体时代图书馆所需面对的所有馆藏类型，其资源组织形式的多样化足以支撑这些资源的获取、揭示、入库、整

①张洁，袁辉．智慧图书馆系统支撑下的学科服务实践[J]．图书馆论坛，2017，37(07)：27-32.

合和利用。智慧图书馆系统通过对资源的组织,可以协助学科馆员更好地服务机构;建设课程图书馆、研究专题图书馆和虚拟专业分馆,可以更好地服务教学、科研、学科建设;通过对文献的管理,可以协助学科馆员更好地服务个人;建设个人资源库,可以更好地服务读者。

(二)馆藏分析与资源组织:服务机构

1.服务教学——课程图书馆

智慧图书馆系统可以协助学科馆员建设课程图书馆,以课程为单位汇编教学课程资源来支撑教学。课程图书馆是面向教学的应用场景。教学课程资源的建设是高校基本建设和大学图书馆馆藏建设的重点之一,对专业建设和学科发展都具有重要意义。

学科馆员可以根据教务处和研究生院所提供的课程目录,将学校所有课程的指定教材和参考用书按院系、学科和课程类型进行汇编,在教学课程资源库完成统一调拨和集中管理。任课教师可以根据课程需求,及时在课程图书馆补充推荐阅读材料,以及供学生课后观看、课前思考的参考材料,还能在课程留言区和学生进行互动讨论。学生不仅可以查看到每门课程的指定教材、参考图书、推荐论文、讲义资料和历年考试真题,还可以在线观看任课老师推荐的学习视频并完成在线练习题。

教学课程资源库的建立解决了图书馆资源与教学平台服务的对接问题,可以加强教学管理部门、学院与图书馆之间的协作,提高学生的学习效率,简化查阅课程资源的过程，提高课程资源的共享速度和准确性。

2. 服务科研——研究专题图书馆

智慧图书馆系统可以协助学科馆员建设研究专题图书馆，以科研项目为单位汇编课题的参考文献来支撑并推动科研。科研专题图书馆是面向科研的应用场景。除了学科馆员，所有读者也都可以利用智慧图书馆系统来创建个性化的专题图书馆，他们既是资源的使用者，也是服务的建设者。

读者作为科研专题资源的创建者，根据自己的科研课题和兴趣爱好，创建自己的科研专题，除了在其中添加图书馆现有馆藏中的图书专著、期刊论文、学位论文、专利标准外，还可以上传其他类型的资料（如PPT）进行补充。同时，其他读者在看到该读者创建的科研专题后，可以对该资源进行关注，从而建立兴趣小组，并在该专题内进行交流和讨论。

除此之外，在科研专题资源库设置“馆员推荐”模块，学科馆员不仅可以协助小组成员对资源进行整理和汇编，还会对做得比较好的专题进行推荐，避免读者做信息筛选的重复劳动，使更多有相同兴趣的读者加入研究小组中。也就是说，科研专题资源库可以帮助资源创建者发现和寻找相同科研兴趣的研究者，然后在学科馆员引导和协助下，共同进行科学研究。这不仅是面向读者的科研社交、分享服务，也是读者从入学到校友的终生服务。

3.服务学科建设——虚拟专业分馆

智慧图书馆系统可以协助学科馆员建设虚拟专业分馆，以学院/专业为单位汇编纸质和数字文献资源来支撑学科建设。虚拟专业分馆是面向学科建设的应用场景。传统的专业分馆是以具体的某一个或多个相近的专业为服务对象，在总馆直接领导下进行专业文献资源建设，以及面向专业的信息资源服务，与总馆相比，专业分馆与学科和专业的联系更加紧密，能够为学科和专业发展提供更为专业化、个性化、有针对性的文献资源保障。但是，在实际建设过程中，往往受复本数量和地域局限的影响，资源共享效率不高。

虚拟专业分馆则是建立在总馆所有资源和服务的基础上，通过对以“篇”为单位的纸质文献和数字资源进行整理和归类，将图书馆的所有文献资源按院系进行虚拟的划拨、调配和馆藏分析，让不同学院的读者在登录本学院的虚拟专业分馆后，可以快速了解本专业的相关资源和服务，不仅可以达成传统专业分馆学科服务的个性化和针对性，还可以最大限度地提高馆藏利用率，并丰富学科服务的维度。

(三)文献管理：服务个人

智慧图书馆系统可以协助读者个人进行文献管理，以个人资源库形式管理读者的阅读记录、文献订阅、收藏书架、检索档案、文献评论等。个人资源库是面向读者个人的服务。科技以人为本，智慧图书馆系统的服务以充分满足读者需求为己任。智慧图书馆系统对读者个人的服务优势体现在个人资源库的文献管理功能上,从浏览到下载、从阅读到借阅、从收藏到订阅、从学习课程到建设专题、从文献检索到文后参考文献的管理和格式规范等,个人资源库的文献管理智慧服务是对读者教学和科研的最佳助力。

四、高校智慧图书馆的学科服务读者画像

随着智慧图书馆的迅速发展,高校图书馆学科服务重心开始转向研究读者需求。作为一种分析用户需求与设计方向的有效工具,用户画像自从被交互设计之父 Alan Cooper 提出以来,一直广泛运用于计算机与电子商务等领域。近几年,图书馆开始引入用户画像技术,以精准分析读者行为,为读者提供更为个性化的服务。

目前,国内关于用户画像在图书馆的应用研究,主要集中在构建读者模型及应用方面,而利用用户画像为高校智慧图书馆提供学科服务的研究则不多见。2018 年吉林大学图书馆薛欢雪的《高校图书馆学科服务用户画像创建过程》一文,指出了创建学科服务用户画像时需要注意的问题。

(一)高校智慧图书馆学科服务使用读者画像的优势

高校图书馆提供的传统学科服务,是依据读者需求和图书馆资源提供的被动学科服务。在"双一流"建设的大背景下,高校学科建设服务的需求加大、内容更多、层次更深,图书馆提供的传统学科服务已经不能满足学校发展要

求。面对这样的现状，图书馆需要不断拓宽学科服务内容边界，纵深发展学科服务层次，创新学科服务技术，提供更加主动化、专业化、个性化的新型智慧学科服务。

近几年，智慧图书馆技术迅速发展，学科服务由传统的资源主导转向了需求主导，分析研究读者的需求成为现在高校图书馆学科服务的重点。用户画像作为分析读者需求的工具，在高校智慧图书馆学科服务方面有很大优势。

第一，在高校学科服务中建立读者画像，有利于对读者大数据的挖掘，通过深度分析读者的直接需求和潜在需求，为学科服务提供客观精准的决策依据。学科馆员深入研究读者画像的学科属性和行为偏好等相关因素，依托智慧图书馆系统进行大数据统计分析，科学预测读者潜在需求，以及读者群体间的需求关联，最终提供给读者智能化精准学科服务。

第二，读者画像的可视化功能可以直观显示单个读者的行为特征，以及群体读者行为特征间的关联，为学科馆员提供更加便利的辅助决策。智慧图书馆系统通过对读者大数据进行清洗、筛选和数据挖掘分析，建立可视化的读者画像，可以辅助学科馆员做出精准决策，提高学科服务的效率。

第三，读者画像为学科馆员和读者之间交流提供了参考依据。为方便读者和学科馆员之间的沟通，现在很多高校图书馆都搭建了学科服务平台，而读者画像可以为沟通提供更好的辅助作用。除此之外，由于高校读者在不同阶段的信息需求变化较大,信息行为随之不断变化,读者画像可以动态反映读者不同阶段的信息需求,帮助学科馆员实时了解读者的需求变化,从而更好地提供个性化精准学科服务。

(二)高校智慧图书馆学科服务读者画像分析

高校智慧图书馆学科服务主要面向相关学术机构及个人,通过学科馆员团队,依托图书馆资源和公共资源,分析读者信息需求,为教学和科研主动提供支撑的个性化、专业化、智慧化和知识化服务。为了辅助学科馆员团队提供更为精准的学科服务,高校图书馆依据智慧图书馆系统,统计准确真实的读者多维度数据,包括读者身份数据、读者需求信息、信息行为数据等,通过大数据分析,构建读者画像模型,多角度分析科研团队以及个人的信息需求。

1.高校智慧图书馆读者画像模型构建

高校图书馆读者画像构建需要从智慧图书馆系统中采集大量的读者数据进行清洗筛选后,根据读者标签体系进行分类,最终通过可视化形式描述呈现。

数据采集作为读者画像模型构建的第一步,也是所有流程中关键的一步。智慧图书馆系统是在文献元数据存储的基础上组织揭示图书馆所有馆藏资源、整合所有图书馆平台并实行统一后台管理,这更加有利于读者画像中大数据的采集。

高校智慧图书馆读者画像采集的基础数据分为读者属性数据和读者行为数据。其中高校读者属性数据来源于智慧图书馆系统的注册信息，包括读者的性别、年龄、学院、专业、年级、职务（职称）等身份信息。而高校读者行为数据来源于有关读者使用图书馆所有资源及服务所留下的痕迹，包括登录、浏览、下载、借阅、预约、荐购、咨询、线上考试等行为产生的所有数据。

由于智慧图书馆系统整合所有平台并实行统一后台管理，读者行为数据的采集变得更加便捷和精准，读者在新媒体平台，如图书馆官方微博及官方微信上产生的行为痕迹都会被采集到读者行为数据系统中。所有读者属性数据以及读者行为数据，在智慧图书馆系统后台统计模块统一采集，经过筛选、清洗、处理，再进行一定的归纳概括，最终形成读者个体标签数据库。

针对有关读者基本属性的特征进行描述可形成读者属性标签，针对有关读者行为属性的特征进行描述则可以形成读者行为标签，而有关读者的潜在信息需求及信息偏好的归纳描述可形成读者信息需求偏好标签。除此之外，还有读者活跃度标签、读者路径标签等，共同组成一个立体多维度的读者个体标签体系。通过读者标签体系，对读者信息进行分类、归纳和描述，形成读者个体画像数据库。

针对高校图书馆面对的不同读者群体属性特征和行为特征进行数据挖掘、聚类分析，通过读者标签体系对群体读者的共同特征进行归纳描述，形成读者群体画像数据库，最终通过读者画像平台进行可视化分析。呈现出的读者的信息需求，归入智慧图书馆系统中进行统一管理，由高校图书馆馆员审核后，推送给读者，读者将反馈信息传递给图书馆馆员，从而构建一个动态的、不断循环修正的、逐步完善的智慧图书馆读者画像系统。

2.高校智慧图书馆学科服务读者画像可视化分析

高校图书馆学科服务的对象分为单个读者和群体读者两种，普遍学历层次高、信息需求比较复杂。针对个体读者，学科馆员可依据读者画像平台，对该读者的大数据进行处理，生成可视化个体读者画像，科学分析读者提出的及潜在的学科服务需求，最终提供给读者个性化的精准学科服务。

一个完整的个体读者画像是由读者属性、读者行为、读者信息偏好、读者社交关系等子画像共同组成的，其中学科馆员要重点关注各种子画像中有关学科服务需求的因素。而针对群体读者，学科馆员首先需要通过读者画像平台对该群体读者的大数据进行处理，分析该群体之间关联的共同属性特征及行为特征，运用可视化方式生成群体画像，科学分析该群体读者提出的及潜在的共同信息需求，最终提供给该群体读者精准学科服务。

由于学科服务的主要职能是支撑学校的教学和科研工作，所以面对的群体读者属性特征都比较集中、群体读者提出的学科服务需求基本一致。学科馆员在对群体读者学科属性分析的基础上，需要重点研究他们的学科行为特征，然后结合群体画像，研究群体读者之间的信息行为关联、科学分析群体读者的潜在信息需求，最终提供给读者有关教学和科研的多维度个性化学科服务。

3.基于读者画像可视化分析提供精准学科服务

在大数据时代,高校智慧图书馆提供的学科服务不同于传统学科服务,不仅要提供稳定及时的自动信息推送,还要主动提供更加个性化、专业化和智慧化的服务。学科馆员面对个体读者时,无论读者是否有具体信息需求,都需要依据读者画像平台勾画出的该读者画像,全面分析其属性和行为偏好等,重点关注学科服务相关因素,经过数据挖掘预测他的潜在学科需求,主动推送多层次、多角度的精准学科服务。

面对某一机构、学术团队或课题组等群体读者时,学科馆员在提供学科服务时不仅要分析他们提出的具体信息需求,还需要依据读者画像平台分析处理不同个体读者的检索偏好、活跃程度、学科属性、使用习惯等信息行为的大数据,然后在他们之间建立信息关联和交叉,形成多个个体读者之间的群体关系图谱,从而预测该群体读者的潜在信息需求,最终为其提供多层次的精准学科服务。

同时,学科馆员还要通过读者画像平台处理分析他们的数据,依据他们的不同学科属性、行为偏好等建立个别读者画像之间的交叉关联,形成群体读者画像。依据此读者画像关系图谱,可以看出该课题组成员有共同的研究方向以及信息行为的交叉,学科馆员可以根据读者画像平台预测分析出该群体读者的潜在共同学科需求,还可以分析出个别读者的不同潜在需求,从而为课题组提供更加丰富全面的精准学科服务。

在“双一流”建设的大背景下，高校一流学科、重点学科以及特色学科的服务需求旺盛，高校图书馆应该抓住机遇，努力发展学科服务，改进发展中的不足和问题，不断探索创新更高效精准的学科服务模式。

智慧图书馆这几年逐渐成为图书馆领域发展实践的热点，在图书馆资源的有效组织和不同平台的整合方面，可以帮助学科馆员全面掌握图书馆学科资源，为高校学科建设提供更好的服务。而用户画像技术作为用户数据分析工具，能够辅助高校智慧图书馆挖掘读者潜在需求，主动推送个性化、专业化的精准学科服务。

参考文献

-REFERENCE-

[1]曹云珊.面向用户的泛在图书馆与高校图书馆学科化服务[J].图书馆学刊,2010,32(04):72-74.

[2]常改.图书馆3.0个性化服务模型研究[D].长春:吉林大学,2012.

[3]陈淋.基于知识图谱的我国图书情报学发展研究[D].南昌:南昌大学,2016.

[4]董克.数字文献资源多元深度聚合研究[D].武汉:武汉大学,2014.

[5]董同强,马秀峰.融入"双一流"建设的高校图书馆智慧型学科服务平台构建[J].现代情报,2019,39(05):97-103.

[6]董颖,孟德泉,方敏,等.数字图书馆动态组合学科服务模式研究[J].大学图书馆学报,2015,33(04):85-89.

[7]段美珍,赵媛.中外高校图书馆学科服务现状对比研究[J].国家图书馆学刊,2017,26(01):14-22.

[8]冯坤.高校图书馆学科型服务体系构建的研究[D].天津:天津大学,2011.

[9]胡桂梅.基于媒体融合的高校图书馆智慧服务体系构建[J].图书馆学刊,2018,40(05):70-73.

[10]李兰.基于云计算的图书馆数字参考咨询服务模式研究[D].武汉:华中师范大学,2013.

[11]刘江红,贺延辉,赵桂荣."互联网+"背景下高校图书馆智慧型学科服务探析[J].农业图书情报学刊,2017,29(11):15-18.

[12]刘峤,李杨,段宏,等.知识图谱构建技术综述[J].计算机研究与发展,2016,53(03):582-600.

[13]刘旭晖.融合主题多样性与影响力的科技文献推荐算法研究[J].情报理论与实践,2017,40(12):134-138.

[14]陆颖,杨志萍,王春明,等.基于科学数据的嵌入课题组学科服务策略探索[J].图书情报工作,2015,59(22):56-63.

[15]蒙国鹏,庞贞禄.智慧校园平台下的图书馆学科服务创新模式探索[J].产业与科技论坛,2015,14(08):251-252.

[16]潘小凤.数据挖掘在图书馆个性化服务中的应用研究[D].南京:南京理工大学,2012.

[17]秦长江.知识图谱的构建与理论实践[M].北京:知识产权出版社,2011.

[18]冉娜."双一流"背景下高校图书馆学科服务系统建设[J].农业图书情报,2019,31(07):36-43.

[19]沈洋.985高校图书馆学科服务的调查与分析[D].合肥:安徽大学,2016.

[20]覃丽金，吉家凡，唐朝胜，等．主题式学科化服务模式研究——结合海南大学图书馆的案例分析[J]．图书馆论坛，2014，34(04)：23-29.

[21]王文兵．高校图书馆学科服务研究[M]．武汉：湖北科学技术出版社，2012.

[22]王跃虎．智能手机在RFID自助借还系统中的应用研究[J]．图书情报导刊，2019，4(02)：43-50.

[23]张洁，袁辉．智慧图书馆系统支撑下的学科服务实践[J]．图书馆论坛，2017，37(07)：27-32.

[24]赵俊娜．高校图书馆面向科研的学科服务研究[D]．合肥：安徽大学，2014.

[25]赵敏，于静．学科服务设计与实践的微创新研究——北京师范大学图书馆学科服务发展历程[J]．情报杂志，2015，34(01)：200-202+199.

[26]郑敏．用户驱动的图书馆学科服务创新框架研究[J]．图书馆学研究，2012(16)：59-63.

[27]朱红涛，李姝熹．国内图书馆智慧服务研究综述[J]．图书馆学研究，2019(16)：2-8.